高职高专物流管理与服务类高技能型人才培养"十三五"规划精品教材

编委会

总主编

缪兴锋　中国物流学会常务理事，特约研究员
　　　　广东省公共事务与社会治理研究会副会长
　　　　广东轻工职业技术学院教授，高级工程师

副总主编

高新和　胡延华　渠晓伟　陈　平　符海青　张凌云

委　员（排名不分先后）

顺德职业技术学院	高新和	李志英
中山职业技术学院	渠晓伟	许　彤
广州番禺职业技术学院	胡子瑜	胡海燕
广东轻工职业技术学院	李山伟	朱铁汉
清远职业技术学院	李　东	喻　立
河源职业技术学院	邓文博	吴春尚
广州工程职业技术学院	高亚凡	李晓丹
广东工贸职业技术学院	杨　慧	杨嘉伟
佛山职业技术学院	唐振龙	李玲俐
广州铁路职业技术学院	杨溢华	周世平
惠州经济职业技术学院	史怡馨	叶芬芳
广东科技贸易职业学院	关善勇	陈御钗
广东工程职业技术学院	黄本新	蔡松林
广东交通职业技术学院	王　龙	廖毅芳
南华工商学院	刘钧炎	焦　亮
深圳信息职业技术学院	胡　凌	
广东女子职业技术学院	谢卓君	
广州城市职业学院	江成城	
罗定职业技术学院	潘意志	
海南科技职业技术学院	符海青	
广州华商职业学院	胡亟飞	
上海贝业新兄弟物流有限公司	李国院	
东莞环众物流咨询有限公司	祁　亮	

高职高专物流管理与服务类高技能型人才培养"十三五"规划精品教材

总主编◎缪兴锋

物流信息技术应用

LOGISTICS INFORMATION TECHNOLOGY APPLICATION

主　编◎别文群　朱铁汉　李山伟　缪兴锋
副主编◎李春红　吴春尚　曾志勇　杨嘉伟

http://www.hustp.com

中国·武汉

内 容 提 要

互联网时代的到来使信息的传播和交流都发生了巨大的变化,信息成为现代物流的灵魂。现代物流信息技术是现代信息技术在物流各个作业环节中的综合应用,是现代物流区别于传统物流的根本标志,是物流现代化的重要标志,也是物流技术中发展最快的领域。物流信息是联系物流各环节的纽带,信息技术是实现物流信息系统化的前提。通过物流信息技术的应用,把物流活动的各个环节综合起来进行整体管理,能有效地提高物流过程的效率。

本书分为六个项目,主要内容包括:信息及物流信息技术概述,物流信息系统平台技术,物流信息系统基础技术,物流信息系统典型技术,常用的物流信息系统,典型物流信息系统分析与实训。

由于物流信息技术涵盖的内容广泛,本书在编写过程中充分考虑读者的基础情况,既有基础性知识和理论,也结合了作者在相关领域的实践经验及研究成果,具有一定的前瞻性。全书力图做到理论与实践相结合,信息技术与物流应用相结合,以便读者获得更直观的认识和体会。

本书知识体系完整,教学环节内容丰富,可作为普通高校、高职高专院校物流专业及其他相关专业的教学用书,也可作为物流从业人员以及广大物流爱好者学习、培训的参考资料。

图书在版编目(CIP)数据

物流信息技术应用/别文群等主编. —武汉:华中科技大学出版社,2015.8(2021.1重印)
 全国高职高专物流管理与服务类"十三五"规划精品教材
 ISBN 978-7-5680-1205-8

Ⅰ.①物… Ⅱ.①别… Ⅲ.①物流-信息技术-高等职业教育-教材 Ⅳ.①F253.9

中国版本图书馆 CIP 数据核字(2015)第 205533 号

物流信息技术应用	别文群	朱铁汉	李山伟	缪兴锋	主编

策划编辑:周小方　陈培斌
责任编辑:王晓东
封面设计:原色设计
责任校对:曾　婷
责任监印:周治超

出版发行:华中科技大学出版社(中国·武汉)　　电话:(027)81321913
　　　　　武汉市东湖新技术开发区华工科技园　　邮编:430223
录　　排:华中科技大学惠友文印中心
印　　刷:武汉开心印印刷有限公司
开　　本:787mm×1092mm　1/16
印　　张:14　插页:2
字　　数:332千字
版　　次:2021年1月第1版第2次印刷
定　　价:48.00元

本书若有印装质量问题,请向出版社营销中心调换
全国免费服务热线:400-6679-118　竭诚为您服务
版权所有　侵权必究

总序 >>> General Preface

随着经济全球化进程的加快和科学技术的飞速发展,物流产业将成为我国21世纪的重要产业和国民经济新的增长点,物流行业也将成为我国最具发展空间的行业。当前,大众创业,万众创新,网络经济蓬勃发展,网购消费激增,带来了百姓生活资料物流的井喷式增长,但物流一线技能型人才短缺的现状,却与物流业高速增长非常不匹配。因此,物流职业人才培养就需要去主动适应市场的发展。

在"互联网+"时代,物流本身正在发生重大的战略性变局,过去人们一直把物流看作是其他产业的支持性产业,实际上它的本质就是"线上互联网,线下店铺"。

2014年的商业模式已经从工业化思维升级到互联网思维。从供应链的角度看,2014年各大产业的供应链模式都面临新的变迁。传统的工业化思维是批量生产产品,从不同的渠道渗透末端消费者,渠道供应链是卖库存模式;而2014年的互联网商业已经从O2O的体验到C2B的定制化服务,传统的手机模式到C2B小米模式,传统的家电模式到海尔的互联网转型的DIY模式,传统的底特律汽车模式到硅谷的特斯拉生产汽车模式。这一切互联网化的产业,都将以C端驱动为核心,以信息替代库存,颠覆传统的商业模式。当然,随之而来的就是物流服务模式的变革。

未来的十年里,我国城市和企业的国际竞争力将主要体现在物流运营能力的竞争上。调查数据显示,我国目前物流人才缺口达600万,管理人才缺口约50万。然而,与此同时,物流培训却明显没有跟上行业发展。中国物流与采购联合会副会长贺登才认为,物流业发展靠人才支撑。在"互联网+"和"一带一路"的背景下,物流的未来需要技能型人才、管理型人才,更需要专业化、国际化、互联网化的复合型专业人才。

职业教育作为技能型人才培养的主渠道,对于产业转型升级、改善产业人才结构、提升企业员工素质和技能水平具有不可替代的作用,因此必须把发展物流职业人才培养工作摆在更加突出的位置,优先发展。国家"一带一路"和"互联网+"战略实施要求物流业加快转型升级,现代物流业大有可为。培养物流管理人才,把现代物流理念、先进的物流技术和现代经营模式引入国家、区域、城市经济建设和企业经营与管理之中,科学、合理地规划和建设物流系统,提高物流效率,降低物流成本,将成为国家经济增长、城市经营发展和企业参与国际竞争的关键。

广东省各高等职业院校在十多年的发展过程中,积极探索校企合作机制,深化职业技术教育教学内容、教学方法的改革,建立和完善以技能水平、创新能力和就业质量为导向的教育教学模式,健全职业技术教育信息共享平台,积累了许多成功的经验和丰富的教学资源。特别是在物流专业建设和物流人才培养方面,各高等职业院校积极从社会聘用物流工程技术人员和物流职业经理人才到学校担任专职或兼职教师,充实物流教师队伍;建立校企合作组织,加强职业院校与物流企业的合作,推动职业教育与珠江三角洲地区物流产业发展的融合;加强与企业的沟通与联系,积极鼓励企业直接参与职业院校物流专业建设和课程的开发,大力开展"订单式"培训,增强物流人才培养的针对性。

为了配合高等职业院校大力推行理论与实践相结合、校企合作的培养模式,结合物流行业发展的最新动态,华中科技大学出版社邀请了我国职业教育领域的专家、企业技术专家、企业人力资源专家和高职院校的骨干教师进行了有意义的探索——相关教材的编写。

华中科技大学出版社的这一探索,有以下三个特点。

第一,立足能力本位的职业需求。"以服务为宗旨"是根本目的,"以就业为导向"是过程导向,"以能力为本位"是基本手段。学生综合能力的培养是职业教育的立足点和关键,以此为依托做出与之相适应的教材,通过将此类教材融入各种教育教学活动中,从而切实提高学生的综合能力,促进学生更好地就业和创业。只有学生更好地就业和创业,才能更好地为当地经济建设和社会进步服务。

第二,满足就业导向的社会需求。高等职业教育是高等教育的一部分,课程体系、教学内容、教学方法、培养模式的更新必须与经济社会对各种人才需求的变化相联系。因此,高等职业教育的改革是以经济社会对各种人才的需求为依据,以社会需求和就业为高等职业教育改革出发点的,这就需要做出具有中国特色的高职高专物流教材。

第三,打造终身发展的个性需求。社会需求是客观决定的,而个人需求是主观决定的,社会需求和个人需求往往并不能完全一致。无论是满足社会需求还是满足个人需求,都应该通过就业来实现。本套教材针对高职学生的智力特点,采用理论与实践相结合的项目式引导模式,激发学生的学习兴趣,帮助教师进行贴近职业岗位的实践式教学。

正是基于以上特点,华中科技大学出版社组织出版了这套全国高职高专物流管理与服务类高技能型人才培养"十三五"规划精品教材。本套教材的培养目标一定程度上体现了当今互联网行业人才流动性较高的重要特征,既可以作为高职院校、中职院校物流专业的教材,同时物流企业管理人员亦可根据需要选用本套教材作为培训参考书。

由于时间仓促,本套教材不足之处难免,在使用的过程中,敬请指正,以便修订再版时能够不断得到改进、完善和提高。

高职高专物流管理与服务类高技能型人才培养
"十三五"规划精品教材编委会
2015 年 4 月

前言 >>> Preface

物流信息技术是应用于物流活动各个作业环节中的信息技术,它是建立在计算机、网络通信技术平台上的各种应用技术,包括硬件技术和软件技术,如条码(BarCode)、射频识别(RFID)、电子数据交换(EDI)、全球卫星定位(GPS)技术、地理信息系统(GIS)技术、云计算与物联网技术等,以及在这些技术手段支撑下的数据库技术、面向行业的信息系统等软件技术。

物流信息技术的应用,对促进现代物流科学发展和加快转变经济发展方式,具有重要意义。《物流信息技术应用》是广东省职业院校中高职衔接三二分段专业技能课程规划教材,内容包括:信息及物流信息技术概述,物流信息系统平台技术,物流信息系统基础技术,物流信息系统典型技术,常用的物流信息系统,典型物流信息系统分析与实训等。学生通过本课程的学习,能够结合供应链横向集成管理思想,通过同步化了解物流信息技术在物流中的应用过程,集成化实践操作和初步开发物流信息管理系统,从而达到对商流、物流、信息流和资金流的有效管理与控制。

广东轻工职业技术学院是经教育部批准成立,具有82年历史的全日制公立高等职业技术学院,2008年被列为国家示范性院校。"物流信息技术应用实务"是本校物流管理专业的核心专业课程,旨在为物流行业培养具有职业道德、创新意识、创新能力、团结协作、适应生产、管理和服务第一线需要的高素质高技能应用型人才。通过本课程的学习,达到培养学生四大能力目标:①根据工作任务的不同需要去搜寻、获取物流信息的基础能力;②根据工作任务的不同需要使用物流信息技术能力;③根据工作任务的不同需要展示组合物流信息的能力;④根据工作任务的不同需要探究开发物流信息管理系统的能力。

"物流信息技术应用实务"课程建设立足能力本位的职业需求,满足就业导向的社会需求,打造终身发展的个性需求。建立了"以工作任务为核心,以业务流程为主线,围绕岗位职业能力"的课程体系。该课程的前导课程是"物流基础""电子商务与网络营销""采购与供应管理实务"等。通过该课程的衔接,使学生将物流基础知识和物流市场开拓能力与计算机信息处理能力有机结合起来,提高学生应用计算机知识解决物流信息问题的综合处理能力。

该课程的后续课程是"物流运筹技术与方法""供应链管理""物联网技术与应用",通过这些课程的学习,使学生理解:任何企业所拥有的资源都是有限的,企业不可能在所有的业务领域都获得竞争优势，因而企业要想在竞争中获胜，就必须将有限的资源集中在核心业务上。

本书将紧紧围绕当前物流信息技术的发展动态及企业物流信息系统的建设及实施状况展开，首先对物流信息及物流信息系统的概念、发展等做概要说明，然后重点围绕物流信息技术、物流信息系统开发过程、物流业务信息系统、物流信息系统的实施体现及物流信息系统的运行管理与维护等内容深入展开。

学生通过本课程的学习，能够对物流岗位获得真实的感受，并能够在不同的物流岗位中，根据企业的业务流程实施信息化的建设。

本书注意体现以下特色：①内容翔实，在强调理论和方法重要性的同时，突出可操作性、实践性和前瞻性；②结合学生的特点及"双证"要求，突出了基础理论知识够用、应用和实践技能加强的特色，注重培养实务操作能力；③注重图、表、文的有机结合，形象直观、易学易记；④每章的开头都有引导案例，内容讲授过程中也配有大量的案例、知识卡片、提示等内容，每章后面都附有复习思考题，既增加了内容的可读性，又能给学生带来更多的启发和引导。

本书可作为普通高校、高职高专院校物流专业及其他相关专业的教学用书，也可作为物流从业人员以及广大物流爱好者学习、培训的理想参考资料。为了配合教学需要，我们还制作了每章的电子课件及案例光盘，免费提供给有教学需要者。联系方式：2003104020@gditc.edu.cn。

本书由别文群、朱铁汉、李山伟、缪兴锋担任主编，李春红、吴春尚、曾志勇、杨嘉伟担任副主编，在精品资源共享课程"物流信息管理系统"教学改革的基础上完成。在教材的编写过程中得到了许多院校和研究机构的专家、教授以及一些物流企业领导的大力支持，特别是东莞市威特隆仓储设备有限公司总经理徐隆久先生，北京络捷斯特科技发展有限公司总经理邵清东先生，北京物资学院李俊韬教授，他们为编写本教材提供了许多实际案例素材与技术支持，在此一并致谢。由于编写时间仓促，加之编者水平有限，书中难免存在疏漏和不足之处，恳请广大读者提出宝贵意见，以日臻完善。同时，在编写过程中参考了大量的书籍、文献，引用了许多学者的资料，在此谨表示衷心的感谢。

编　者
2015 年 5 月

目录 >>>
Catalogue

项目一　信息及物流信息技术概述 / 1
　　学习任务一　信息及信息技术概述　　　　　　　　　　　　　/ 3
　　学习任务二　物流信息　　　　　　　　　　　　　　　　　　/ 9
　　学习任务三　物流信息管理系统　　　　　　　　　　　　　　/ 16

项目二　物流信息系统平台技术 / 23
　　学习任务一　物流网络技术　　　　　　　　　　　　　　　　/ 24
　　学习任务二　移动通信技术　　　　　　　　　　　　　　　　/ 35
　　学习任务三　无线传感器网络技术　　　　　　　　　　　　　/ 42
　　学习任务四　云计算与物联网技术　　　　　　　　　　　　　/ 50

项目三　物流信息系统基础技术 / 60
　　学习任务一　条码识别技术　　　　　　　　　　　　　　　　/ 61
　　学习任务二　二维条码识别技术　　　　　　　　　　　　　　/ 70
　　学习任务三　射频识别技术　　　　　　　　　　　　　　　　/ 78
　　学习任务四　电子数据交换技术　　　　　　　　　　　　　　/ 84

项目四　物流信息系统典型技术 / 93
　　学习任务一　全球定位系统　　　　　　　　　　　　　　　　/ 96
　　学习任务二　地理信息系统　　　　　　　　　　　　　　　　/ 107
　　学习任务三　遥感及无线定位技术　　　　　　　　　　　　　/ 113
　　学习任务四　人工智能专家系统与信息安全技术　　　　　　　/ 122

项目五　常用的物流信息系统 / 131
　　学习任务一　仓储管理信息系统　　　　　　　　　　　　　　/ 133
　　学习任务二　运输管理信息系统　　　　　　　　　　　　　　/ 142
　　学习任务三　配送管理信息系统　　　　　　　　　　　　　　/ 148
　　学习任务四　第三方物流管理信息系统　　　　　　　　　　　/ 155
　　学习任务五　供应链管理信息系统　　　　　　　　　　　　　/ 166
　　学习任务六　公共物流信息平台　　　　　　　　　　　　　　/ 175

项目六　典型物流信息系统分析与实训　　　　　　　　　　/ 187
　学习任务一　物流管理信息系统分析　　　　　　　　　　/ 188
　学习任务二　物流管理信息系统开发设计　　　　　　　　/ 195
　学习任务三　物流管理信息系统实训项目　　　　　　　　/ 203
　　实训一　物流网络硬件设备的识别与选择　　　　　　　/ 203
　　实训二　常用数据采集与识别设备的识别与选择　　　　/ 205
　　实训三　条形码识别设备的使用　　　　　　　　　　　/ 205
　　实训四　EDI 应用　　　　　　　　　　　　　　　　　/ 206
　　实训五　物流 EDI 相关代码查询　　　　　　　　　　　/ 207
　　实训六　物流商务信息网络检索与利用　　　　　　　　/ 207
　　实训七　B2C 模拟　　　　　　　　　　　　　　　　　/ 208
　　实训八　B2B 模拟　　　　　　　　　　　　　　　　　/ 209
　　实训九　电子签章与签名　　　　　　　　　　　　　　/ 210
　　实训十　CA 认证体验　　　　　　　　　　　　　　　 / 210

参考文献　　　　　　　　　　　　　　　　　　　　　　　/ 213

项目一 信息及物流信息技术概述

问题引入

互联网时代的到来,使得信息的交流发生了巨大的变化。信息成为现代物流的灵魂。互联网技术所推动的信息革命使得物流现代化的发展产生了巨大的飞跃。物流信息化表现为物流信息的商品化、物流信息采集的数据库化和代码化、物流信息处理的电子化和计算机化、物流信息传递的标准化和实时化、物流信息存储的数字化等。没有物流信息化,关于物流现代化的任何设想都不可能实现,信息技术及计算机技术在物流中的应用将会彻底改变世界物流的面貌。

信息管理系统的出现意味着新的工作方式、新的工作效率、新的工作流程以及内部组织和权力的再分配,同时对管理者也提出了更高的要求,迫使他们不断学习新的信息技术,提高管理素质。信息管理系统是任何组织(机关、企事业单位等)都实际存在的一个重要子系统,是为管理与控制工作服务的。它与其他子系统有很大的区别,就像人的神经分布于全身每一个器官一样,信息渗透到组织的每一个部分,联系并协调各部门的活动。组织规模越大,改进和完善信息管理系统所带来的经济效益也越大。

任务导读

为了掌握和控制信息流,需要有专门的人员、设备和方法来加以管理。信息管理系统就是为了达到这个目的,而由一定的人员、计算机软硬件、网络通信设备、程序和数据所组成的集合。因此,信息管理系统的推广应用在技术上可以说不存在什么问题,关键在于人这一方面,即管理者的观念和素质。

美国如何实现物流信息化

1. 服务是物流信息化的核心

物流信息化已成为美国工商企业降低物流成本、改进客户服务、提高企业竞争力的基本手段,更成为物流企业提供第三方物流服务的前提条件。因此,美国企业都是以满足客户服务需求为物流信息系统建设的出发点,通过采用先进的信息技术实现供应链伙伴相互之间的信息沟通与共享;特别是物流企业,更是将为客户提供的信息服务内容作为信息系统建设的重要依据。而我国企业大都没有把物流信息化放在战略高度来认识,往往是以满足企业内部管理为出发点建设物流信息系统,忽视对客户物流信息服务的建设,这种观念上的差距严重影响了物流信息系统的投入力度和实施效果。因此,必须将服务作为物流信息化的核心,围绕客户服务水平的提高来改造物流管理模式与运作流程,并以此为业务需求来建设合格的物流信息系统。

2. 标准是物流信息化的基础

物流活动包括运输、仓储、包装、配送、流通加工等多个环节,在运输方面涉及铁路、公路、航空、海运和国际运输等多种模式,在服务方面涉及电子、汽车、药品、日用消费品等众多行业,需要物流信息系统像纽带一样把供应链上的各个伙伴、各个环节联结成一个整体。这就需要在编码、文件格式、数据接口、EDI、GPS等相关代码方面实现标准化,以消除不同企业之间的信息沟通障碍。美国行业协会在物流标准的制定方面发挥了重要作用,在条码、信息交换接口等方面建立了一套比较实用的标准,使物流企业与客户、分包方、供应商更便于沟通和服务,物流软件也融入了格式、流程等方面的行业标准,为企业物流信息系统的建设创造了良好的环境。而我国由于缺乏信息的基础标准,不同信息系统的接口成为制约信息化发展的瓶颈,物流企业在处理订单时,有时数据交换要面向七八种不同的模式。因此,加快我国物流标准化特别是物流信息标准化步伐,是推进我国物流信息化的基础。

3. 应用是物流信息化的关键

美国物流信息化的最大特点是将先进的信息技术有效地应用于实际的物流业务之中。首先,广泛应用互联网建设物流信息平台,互联网的发展和规范管理,特别是安全软件和技术设备的发展,为物流信息系统的建设提供了良好环境。其次,将优化的物流运作流程融入软件,形成了比较成熟的标准化、模块化的物流与供应链软件产品,为物流信息系统的建设提供了技术保障。第三,公共物流信息平台的发展,为企业间的信息沟通和采用应用服务(ASP)模式降低信息化成本创造了条件。近年来,我国从政府到企业对物流信息化重要性的认识在不断提高,与美国的差距主要在应用上。我国目前的物流信息系统建设仍以专线为主,不便于信息网络间的连接;由于缺少实用可靠的成熟物流软件,使企业在建设物流信息系统时不敢投入,自主开发又存在起点低、周期长的问题;公共物流信息平台的缺乏,也使企业物流信息系统成为一个个信息孤岛,中小企业的物流信息化举

项目一　信息及物流信息技术概述

步维艰。因此,创造物流信息化良好的应用环境,提高物流信息化的应用水平是推进我国物流信息化的关键所在。

(资料来源:http://news.56ye.net/406/2468.html)

思考题:
1. 什么是物流信息化?
2. 信息为什么能给物流带来效益?

学习任务一　信息及信息技术概述

● **知识目标**
1. 了解数据、信息的概念及含义。
2. 掌握信息技术的作用、特征。
3. 掌握信息技术的发展趋势。
4. 掌握信息管理的定义。

● **能力目标**
1. 能够区分在我们日常生活中数据与信息的差别。
2. 能够知道如何利用信息来帮助我们认识世界。
3. 能够知道如何利用信息技术来提高我们的工作效率。

目前,信息管理系统论已经成为一门拥有自己的理论和方法的独立学科,它是综合了信息科学、管理科学、决策科学、系统科学、行为科学、计算机科学和网络技术的一门新兴边缘性学科;同时,以信息管理系统为核心的信息产业也成为当今社会最具发展潜力的产业之一。

一、数据、信息的概念

基于不同的领域和不同的研究目的,人们对信息的定义也是五花八门的。例如,信息是数据加工处理的结果;信息是一种有用的知识;信息是对现实世界某一方面的客观认识等。由此可见,信息是一种包容性很强、很难被确切定义的术语。

1. 数据的定义

所谓数据(Data),就是用来反映客观事物的性质、属性以及相互关系的任何字符、数字和图形。数据是一种原始记录,没有经过加工的数据是粗糙的、杂乱的,但是,它是真实的、可靠的,有积累价值,如图 1-1 所示。

现代科技的飞速发展已经使计算机能够处理数量惊人的各种数据,而我们更关注那些经过计算机处理过的数据,这是因为我们可以从这些数据中得到有用的信息。例如,"五艘集装箱货轮"中的"五"和"集装箱"就是数据。"五"表示了货轮的数量特征,"集装箱"反映了货轮的类型。

在信息系统领域,本书给数据以这样的定义:"数据是对客观事物的性质、状态以及相互关系等进行记载的物理符号或是这些物理符号的组合"。数据记录的客观事物是可以鉴别的符号,不仅包括数字,还可以是文字、图形及声音等。

2. 信息的定义

什么是信息呢?现代经济生活每天都产生大量的、各式各样的信息。不同学者从不同角度对信息给出了各种定义。一般来讲,大多数学者认为:信息是指能够反映事物内涵的知识、资料、情报、图像、数据、文件、语言、声音等。信息是事物的内容、形式及其发展变化的反映。如图 1-2 所示。

图 1-1　大数据模式

图 1-2　信息矢量图

一般来说,信息总是通过数据形式来表示,加载在数据之上并对数据的具体含义进行解释的。对信息概念,有的学者从使用者的视角进行定义,有的学者从纯技术的角度进行概括。

1948 年,美国数学家、信息论的创始人申农(C. E. Shanon)在《通信的数学理论》的论文中指出:"信息是用来消除随机不定性的东西"。事物的不确定性被消除得越多,信息量就越大。

1948 年,美国著名数学家、控制论的创始人维纳(N. Wiener)在《控制论》一书中指出:"信息就是信息,既非物质,也非能量。"他给的定义是:"信息是人们在适应外部世界并使这种适应反作用于外部世界的过程中,同外部世界进行互相交换的内容和名称。"

1975 年,意大利学者朗高(G. Longo)将信息定义为:"信息是反映事物的形成、关系和差别的东西,它包含在事物的差异之中,而不是在事物本身"。

信息是客观世界的反映,它提供了有关现实世界某些事物的知识,这种知识对信息的接收者来说是有价值的。所以,信息与数据是两个不同的概念。数据经过加工处理后才能成为信息;同时,信息也需要通过数据来表示。

综上所述,所谓的信息就是通过一定的物质载体形式反映出来,表现客观事物变化特征,由发生源发生,经加工与传递,可以被接收者接收、理解和利用的消息、数据、资料、知识等的统称。

3. 信息的特征

所谓信息的特征,是指信息区别于其他事物的本质属性。信息的基本特征是:

(1) 普遍性。信息是事物运动的状态和方式,只要有事物存在,只要有事物的运动,就会有事物运动的状态和方式,就存在着信息。无论在自然界、人类社会,还是在人类思维领域,绝对的真空是不存在的,绝对不运动的事物也是没有的。因此,信息是普遍存在的。信息与物质、能量一起,构成了客观世界的三大要素。

(2) 客观性。信息不是客观事物本身,而只是事物运动状态和存在方式的表征,它是客观存在的。一切事物都会产生信息,信息就是表现所有事物属性、状态、内在联系与相互作用的一种普遍形式。宇宙时空中的事物是无限的,表现事物特性的信息现象也是无限的。

(3) 时效性。客观事物本身在不停地运动变化,信息也在不断地发展更新,具有动态特性。从信息的观点来看,事物运动状态及方式的效用是会随时间的推移而改变的。因此,我们在获取与利用信息时必须树立时效观念,不能一劳永逸。

(4) 传递性。信息可以通过多种渠道、采用多种方式进行传递,我们把信息从时间或空间上的某一点向其他点移动的过程称为信息传递。信息传递要借助于一定的物质载体,因此,实现信息传递功能的载体又称为信息媒介。一个完整的信息传递过程必须具备信源(信息的发出方)、信宿(信息的接收方)、信道(媒介)和信息四个基本要素。

(5) 共享性。信息区别于物质的一个重要特征是它可以被共同占有、共同享用,也就是说信息在传递过程中不但可以被信源和信宿共同拥有,而且可以被众多的信宿同时接收利用。物质交换遵循以物易物原则,失去一物才能得到一物。然而,信息交换的双方不仅不会失去原有信息,而且会增加新的信息;信息还可以广泛地传播扩散,供全体接收者共享。

(6) 转化性。信息可以被分析或综合,也可以被扩充或浓缩,也就是说人们可以对信息进行加工处理。所谓信息加工,是把信息从一种形式转化成另一种形式,同时在这个过程中保持一定的信息量。如果在信息加工过程中没有任何信息量的增加或损失,并且信息内容保持不变,那么这意味着这个信息加工过程是可逆的,反之则是不可逆的。实际上,信息加工都是不可逆的过程。

(7) 相对性。客观上信息是无限的,但相对于认知主体来说,人们实际获得的信息(实得信息)总是有限的。并且,由于不同主体有着不同的感受能力、不同的理解能力和不同的目的性,因此,从同一事物中获取的信息肯定各不相同,即实得信息量是因人而异的。

(8) 知识性。在这个信息爆炸的年代,经常有人哀叹现在的人正变得来越来越浅薄和碎片化。是的,大量的、应接不暇的信息让人知道很多,但"知道很多"与"懂得很多"中间并没有必然联系,大体上前者关乎的是信息,而后者关乎的是知识,因此,结果就是,一个人知道的信息越多,很可能他所拥有的知识反而越少。"知道"和"懂得","信息"和"知识"之间的关系就这样对立。

(9) 可存储性。信息是可通过信道进行传递、存储的。信道既是通信系统不可缺少的组成部分,同时又对信息传递有干扰和阻碍作用。我们把任何不属于信源原意而加之于其信号上的附加物都称为信息干扰。例如,噪声就是一种典型的干扰。产生噪声的因素很多,有传输设备发热引起的热噪声、不同频率的信号相互干扰产生的调制间噪声、不同信道相互干扰产生的串扰噪声、外部电磁波冲击产生的脉冲噪声等。

(10) 依附性。信息本身是看不见、摸不着的,它必须依附于一定的物质形式(如声波、电磁波、纸张、化学材料、磁性材料等)之上,不可能脱离物质单独存在。我们把这些以承载信息为主要任务的物质形式称为信息的载体。信息没有语言、文字、图像、符号等记录手段便不能表述,没有物质载体便不能存储和传播,但其内容并不因记录手段或物质载体的改变而变化。

4. 信息与决策的关系

在企业管理中,决策发挥着非常重要的作用。如何在千变万化的市场中,抉择出正确的方向,如何确保决策的科学化,如何做出最优决策,这不仅需要考虑各种可能涉及的因素与问题,而且最重要的是要具备充足的信息以及正确的分析信息的方法。信息与决策的具体关系如下。

(1) 充足、真实的信息意味着竞争力。21世纪是一个信息化的时代,庞大的信息量与飞速的信息传递已成为当今世界发展的重要特征。信息在经济发展中发挥着举足轻重的作用,信息就是资源,信息就是财富,信息就是竞争力。获取足够的、真实的信息对于提升企业竞争力有着重要的作用。

(2) 信息是决策的前提。每一个决策都需要及时、准确和完整的信息作为依据,以保证决策的正确性,没有信息的决策是典型的拍脑袋决策。

(3) 信息对决策有决定性意义。信息经过科学的分析、处理最终形成决策,决策执行的结果又将产生新的信息,新的信息再次作用于下次的决策过程,如此往复循环,因此信息是决策的原料和基础。信息越多越准确,决策过程中的思维广度和深度就越大。任何一条与决策对象有关的信息,都有可能对决策产生启示、借鉴作用,有时会决定最终决策的形成。

信息的使用是信息管理的最终目的与归宿,支持决策则是信息使用的落脚点。理解决策过程中信息的作用,掌握信息的处理方法,准确把握信息与决策的关系,才能更好地指导决策。

二、信息技术

1. 信息技术简介

信息技术(Information Technology,IT)泛指凡以能拓展人的信息处理能力和增强人类信息功能为目的的技术。

从目前来看信息技术主要包括计算机技术、通信技术、传感技术、控制技术等。通过信息技术的运用,可以替代或辅助人们完成对信息的检测、识别、变换、存储、传递、计算、提取、控制和利用。现代信息计算一般是指基础元器件、计算机技术以及通信网络技术。其中,基础元器件是计算机技术和通信网络技术的基础,它们之间相互制约、相互推动。

2. 信息技术的作用

信息技术日新月异的进步,极大地提高了现代社会的信息资源的开发和利用能力,信息技术已深入社会管理活动的每一个角落。如图 1-3 所示。

(1) 计算机技术正朝着高性能、网络化、智能化方向发展。它以高速的计算能力以及海量的存储能力扩展了人的计算和记忆能力,能够完成信息的加工、存储、检索和分析等。使以前难以解决甚至无法解决的问题得以解决。

图 1-3 信息技术是现代文明的曙光

(2) 通信技术扩展了人的神经系统能力以实现信息的传递。信息技术不发达时,传递信息的主要方式是靠口头、书信、电话电报等方式,以资金周转为例,在使用传统方法进行资金流通结算时,国内一般需要一个星期,国际则需要半个月左右。实现网络化后,国内国际的资金流通结算均可以在 24 个小时甚至更短时间内完成。

(3) 物联网、云计算和传感技术扩展了人的感官能力,让信息更快更准地收集、传递、处理并执行,是科技的最新呈现形式与应用。

例如:在企业传统的物流管理中,物流入库时,将入库的物资搬到磅秤上,保管员抄下磅秤数,然后将数据输入到计算机。现在,有了汽车磅,当装载入库物资的汽车上了电子磅后,入库数量一次被采集、输入计算机,从而提高了数据的准确性、及时性,同时又减轻了工人的劳动强度。

(4) 信息技术降低了企业内部沟通的时间和成本,使决策者能做出着眼于整体的统筹规划。信息技术的应用将随着企业生产和管理的要求进一步地深入发展。在外部环境,对整个企业工作流程进行全程动态实时跟踪,随时掌握最新的业务情况和所需的物资产品信息、客户情况、对手动态、行业变化、最新的政策法规以及其各个方面的信息。这使整个企业运营快速高效、信息全面详尽,增加了企业对突发事件的反应能力。

3. 信息技术的特征

信息技术使企业的人、财、物、产、供、销等各个环节实现信息共享。有人将计算机与网络技术的特征——数字化、网络化、多媒体化、智能化、虚拟化,当做信息技术的特征。本书认为,信息技术的特征应从如下两方面来理解:

(1) 信息技术具有技术的一般特征——技术性。具体表现为:方法的科学性,工具设备的先进性,技能的熟练性,经验的丰富性,作用过程的快捷性,功能的高效性等。

(2) 信息技术具有区别于其他技术的特征——信息性。具体表现为:信息技术的服务主体是信息,核心功能是提高信息处理与利用的效率、效益。由信息的秉性所决定,信息技术还具有普遍性、客观性、相对性、动态性、共享性、可变换性等特性。

4. 信息技术的发展趋势

当前信息技术发展的总趋势是以物联网技术的发展和应用为中心,从典型的技术驱动发展模式向技术驱动与应用驱动相结合的模式转变。

（1）微电子技术和软件技术是信息技术的核心。集成电路的集成度和运算能力、信息技术性能价格比继续按每18个月翻一番的速度呈几何级数增长，支持信息技术达到前所未有的水平。软件技术已经从以计算机为中心向以网络为中心转变。软件与集成电路设计的相互渗透使得芯片变成"固化的软件"，进一步巩固了软件的核心地位。软件技术的快速发展使得越来越多的功能通过软件来实现，"硬件软化"成为趋势，出现了"软件无线电""软交换"等技术领域。嵌入式软件的发展使软件走出了传统的计算机领域，促使多种工业产品和民用产品的智能化。

（2）三网融合和宽带化是网络技术发展的大方向。电话网、有线电视网和计算机网的三网融合是指它们都在数字化的基础上在网络技术上走向一致，在业务内容上相互覆盖。电话网和电视网在技术上都要向互联网技术看齐，其基本特征是采用IP协议和分组交换技术；在业务上从话音为主或单向传输发展成交互式的多媒体数据业务为主。无线宽带接入技术和建立在第三代移动通信技术之上的移动互联网技术，正向信息个人化的目标前进。

（3）物联网的应用开发成为一个持续的热点。一方面电视机、手机、个人数字助理（PDA）等家用电器和个人信息设备都向网络终端设备的方向发展，形成了网络终端设备的多样性和个性化，打破了计算机上网一统天下的局面；另一方面，电子商务、电子政务、远程教育、电子媒体、网上娱乐技术日趋成熟，不断降低对使用者的专业知识要求和经济投入要求；互联网数据中心（IDC）、网门服务等技术的提出和服务体系的形成，构成了对使用互联网日益完善的社会化服务体系，使信息技术日益广泛地进入社会生产、生活各个领域，从而促进了网络经济的形成。

三、信息管理的定义

信息管理（数据管理）就是管理企业信息资源，包括：制定信息政策，定义信息需求，进行数据规划，编制数据字典，维护数据质量标准，统一规划、组织、控制信息处理活动（收集、加工、传输、存贮、检索、提供）的一整套特别的组织功能。

（1）信息政策：有关信息分享、传递、需求、标准、分类、储存等的规则。

（2）信息需求：明确企业各级管理人员在进行管理决策和开展日常管理活动过程中何时、何地以及需要哪些信息。

（3）数据规划：从企业的战略高度，对数据资源的管理、开发、利用进行长远发展的计划，用以指导数据库和数据库的设计。

（4）数据字典：对企业数据流程中的所有数据元素进行规范定义的一份详细清单。

（5）数据质量标准：为满足信息需求而应达到的时间、精度、格式、可得性等方面的具体要求。

（6）信息处理：识别使用者的信息需要，对数据进行收集、存储和检索，将数据转换成信息，对信息的传输加以计划，并将这些信息提供给使用者。

项目一 信息及物流信息技术概述

学习任务二 物流信息

● 知识目标

1. 掌握物流信息定义、分类、特征。
2. 掌握物流信息的作用。
3. 掌握物流信息技术层次、意义。
4. 掌握物流信息技术应用现状及发展趋势。

● 能力目标

1. 能够通过运用科学的分析工具,对物流活动所产生的各类信息进行科学分析,从而获得更多富有价值的信息,提高物流活动的效率。
2. 能够利用信息技术来提高供应链活动的效率性,增强整个供应链的经营决策能力。

一、物流信息的概述

1. 物流信息定义

2006 年我国国家标准《物流术语》将物流信息定义为:反映物流各种活动内容的知识、资料、图像、数据、文件的总称。物流信息,在目前的现代化物流管理过程中,越来越多地被重视起来。在各种物流作业过程中,物流信息无处不在。同时,对于物流信息的收集手段和方式也越来越多,系统化、集成化的信息处理手段也越来越多。对于物流信息的重视,在目前的物流行业发展趋势中也越来越占到重要的位置。如图1-4 所示。

图 1-4 物流信息的智能化

作为一种行业的信息,物流信息不仅包含着基本的物流作业信息,而且在物流系统的不断运行中包含着其他的信息。在不断的运行过程中,各种信息综合起来,最终成为一种综合性的信息,用于表示物流活动的具体过程。只有综合物流活动中所包含的各个因素,这样才能真正理解物流信息的深刻含义。

2. 物流信息的特征

物流信息与商品交易信息及市场信息相比较,具有如下特征。

(1) 量大、面广。随着物流产业的发展,物流信息这种量大、面广的特征更趋明显,而且数量会越来越大。现代物流的多品种、小批量、多层次、个性化服务,使货物在运输、仓储、包装、装卸、搬运、加工、配送等环节产生大量的物流信息,且分布在不同的厂商、仓库、货场、配送中心、运输线路、运输商、中间商、客户等处。

(2) 动态、适时。物流信息价值也会随时间的变化而不断贬值,表现出适时性。由于各种物流作业活动的频繁发生,市场竞争状况和客户需求变化,会使物流信息瞬息万变,呈现一种动态性。物流信息的这种动态性和适时性,要求我们必须及时掌握变化多端的物流信息,为物流管理决策提供依据。

(3) 类多、复杂。随着物流产业的发展,物流信息的种类将更多,来源也将更趋复杂多样,这给物流信息的分类、处理和管理带来了困难。物流信息不仅包括企业内部产生的各种物流信息,而且包括企业间的物流信息以及与物流活动有关的法律、法规、市场、消费者等诸方面的信息。

(4) 共享、标准。现代物流信息涉及国民经济的各个部门,在物流活动中各部门之间需要进行大量的信息交流。为了实现不同系统间的物流信息的共享,各部门必须采用国际和国家信息标准,如不同系统的不同物品必须采用统一的物品编码规则。

3. 物流信息的分类

物流信息种类繁多,按照不同的标准,会有各种各样的分类情况。

1) 按照信息的来源分类

(1) 原始的物流信息,即通过物流活动直接反映出来的信息。它是可以直接使用的信息,如时间信息、位置信息、数量与质量信息等。

(2) 处理后的物流信息,即按一定的目标要求,加以特定处理后得到的信息。该类信息的生成一般都带有一定的目的性,而且不同的处理方法可以得到大量的不同信息。

2) 按照信息的用途分类

(1) 指挥计划信息指在物流活动中,用以对物流活动进行计划和组织,以保证物流活动有序、合理、有效进行的信息。

(2) 辅助运营信息指在物流活动运行的过程中,用以指导物流活动的信息,通过该类信息保证物流活动顺利、合理地进行。

(3) 决策支持信息指当企业的管理者需对物流活动作出物流决策时,辅助支持最终管理决策的信息。

3) 按照物流要素分类

物流信息根据物流所包含的要素可以划分为运输信息、仓储信息、装卸信息、搬运信息、包装信息、流通加工信息、配送信息、信息综合等。

4) 按照系统的组成要素分类

(1) 环境信息,是指物流活动所处的环境所包含的各种信息,如地理信息、自然巧境信息、法律信息、民族风俗信息、政治政策信息、道德信息等。

（2）工具信息，是指物流活动的载体所包含的信息，如车辆装载信息、仓库容量信息、装卸能力信息、加工流程信息、配送水平信息等。

（3）人员信息，是指物流活动的操控者所包含的能力水平等信息，如从业人员学历信息、人员数量信息、人员职称信息等。

二、物流信息的作用

物流活动是一个系统工程，采购、运输、库存以及销售等物流活动在企业内部相互作用，形成一个有机的整体系统。企业可以通过分析物流信息所反映出来的有关物流环境、物流作业、物流支持等因素的属性，支持物流计划的制订，这也为后续的物流计划的实施提供了指导性意见。

1. 物流信息在物流计划阶段中的作用

物流信息在订货、库存管理、进货、仓库管理、装卸、包装、运输、配送等具体物流环节的计划阶段，如安排物流据点，决定库存水平，确定运输手段，找出运输计划、发运计划的最佳搭配等方面都发挥着重要作用。在物流预算方面，物流信息在预算的制定以及通过预算和实绩的对比来控制预算等方面起着重要作用。通过对于相关的物流记录的分析和处理，企业可以得出所实施的物流作业可能消耗的资源，以及物流作业所消耗资源的评级水平、衡量标准等。

2. 物流信息在物流实施阶段中的作用

物流系统内各子系统的工作是通过信息来沟通的，而且系统内基本资源的调度也是通过信息的传递实现的。通过物流信息的指导，物流各项活动的运转才能得到保证。

（1）物流信息是物流活动的基础。要合理组织物流活动必须依赖物流系统中物流信息的沟通，只有通过高效的信息传递和反馈才能实现整个系统的合理有效运行。在整个物流活动过程中，每一个活动环节都会产生大量的物流信息，而物流系统通过合理应用现代信息技术，对这些信息进行挖掘和分析，得到下一步活动的指示性信息，从而对各个环节的活动进行协调和控制。

（2）物流信息是进行物流调度指挥的手段。有效的物流管理可以提高客户服务水平，而物流管理需要大量准确、及时的信息和用以协调物流系统运作的反馈信息。企业只有掌握物流活动过程中反映出来的、大量的信息和数据，才能对物流系统的各个要素进行有效的组织和控制。

3. 物流信息在物流评价阶段的作用

物流活动的地域范围广泛，活动内容繁多，对物流的效果也很难控制，因此，企业只有掌握物流活动的全部结构，才能对其做出正确的评价。这种结构就是信息系统，比如订货处理系统，由于是以日或月甚至隔一定时期输出必要的数据，日常控制使最终的评价活动的水平得以提高。因此，企业必须以物流管理在所有方面发挥的作用为目标。可以说，充分认识"信息支持物流"是非常重要的。

企业可以通过运用科学的分析工具，对物流活动所产生的各类信息进行科学分析，从而获得更多富有价值的信息；通过物流系统各个环节之间的信息共享，有效地缩短订货提前期，降低库存，提高搬运和运输效率，减少递送时间，提高订货和发货精度，及时、高效地响应顾客提出的各种问题，从而极大地提高顾客满意度和企业形象，提高物流系统的竞争力。

三、物流信息技术

物流信息技术是现代信息技术在物流各个作业环节中的综合应用，为现代物流业的发展在更大范围的信息共享与交互提供了基础平台。它是现代物流区别传统物流的根本标志，是物流现代化的重要标志，也是物流技术中发展最快的领域。

1. 物流信息技术简介

物流信息技术是建立在计算机、网络通信技术平台等各种技术基础之上的。在物流领域中，这些技术包括硬件技术和软件技术，如通信网络技术、自动识别技术（条码技术、IC卡技术、RFID技术）、空间信息技术（GPS、GIS）、物流系统自动化技术（自动化仓库系统、自动分拣系统）等，以及在这些技术手段支撑下的数据库技术和面向行业的管理信息系统等软件技术。如图1-5所示。

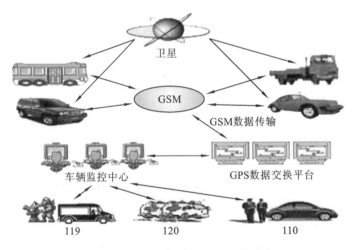

图1-5　物流信息技术示意图

2. 物流信息技术的层次

作为现代信息技术的重要组成部分，物流信息技术可以分为4个层次。

（1）物流信息基础技术，即有关元件、器件的制造技术，它是整个信息技术的基础。例如微电子技术、光子技术、光电子技术等。

（2）物流信息系统技术，即有关物流信息的获取、传输、处理、存储的设备和系统的技术，它是建立在信息基础技术之上的，是整个信息技术的核心。其内容主要包括物流信息获取技术、物流信息传输技术、物流信息处理技术及物流信息存储技术。

（3）物流信息应用技术，是基于管理信息系统（MIS）技术、优化技术和计算机集成制造系统（CIMS）技术而设计出的各种物流自动化设备和物流信息管理系统。例如自动化分拣与传输设备、自动导引车（AGV）、集装箱自动装卸设备、仓储管理系统（WMS）、运输管理系统(TMS)、配送优化系统、全球定位系统(GPS)、地理信息系统(GIS)等。

(4) 物流信息安全技术，是确保物流信息安全的技术。它主要包括密码技术、防火墙技术、病毒防治技术、身份鉴别技术、访问控制技术、备份与恢复技术和数据库安全技术等。

3. 物流信息技术的构成

从构成要素上看，物流信息技术作为现代信息技术的重要组成部分，本质上都属于信息技术的范畴，只是因为信息技术应用于物流领域而使其在表现形式和具体内容上存在一些特性，但其基本要素仍然同现代信息技术一样，可以分为三个层次。

(1) 物流信息系统技术，即有关物流信息的获取、传输、处理、控制的设备和系统的技术。它是建立在信息基础技术之上的，是整个信息技术的核心。其内容主要包括物流信息获取技术、物流信息传输技术、物流信息处理技术及物流信息控制技术。

(2) 物流信息应用技术，即基于管理信息系统(MIS)技术、优化技术和计算机集成制造系统(CIMS)技术而设计出的各种物流信息管理系统和物流自动化设备。例如仓储管理系统(WMS)、运输管理系统(TMS)、配送优化系统、全球定位系统(GPS)、地理信息系统(GIS)等。

(3) 物流信息安全技术，即确保物流信息安全的技术。主要包括密码技术、防火墙技术、病毒防治技术、身份鉴别技术、访问控制技术、备份与恢复技术和数据库安全技术等。

4. 物流信息技术的意义

(1) 在供应链管理方面，物流信息技术的发展也改变了企业应用供应链管理获得竞争优势的方式，成功的企业通过应用信息技术来支持它的经营战略并选择它的经营业务。

(2) 通过利用信息技术来提高供应链活动的效率性，增强整个供应链的经营决策能力。

(3) 从数据采集的条形码系统，到办公自动化系统中的微机、互联网，各种终端设备等硬件以及计算机软件都在日新月异地发展。

(4) 随着物流信息技术的不断发展，产生了一系列新的物流理念和新的物流经营方式，推进了物流的变革。

四、物流信息技术应用现状

在国内，各种物流信息应用技术已经广泛应用于物流活动的各个环节，对企业的物流活动产生了深远的影响。

1. 自动化设备技术应用

物流自动化设备技术的集成和应用的热门环节是配送中心，其特点是每天需要拣选的物品品种多、批次多、数量大。因此在国内超市、医药、邮包等行业的配送中心部分地引进了物流自动化拣选设备。一种是拣选设备的自动化应用，如北京市医药总公司配送中心，其拣选货架(盘)上配有可视的分拣提示设备，这种分拣货架与物流管理信息系统相连，动态地提示被拣选的物品和数量，指导着工作人员的拣选操作，提高了货物拣选的准确性和速度。另一种是一种物品拣选后的自动分拣设备。用条码或电子标签附在被识别的物体上（一般为组包后的运输单元），由传送带送入分拣口，然后由装有识读设备的分拣机分拣物品，使物品进入各自的组货通道，完成物品的自动分拣。分拣设备在国内大型配送中心有所使用。但这类设备及相应的配套软件基本上是由国外进口，也有进口国外机械设备，国内配置软件。立体仓库和与之配套的巷道堆垛机在国内发展迅速，在机械制造、汽车、纺织、铁路、卷烟等行业都有应用。例如昆船集团生产的巷道堆垛机在红河卷烟厂等多家企业应用了多年。国产堆垛机在其行走速度、噪声、定位精度等技术指标上有了很大的改进，运行也比较稳定。但是与国外著名厂家相比，在堆垛机的一些精细指标如最低货位极限高度、高速（80米/秒以上）运行时的噪声、电机减速性能等方面还存在不小差距。

2. 设备跟踪和控制技术

物流设备跟踪主要是指对物流的运输载体及物流活动中涉及的物品所在地进行跟踪。物流设备跟踪的手段有多种，可以用传统的通信手段（如电话等）进行被动跟踪，可以用RFID手段进行阶段性的跟踪，但目前国内用得最多的还是利用GPS技术跟踪。GPS技术跟踪利用GPS物流监控管理系统，它主要跟踪货运车辆与货物的运输情况，使货主及车主随时了解车辆与货物的位置与状态，保障整个物流过程的有效监控与快速运转。物流GPS监控管理系统的构成主要包括运输工具上的GPS定位设备、跟踪服务平台（含地理信息系统和相应的软件）、信息通信机制和其他设备（如货物上的电子标签或条码、报警装置等）。在国内，部分物流企业为了提高企业的管理水平和提升对客户的服务能力也应用这项技术，例如2014年年底，沈阳等地方政府要求下属交通部门对营运客车安装GPS设备工作进行了部署，从而加强了对营运客车的监管。

3. 动态信息采集技术应用

企业竞争的全球化发展、产品生命周期的缩短和用户交货期的缩短等都对物流服务的可得性与可控性提出了更高的要求，实时物流理念也由此诞生。如何保证对物流过程的完全掌控，物流动态信息采集应用技术是必需的要素。动态的货物或移动载体本身具有很多有用的信息，例如货物的名称、数量、重量、质量、出产地，或者移动载体（如车辆、轮船等）的名称、牌号，GPS位置、状态等一系列信息。这些信息可能在物流中反复使用，因此，正确、快速读取动态货物或载体的信息并加以利用可以明显地提高物流的效率。流行的物流动态信息采集技术应用中，一、二维条码技术应用范围最广，其次还有磁条（卡）、语音识别、便携式数据终端、射频识别（RFID）等技术。

（1）一维条码技术：一维条码是由一组规则排列的条和空、相应的数字组成，这种用条、空组成的数据编码可以供机器识读，而且很容易译成二进制数和十进制数。因此，此技术广泛地应用于物品信息标注中。因为符合条码规范且无污损的条码的识读率很高，所以一维条码结合相应的扫描器可以明显地提高物品信息的采集速度。加之条码系统的成本较低，操作简便，又是国内应用最早的识读技术，所以在国内有很大的市场，国内大部分超市都在使用一维条码技术。但一维条码表示的数据有限，条码扫描器读取条码信息的距离也要求很近，而且条码上损污后可读性极差，所以限制了它的进一步推广应用。不过，一些其他信息存储容量更大、识读可靠性更好的识读技术已开始出现。

(2) 二维条码技术：由于一维条码的信息容量很小，如商品上的条码仅能容纳几位或者十几位阿拉伯数字或字母，商品的详细描述只能依赖数据库提供，离开了预先建立的数据库，一维条码的使用就受到了局限。基于这个原因，人们发明一种新的码制，除具备一维条码的优点外，同时还有信息容量大（根据不同的编码技术，容量是一维的几倍到几十倍，从而可以存放个人的自然情况及指纹、照片等信息），可靠性高（在损污50%仍可读取完整信息），保密防伪性强等优点。这就是在水平和垂直方向的二维空间存储信息的二维条码技术。二维条码继承了一维条码的特点，条码系统价格便宜，识读率强且使用方便，所以在国内银行、车辆等管理信息系统上开始应用。

(3) 磁条技术：磁条（卡）技术以涂料形式把一层薄薄的由定向排列的铁性氧化粒子用树脂黏合在一起并粘在诸如纸或塑料这样的非磁性基片上。磁条从本质意义上讲和计算机用的磁带或磁盘是一样的，它可以用来记载字母、字符及数字信息。优点是数据可多次读写，数据存储量能满足大多数情况的需求，由于其黏附力强的特点，使之在很多领域得到广泛应用，如信用卡、银行 ATM 卡、机票、公共汽车票、自动售货卡、会员卡等。但磁条卡的防盗性能、存储量等性能比起一些新技术（如芯片技术）还是有差距的。

(4) 声音识别技术：一种通过识别声音达到转换成文字信息的技术，其最大特点就是不用手工录入信息，这对那些采集数据同时还要完成手脚并用工作的场合或键盘上打字能力低的人尤为适用。但声音识别的最大问题是识别率，要想连续地高效应用有难度，更适合语音句子量集中且反复应用的场合。

(5) 视觉识别技术：视觉识别系统是一种通过对一些有特征的图像分析和识别系统，能够对限定的标志、字符、数字等图像内容进行信息的采集。视觉识别技术的应用障碍也是对一些不规则或不够清晰图像的识别率问题，而且数据格式有限，通常要用接触式扫描器扫描，随着自动化的发展，视觉技术会朝着更细致、更专业的方向发展，并且还会与其他自动识别技术结合起来应用。

(6) 接触式智能卡技术：智能卡是一种将具有处理能力、加密存储功能的集成电路芯版嵌装在一个如同信用卡一样大小的基片中的信息存储技术，通过识读器接触芯片可以读取芯片中的信息。接触式智能卡的特点是具有独立的运算和存储功能，在无源情况下，数据也不会丢失，数据安全性和保密性都非常好，成本适中。智能卡与计算机系统相结合，可以方便地满足层对各种各样信息的采集传送、加密和管理的需要，它在国内外的许多领域，如银行、公路收费、水电煤气收费等，都得到了广泛应用。

(7) 便携式数据终端：便携式数据终端（PDT）一般包括一个扫描器、一个体积小但功能很强并有存储器的计算机、一个显示器和供人工输入的键盘，因而是一种多功能的数据采集设备。PDT 是可编程的，允许编入一些应用软件。PDT 存储器中的数据可随时通过射频通信技术传送到主计算机。

(8) 射频识别（RFID）：射频识别技术是一种利用射频通信实现的非接触式自动识别技术。RFID 标签具有体积小、容量大、寿命长、可重复使用等特点，可支持快速读写、非可视识别、移动识别、多目标识别、定位及长期跟踪管理。RFID 技术与互联网、通信等技术相结合，可实现全球范围内物品跟踪与信息共享。从上述物流信息应用技术的应用情况及全球物流信息化发展趋势来看，物流动态信息采集技术应用正成为全球范围内重点研究的领域。中国作为物流发展中国家,已在物流动态信息采集技术应用方面积累了一定的经验,例如条码技术、接触式磁条(卡)技术的应用已经十分普遍,但在一些新型的前沿技术,例如 RFID 技术等领域的研究和应用方面还比较落后。

学习任务三　物流信息管理系统

知识目标

1. 掌握物流信息管理系统总体结构。
2. 掌握物流信息管理系统特点。
3. 掌握现代物流信息管理系统研究内容。
4. 了解物流信息管理系统的地位和作用。

能力目标

1. 能够通过使用计算机技术、通信技术、网络技术等手段,建立物流信息化管理,以提高物流信息的处理和传递速度,使物流活动的效率和快速反应能力得到提高。

2. 能够利用物流信息管理系统为物流管理者及其他组织管理人员提供战略、战术及运作决策的支持,以达到组织的战略竞优,提高物流运作的效率与效益。

一、物流信息管理系统概述

物流信息管理系统(Logistics Information System)是企业的物流管理(包括第三方物流的信息管理)系统,系统涉及仓储作业管理、运输及配载管理、财务管理、人力资源管理等内容,通过使用计算机技术、通信技术、网络技术等手段,建立物流信息化管理,以提高物流信息的处理和传递速度,使物流活动的效率和快速反应能力得到提高。物流信息管理系统总体结构,如图 1-6 所示。

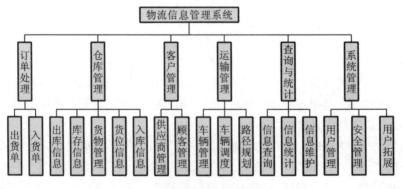

图 1-6　物流信息管理系统

现代物流管理以信息为基础,信息和物流是同时进行的,其关键是两者内容相一致。

为此,必须信息先行,信息跟不上,就什么都谈不上。因而建立物流信息管理系统越来越具有战略意义。

(1) 在企业日益重视经营战略的情况下,建立物流信息管理系统是必要的、不可缺少的。具体来说,为确保物流竞争优势,建立将企业内部的销售信息管理系统、物流信息管理系统、生产供应信息综合起来的信息管理系统势在必行。

(2) 由于信息化的发展,各企业之间的关系日益紧密。如何与企业外部销售渠道的信息管理系统,采购系统中的信息管理系统,以及运输信息管理系统连接起来,将成为今后重点研究和解决的课题。

(3) 企业物流已经不只是一个企业的问题,进入社会系统的部分将日益增多。在这种形势下,物流信息管理系统将日益成为社会信息管理系统的一个重要组成部分。

二、物流信息管理系统特点

物流信息管理系统具有一般信息管理系统的结构,在开发过程等方面也比较相似。物流产生的一个重要原因就是降低成本,而物流的跨度比较大,涉及的关系方比较多,信息含量比较大,这就要求物流信息管理系统必须具备如下的特点。

1. 可得性

物流信息管理系统必须具有方便而又始终如一的可得性(Availability)。即在需要的时候能方便及时地获得有关信息和数据,并且以数字化的形式获得。目前的实际情况则是,当物流供应商或客户有可能获得有关物流活动的重要数据时,这类数据往往是以书面为基础,或者很难从计算机系统中重新得到。

迅速的可得性对于客户的响应以及改进管理决策是有必要的。因为客户不断地需要存货和订货状态方面的信息,所以这一点是至关重要的。可得性的另一个方面是存取所需信息的能力,例如订货信息的存取能力,无论是管理上需要的或消费者需要的,还是产品订货位置方面的信息。物流作业分散化要求对信息具有较强的存取能力,并且能从国内甚至世界范围内的任何地方能方便地对信息进行更新,以便可借助于较强的信息可得性来减少作业上和制订计划上的不确定性。

2. 准确性

物流信息必须准确地反映当前的状况和定期活动状态,以衡量顾客订货和存货的水平。准确性可以解释为物流信息管理系统的报告与实际状况相比的差异程度。例如:平稳的物流作业要求实际的存货与物流信息管理系统报告的存货相吻合的准确性最好在99%以上。当实际存货和信息管理系统存货之间存在较低的一致性时,就有必要采取缓冲存货或安全存货的方式来适应这种不确定性。正如信息可得性那样,增加信息的准确性,也就可以减少不确定性,进而减少为安全存货而增加的需要量。

3. 及时性

物流信息必须及时地提供快速的管理反馈。及时性就是指一种活动的发生与该活动在信息管理系统内的反应之间所存在的时间差。例如,在某些情况下,系统要花费几个小时或者几天才能将一个新的订货看作是实际的需求,因为该订货往往并不能及时地直接进入现行的需求数据库。结果,在认识实际需求量的时候就出现了耽搁,这种耽搁会使计划制订的有效性减少,而使存货量增加。

另一个有关及时性的例子涉及当产品从"在制品"进入"制成品"状态时存货量的更新的及时性。尽管实际存在着连续的产品流,但是,信息管理系统的存货状况也许是按每小时、每工班,甚至是按每天进行更新的。显然,相比之下,采取实时更新或立即更新则更具及时性,但是它们将会导致记账工作量的增加。编制条形码、扫描和EDI有助于及时而有效地更新记录。

物流信息管理系统的及时性指系统状态(诸如存货水平)以及管理控制(诸如每天或每周的功能记录)的及时响应。所谓及时的管理控制是在还有时间采取正确的行动或使损失减少到最低程度的时候提供及时的信息支持。概括地说,及时的信息减少了不确定性,并帮助识别各种问题,由此而减少了存货需要量,增加了决策的精确性。

4. 异常性

物流信息管理系统必须以异常情况为基础,突出物流状态的问题和可能提供的机会。物流运作过程通常要与大量的顾客、产品、供应商和服务公司发生关系,及时响应各种需求。为此,必须定期检查物流的状态变化,以便发现问题。例如,在库存管理中,必须定期检查每一个产品的存货状况,以便制订补充订货计划。典型的检查需要检查大量的产品或补充订货。通常,这种检查过程涉及两个问题。第一个问题是对产品或补充订货是否采取任何行动。如果第一个问题的答案是肯定的,那么,第二个问题就涉及应该采取哪一种行动。许多物流信息管理系统要求手工完成检查,尽管这类检查正愈来愈趋向于自动化。但是,仍然有许多检查使用手工处理的方式,其原因是有许多决策在结构上是不确定的,而且往往需要经过用户的参与才能作出判断。具有较高水平的物流信息管理系统则结合了决策规则,并能识别需要作出决策的"异常"情况。于是,计划人员或经理人员就能够把他们的精力集中在最需要引起注意的情况或者能提供的最佳机会来改善服务或降低成本的情况。

5. 灵活性

物流信息管理系统必须具有灵活性,以满足系统用户和顾客两个方面的需求。信息管理系统必须有能力提供,能迎合特定顾客需要的数据。例如,有些顾客也许想要把订/发货票跨越地理或部门的界限进行汇总。特别是,例如零售商A也许想要每一个店的单独的发票,而零售商B却可能需要所有的商店汇总的总发票。一个灵活的物流信息管理系统必须有能力处理这两类要求。

三、现代物流信息管理系统研究内容

现代物流信息管理系统可以划分成三个大的部分。

1. 物流业务管理系统

物流业务管理系统主要对物流企业的内部运作实施管理,系统共由12个子系统组成。

(1)仓储管理系统——实现异地仓储的数字化管理,集成条码技术、射频识别

(RFID)技术等先进物流技术。

(2) 运输管理系统——集成全球定位系统(GPS)、公用数字移动通信网(GSM)、地理信息系统(GIS)技术,实现车辆的自动定位和调度,通过动态规划技术实现运输线路的最优化。

(3) 配送管理系统——根据配送计划,制定配送任务,实现准时制(Just in Time,JIT)配送。

(4) 货代管理系统——通过对多式联运的管理,实现门到门、一票到底的货物运输服务。

(5) 统计管理系统——各种业务的统计查询和分析,结果以图形的方式进行显示,形象直观。

(6) 结算管理系统——实现各种费用的自动计算,支持多币种的国际结算。

(7) 财务管理系统——实现对历史数据的分析,制定财务预算,实施财务控制。

(8) 行政管理系统——对办公、人事等进行管理,实现无纸化办公。

(9) 合同管理系统——规范合同的签署,跟踪合同的执行,并对合同的执行情况进行评估。

(10) 客户关系管理系统——管理客户资料,对客户进行分析,提高客户忠诚度,并适时增添新的客户。

(11) 决策支持系统——通过运筹模型的建立,对数据进行分析,为领导决策提供依据。

(12) 数据交换管理系统——通过 WEB-EDI 方式实现供应链上各方的数据交换。

这12个系统被划分成4个层次:

(1) 作业层——由仓储管理、运输管理、配送管理等系统组成,是对物流作业实施管理系统;

(2) 管理层——由结算管理、合同管理等系统组成,是企业管理部门运行的系统;

(3) 决策层——由统计管理、决策支持等系统组成,是辅助企业高层领导决策的系统;

(4) 客户层——由客户查询、客户管理等系统组成,是为客户服务的系统。

这12个系统对各个物流活动和物流管理进行了系统的总结和概括,实现物流企业业务的完全管理。

2. 电子商务管理系统

物流企业需要把自己为客户提供服务的情况及时地向客户进行反馈;客户则需要及时了解和掌握物流企业为他们所提供的服务状况。电子商务系统的主要功能有:

(1) 实时查询——客户在网上实时查询库存情况、货物运输情况;

(2) 清单录入——通过 EDI 系统实现双方系统的数据对接;

(3) 服务需求——客户可以将他们对物流的需求直接发送到系统中,如订仓业务、配送计划、运输需求等;

(4) 信息反馈——客户对所提供的物流服务,包括服务方式、业务流程、服务态度和服务质量提出建议或投诉。

3. 客户服务管理系统

处理客户以各种方式提出的服务要求。

以上三个部分的有机结合,实现企业物流供应链全过程的信息采集、交换和处理,构成一个物流行业完整的信息管理系统解决方案。

四、我国物流信息化的发展趋势

1. 政府的支持将会极大地推动物流信息化的发展

现代物流业必然包含信息技术的应用。现代物流是在传统物流的基础上,引入高科技手段,如采用条码技术,通过 EDI 和互联网进行数据交换,在 RFID、GPS、GIS 技术的基础上实现产品跟踪,利用物流管理系统处理和控制物流信息,实现运输的合理化、仓储的自动化、包装的标准化、装卸的机械化、加工配送的一体化、信息管理的网络化,使物流速度加快、准确率提高、成本降低,延伸并扩大了传统的物流功能。信息化已成为现代物流发展的核心因素。

当前,随着经济全球化的深入发展,新一轮信息技术变革正在兴起,国内工业化、信息化、城镇化、农业现代化日益深入发展,经济结构转型加快,为我国物流信息化的发展带来了新的机遇和动力。因此,各级政府应高度重视物流信息化的发展。

为贯彻落实《国民经济和社会发展第十二个五年规划纲要》对信息化发展的要求,2011 年 4 月,交通运输部出台了《公路水路交通运输信息化"十二五"发展规划》,旨在通过加快交通运输行业的信息化建设,充分发挥信息化在转变交通运输发展方式、提升交通运输管理能力和服务水平、促进现代交通运输业发展的支撑和保障等方面的作用,全面提高交通运输智能化、现代化水平。

为贯彻落实《国民经济和社会发展第十二个五规划纲要》《国务院办公厅关于促进物流业健康发展政策措施的意见》(国办发〔2011〕38 号)、《电子商务"十二五"发展规划》(工信部规〔2011〕556 号)等,充分发挥信息化支撑和引领现代物流发展的重要作用,促进经济发展方式转变和产业结构优化升级,2013 年 1 月,工业和信息化部出台了《工业和信息化部关于推进物流信息化工作的指导意见》,提出了我国物流信息化发展的目标,7 项主要任务和 6 项保障措施,对推动我国物流信息化的发展起到了至关重要的作用。

2. 物流信息技术的发展和应用将会进一步加快

未来几年,电子识别、自动识别、信息交换、智能交通、物流经营管理、移动信息服务、可视化服务和位置服务等先进技术的研发和应用将会显著加快。第三代移动通信(3G)、3S(GNSS、GIS、RS)、机器到机器(M2M)、RFID 等现代信息和通信技术在物流领域的创新与应用会得到较大程度的发展。智能交通系统(ITS)、物流基地综合管理系统、智能集装箱管理系统、物流信息管理系统(LMS)及海关特殊监管区域信息化管理系统将会进一步普及。

3. 物联网技术在物流行业的应用将会更加广泛

物联网又称传感网(Internet of Things,IOT),可借助互联网、RFID 等无线数据通信等技术,实现对单个商品的识别与跟踪。基于这些特性,将其应用到物流的各个环节,可保证商品的生产、运输、仓储、销售及消费全过程的安全和时效。

物流业是物联网很早就实实在在落地生根的行业之一,很多先进的现代物流系统已经具备了信息化、数字化、网络化、集成化、智能化、柔性化、敏捷化、可视化、自动化等先进技术特征。很多物流系统和网络也采用了最新的红外、激光、无线、编码、认址、识别、定位、无接触供电、光纤、数据库、传感器、RFID、卫星定位等高新技术,这种集光、机、电、信息等技术为一体的新技术在物流系统的集成应用就是物联网技术在物流业应用的体现。

目前在物流业应用较多的感知手段主要是 RFID 和 GPS 技术,今后随着物联网技术的发展,传感技术、蓝牙技术、视频识别技术、M2M 技术等也将逐步集成应用于现代物流领域,用于现代物流作业中的各种感知与操作。如:温度的感知用于冷链物流监控,侵入系统的感知用于物流安全防盗,视频的感知用于各种控制环节与物流作业引导等。

4. 公共物流信息平台的发展会进一步提速

信息的互联互通一直是困扰公共物流信息平台发展的问题。"十二五"期间,中央和各级政府非常重视公共物流信息平台的发展,在资金和政策上都会大力支持。随着物流信息化标准的不断完善,将会出现一批优秀的可复制的公共信息平台。在这些平台的发展过程中,首先要解决的问题是公共信息平台与政府监管平台的互联互通,其次还要解决公共信息平台与企业之间的互联互通,最后解决区域乃至全国信息的互联互通。

五、物流信息管理系统的地位和作用

1. 提高管理效率,降低成本

信息管理系统的主要特点是提高信息处理的效率,及时提供各类经营管理所需的信息,从而提高经营效率,降低成本。例如,库存管理系统的应用,可以减少库存积压,加快资金流转速度;计划管理系统的应用,可以及时调整生产计划,提高设备利用率;质量管理系统的应用,可以及时掌握质量状况,加强质量控制,降低质量成本。另外,信息管理系统还可以改善工作条件,减轻信息处理人员的劳动强度,减少人员开支。

2. 加强与外部环境之间的联系

自 20 世纪 90 年代开始的信息化和市场全球化,从根本上改变了企业的内外关系,能否适应外界环境的变化,关系到一个企业的生存和发展。信息管理系统可以加强企业与外部环境之间的信息交流,帮助企业及时了解政策法规,研究竞争对手,加强与客户和供应商的联系,可以随时根据环境的变化调整策略,从而获得竞争优势。

3. 开发新产品和新服务,创造更高效益

计算机和网络通信技术缩短了企业与客户之间的距离,使服务得以延伸。如 TAM 自动取款机就是金融机构运用信息管理系统提供的新服务。信息管理系统不仅在市场调查和市场预测方面可以大显身手,还可以直接获取客户需求,以便满足每一个客户的特殊需要。例如,美国的一家公司,在自选商场配备一种称为"自配合"的系统,允许顾客自己设计合体的牛仔裤,当顾客把自己的尺寸要求输入计算机以后,数据通过网络传回工厂,生产线便可以加工出满足客户特殊要求的牛仔裤,这种服务深受顾客欢迎。总之,信息管理系统使企业在降低仓储、搬卸成本,降低运营成本,提高其工作效率,管理水平,对客户

提供优质服务,保证供应链畅通等方面具有竞争力,是企业实现物流价值的关键。

复习思考题

一、选择题(选项中至少有一个是正确答案)

1. 物流信息的分类、研究和筛选等工作的难度比较大,这是由于物流信息(　　)特点决定的。

    A. 阶梯式传递　　　　　　　　　　B. 量大、分布广、种类多

    C. 具有较高的时效性　　　　　　　D. 具有"牛鞭效应"

2. 物流信息系统是把各种物流活动与某个一体化过程连接在一起的通道,物流信息系统的基本功能有(　　)。

    A. 信息输入、输出　　　　　　　　B. 信息处理

    C. 信息传输　　　　　　　　　　　D. 信息存储

3. 物流信息技术是指物流各环节中应用的信息技术,包括(　　)等技术。

    A. 计算机、网络　　　　　　　　　B. 信息分类编码、自动识别

    C. 电子数据交换　　　　　　　　　D. 全球定位系统

    E. 地理信息系统

4. 物流信息的特征是(　　)。

    A. 信息量大　　B. 更新快　　C. 来源多样化　　D. 保密性强　　E. 精度高

5. 自动识别与数据采集对(　　)等记录数据的载体进行机器识别,自动获取被识别物品的相关信息,并提供给后台的计算机处理系统来完成相关后续处理的一种技术。

    A. 字符　　B. 影像　　C. 条码　　D. 声音　　E. 照相机

6. 信息标准包括(　　)。

    A. 句法　　B. 数据元素　　C. 标准代码　　D. 类别　　E. 信息源

二、简答题

1. 简述物流信息系统的分类。

2. 简述物流信息系统的组成要素及其在物流信息系统中所起的作用。

项目二 物流信息系统平台技术

问题引入

网络,于无声处地深入到社会的各个角落,改变着人们的生活、学习和工作方式。随着现代信息技术的迅猛发展,网上购物、网上银行、网上营销、微博团购等网络商务活动日渐兴起。网络与通信技术的不断发展已深入到全球经济生活和社会生活的各个角落,已经成为人们生活中不可缺少的一部分。

任务导读

信息技术是物流生存和发展的必要条件,是物流现代化的重要标志。建设物流信息系统平台需要的各类支撑技术,主要分为四大类:通信网络技术(计算机网络技术、无线网络技术、移动通信技术);计算机技术(信息安全技术、数据处理技术、EDI 技术);专业技术(GIS/GPS 技术、电子商务技术);新兴技术(云计算、物联网)。这四类技术之间不是孤立的,而是互相渗透互相交叉的,构建一个综合的现代化的物流公共信息系统平台需要各类信息技术的支撑。

案例导入

构筑 UPS 核心竞争力的法宝——现代物流信息技术

构筑 UPS(美国联合包裹服务)公司核心竞争力的是什么?

与该公司发生过业务关系的人都知道,UPS 核心竞争优势除了来源于其几十万辆卡车和几百架飞机组成的运输队伍外,还来源于物流信息技术的广泛应用和不断升级。UPS 公司应用在运输货物的物流信息系统包括署名追踪系统及比率运算系统等,主要采用的技术有:自动仓库、指纹扫描、光拣技术、产品跟踪和决策软件工具等。这些技术在商品源头流向市场或者最终消费者的供应链上帮助客户改进了业绩,真正实现了双赢。

UPS 公司通过应用三项以物流信息技术为基础的服务提高了竞争能力:

第一,条形码和扫描仪使 UPS 公司能够有选择地每周七天、每天 24 小时跟踪和报告装运状况,顾客只需拨个免费电话号码,即可获得"地面跟踪"和航空递送这样的增值服务。

第二,UPS 公司为递送驾驶员配备最先进的收集递送信息的手提式计算机。目前,UPS 公司的递送员已经配备了第三代速递资料收集器Ⅲ型 DIAD,这是业界最先进的手提式计算机,可几乎同时收集和传输实时包裹传递信息,也可让客户及时了解包裹的传送现状。这台 DIAD 配置了一个内部无线装置,可在所有传递信息输入后立即向 UPS 公司数据中心发送信息。司机只需扫描包裹上的条形码,获得收件人的签字,输入收件人的姓名,并按动一个键,就可同时完成交易并送出数据。Ⅲ型 DIAD 的内部无线装置还在送货车司机和发货人之间建立了双向文本通信。专门负责某个办公大楼或商业中心速递业务的司机可缩短约 30 分钟的上门收货时间。每当接收到一个信息,DIAD 角上的指示灯就会闪动,提醒司机注意。这对消费者来说,不仅意味着所寄送的物品能很快发送,还可随时"跟踪"到包裹的行踪。通过这一过程,速递业突破了"点到点""户对户"的单一速递模式,除为客户提供传统速递服务外,还包括库房、运输及售后服务等全方位物流服务,从而大大地拓展了传统物流概念。

第三,UPS 公司通过无线通信网络,实现适时包裹跟踪。无线通信网络技术使驾驶员能够把适时跟踪的信息从卡车上传送到 UPS 公司的中央电脑。无线移动技术和系统能够提供电子数据储存,并能跟踪公司在全球范围内的数百万笔递送业务。

问题与思考:

1. 在互联网时代,应如何建立公司的核心竞争力?

2. UPS 公司是如何利用现代物流信息技术来提高公司竞争能力的?

学习任务一 物流网络技术

知识目标

1. 了解计算机两大系统组成部件。

2．掌握计算机网络的概念、功能、构成和类别。
3．掌握无线网络技术及应用前景。

● 能力目标

1．能够把分布在不同地理区域的计算机与专门的外部设备用通信线路互联成一个规模大、功能强的网络系统，从而使众多的计算机可以方便地互相传递信息，共享硬件、软件、数据信息等资源。

2．能够从物流信息资源网络化、物流信息通信网络化和计算机网络化三方面构成要素分析，建立能承担传输和交换物流信息的高速、宽带、多媒体的公用通信网络平台。

物流信息化首先要解决的问题就是不同企业的计算机之间或企业内不同业务部门的计算机之间的通信问题。当今社会解决这一问题的最佳方法就是计算机网络。计算机网络是自主计算机的互联集合，这些计算机各自是独立的，地位是平等的，它们通过有线或无线的传输介质连接起来，在计算机之间实现了统一的通信协议。不同的计算机网络可以采用网络设备实现互联，构成更大范围的互联网络。在计算机网络上达到信息的高速传送以及硬件、软件和信息资源的共享。目前，计算机网络技术正处在蓬勃发展的时期，各种网络技术就是为了实现上述目的以满足用户不断增加的网络应用需求而开发的。

一、计算机系统

计算机系统由硬件和软件两大系统组成。

（一）硬件系统

计算机的硬件系统可分为5大部件：即中央处理器（CPU）、存储器、输入设备、输出设备、通信设备。

（1）中央处理器。中央处理器是计算机系统的最主要部件，它由两个部分组成：控制器和运算器。作为控制器，它具有控制计算机各个部件按顺序工作的功能，是整个计算机的指挥中心。作为运算器，它担负计算机中的运算工作。

（2）存储器。存储器是计算机的记忆装置，存放运算的数据和程序，好比人的大脑。存储器又分外存储器和内存储器，简称外存和内存。外存储器有磁带、磁盘（软盘、硬盘）、光盘等。内存储器有随机存储器（RAM）、只读存储器（ROM）等。

（3）输入设备。输入设备是计算机输入信息的装置，是人机对话的工具。早期计算机的输入设备主要是纸带输入机，现在的输入设备有键盘、磁带机、软盘驱动器、语音读入、扫描仪、光电识别、手写输入、自动接收设备、触摸屏、微信等。

（4）输出设备。输出设备是用来输出计算机处理结果的装置。目前使用较普遍的有显示器、打印机、外存设备（磁带、磁盘、光盘）、绘图仪、多媒体等。

（5）通信设备。随着计算机网络的迅速发展，通信设备已成为计算机系统的必要部件。通信设备包括MODEM、HUB、网络线路、路由器等。通信线路可选用公共电话线或专用通信线等。

除了上述五大部件以外，为了解决计算机系统的自身电源对瞬时断电和交流电网的波动无法控制的缺陷问题，一般要配备不间断供电设备（UPS）。当交流供电暂时中断时，UPS可以继续向主机供电（供电时间和UPS的功率有关），这样能保证系统操作人员有足够的时间进行妥善处理，不至于造成信息丢失或设备损坏。

（二）软件系统

计算机软件包括机器运行时所需要的各种程序及其有关资料，例如汇编程序、编译程序、诊断程序、操作系统、程序库、数据库管理系统、各种应用软件和程序维护使用手册等。它可以扩大计算机系统的功能和提高计算机的运行效率，是计算机系统必不可少的组成部分。软件系统一般由系统软件、编程语言和应用软件三大类组成。

1) 系统软件

系统软件合理地组织待处理问题的步骤、简化机器操作，为用户编制程序提供方便。它由以下四部分组成。

（1）操作系统：在计算机系统中，各种程序和数据以文件的形式存放在磁盘或磁带中，需要时，只要向操作系统提出将它们装入内存的要求后即可实现。所以，操作系统使计算机硬件的功能得到了充分的发挥，使用计算机也更加方便。

（2）编译系统：当使用高级语言编制的应用程序送入计算机后，由编译系统将这些程序编译成机器能识别的语言——机器语言。

（3）汇编语言：在系统软件中提供的机器固有的汇编语言，这是用符号形式表示的机器语言。

（4）常用服务程序：这类程序有编辑程序、装配程序、外部介质转换服务程序、库管理程序及诊断程序等。

2) 编程语言

编程语言是用户编制程序时使用的语言。目前高级语言用得较多的有：BASIC、COBOL、C语言、PASCAL、FORTRAN、LISP和PROLOG等。

3) 应用软件

与计算机辅助管理有关的应用软件主要有：

（1）数据库管理软件；

（2）实用性的应用软件；

（3）办公室自动化（OA）应用软件；

（4）非直接管理性质的应用软件。

二、计算机网络技术

1. 计算机网络的概念

计算机网络是现代通信技术与计算机技术相结合的产物。所谓计算机网络，就是把分布在不同地理区域的计算机与专门的外部设备用通信线路互联成一个规模大、功能强的网络系统，从而使众多的计算机可以方便地互相传递信息，共享硬件、软件、数据信息等资源。计算机网络的发展过程大致可以分为：具有通信功能的单机系统、具有通信功能的多机系统、计算机网络三个阶段。

2．计算机网络的功能

网络的主要功能是向用户提供资源的共享和数据的传输，它包括：

1）数据交换和通信

这是计算机网络的最基本的功能，该功能用于实现计算机与终端、计算机与计算机之间的数据传输，也是实现其他几个功能的基础。数据传输、数据通信功能包括以下内容。①连接的建立和拆除。在计算机网络中为使源主机与目标主机进行通信，通常应在它们之间先建立连接。②数据传输控制。在通信双方已建立连接之后，便可利用该连接来控制传输用户数据。为使用户数据能在网络中正确传输，必须为数据配上报头，其中含有用于控制数据传输的信息，如目标主机地址、源主机地址、报文序号等。

2）资源共享

计算机网络可以实现网络资源的共享，这些资源包括硬件、软件和数据。资源共享是计算机网络组网的目的之一。

（1）硬件共享：用户可以使用网络中任意一台计算机所附接的硬件设备。例如，同一网络中的用户共享打印机、共享硬盘空间等。

（2）软件共享：用户可以使用远程主机的软件，包括系统软件和用户软件。既可以将相应软件调入本地计算机执行，也可以将数据送至对方主机，运行其软件，并返回结果。

（3）数据共享：网络用户可以使用其他主机和用户的数据。

3）系统的可靠性

通过计算机网络实现备份技术可以提高计算机系统的可靠性。当某一台计算机出现故障时，可以立即由计算机网络中的另一台计算机来代替其完成所承担的任务。

4）分布式网络处理和均衡负荷

对于大型的任务或当网络中某台计算机的任务负荷太重时，可将任务分散到网络中的其他计算机上进行，或由网络中比较空闲的计算机分担负荷，这样既可以处理大型的任务，使得一台计算机不会负担过重，又提高了计算机的对用性，起到了分布式处理和均衡负荷的作用。

3．计算机网络的构成

计算机网络由计算机网络系统以及软件部分组成。

计算机网络系统在逻辑功能上可以划分为两部分，一部分的主要工作是对数据信息的收集和处理，另一部分则专门负责信息的传输，ARPANET 把前者称为资源子网，后者称为通信子网，如图 2-1 所示。

1）资源子网

资源子网主要是对信息进行加工和处理，面向用户，接受本地用户和网络用户提交的任务，最终完成信息的处理。它包括访问网络和处理数据的硬软件设施，主要有计算机、终端和终端控制器、计算机外设、有关软件和共享的数据等。

（1）主机（Host）。网络中的主机可以是大型机、小型机或微型机，它们是网络中的主要资源，也是数据资源和软件资源的拥有者，一般都通过高速线路将它们和通信子网的节点相连。

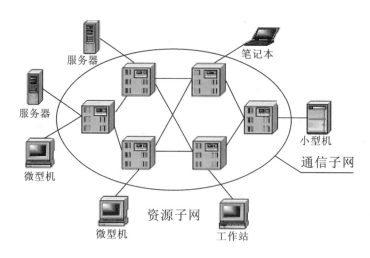

图 2-1 计算机网络的一般结构

(2) 终端和终端控制器。终端是直接面向用户的交互设备,可以是由键盘和显示器组成的简单的终端,也可以是微型计算机系统;终端控制器连接一组终端,负责这些终端和主计算机的信息通信,或直接作为网络节点。在局域网中它相当于集线器(HUB)。

(3) 计算机外设。计算机外设主要是网络中的一些共享设备,如大型的磁碟机、高速打印机、大型绘图仪等。

2) 通信子网

通信子网主要负责计算机网络内部信息流的传递、交换和控制,以及信号的变换和通信中的有关处理工作,间接地服务于用户。它主要包括网络节点、通信链路、交换机和信号变换设备等软硬件设施。

(1) 网络节点:一是作为通信子网与资源子网的接口,负责管理和收发本地主机和网络所交换的信息,相当于通信控制处理机 CCP(在 ARPANET 中称为接口信息处理机 IMP——Interface Message Processor);二是作为发送信息、接收信息、交换信息和转发信息的通信设备,负责接收其他网络节点传送来的信息并选择一条合适的链路发送出去,完成信息的交换和转发功能。网络节点可以分为交换节点和访问节点两种:

交换节点主要包括交换机(Switch)、网络互联时用的路由器(Router)以及负责网络中信息交换的设备等。

访问节点主要包括连接用户计算机(Host)和终端设备的接收器、收发器等通信设备。

(2) 通信链路。通信链路是两个节点之间的一条通信信道。链路的传输媒体包括有:双绞线、同轴电缆、光导纤维、无线电、微波通信、卫星通信等。一般在大型网络中和相距较远的两节点之间的通信链路,都利用现有的公共数据通信线路。

(3) 信号变换设备。信号变换设备的功能是对信号进行变换以适应不同传输媒体的要求。这些设备一般有:将计算机输出的数字信号变换为电话线上传送的模拟信号的调制解调器,无线通信接收和发送器,用于光纤通信的编码解码器,等等。

3) 软件组成

从系统组成的角度来看,计算机网络由计算机网络硬件和计算机网络软件两部分构成。在网络系统中,除了包括各种网络硬件设备外,还应该具备网络的软件。通常,网络软件包括以下几种。

(1) 网络协议软件:实现网络协议功能,比如 TCP/IP、IPX/SPX 等。

(2) 网络通信软件:用于实现网络中各种设备之间进行通信的软件。

(3) 网络操作系统:实现系统资源共享,管理用户的应用程序对不同资源的访问,常见的网络操作系统有 UNIX、Linux、Windows 98、Windows 2000、Windows 2003、Windows XP、Netware 等。

(4) 网络管理软件和网络应用软件:网络管理软件是用来对网络资源进行管理以及对网络进行维护的软件,而网络应用软件是为网络用户提供服务的,是网络用户在网络上解决实际问题的软件。

4. 计算机网络的类型

对计算机网络的分类有多种形式,其中主要有以下几种。

1) 按跨度分类

网络的跨度是指网络可以覆盖的范围。根据网络覆盖的范围,网络可以分类为广域网、局域网、城域网等。

(1) 广域网(Wide Area Network,WAN)。广域网有时也称远程网,其覆盖范围通常在方圆数十公里以上,可以覆盖整个城市、国家,甚至整个世界,具有规模大、传输延迟大的特征。广域网通常使用的传输装置和媒体由电信部门提供;但随着多元经营的政策落实,也出现其他部门自行组网的现象。除电信外,我国还有广电网、联通网等为用户提供远程通信服务。广域网的主要技术特点:广域网覆盖的地理范围从方圆几十公里到几千公里;广域网的通信子网主要使用分组交换技术,它的通信子网可以利用公用分组交换网、卫星通信网和无线分组交换网;广域网需要适应大容量与突发性通信、综合业务服务、开放的设备接口与规范化的协议以及完善的通信服务与网络管理的要求。

(2) 局域网(Local Area Network,LAN)。局域网也称局部区域网络,覆盖范围常在方圆几公里以内,限于单位内部或建筑物内,常由一个单位投资组建,具有规模小、专用、传输延迟小的特征。目前我国绝大多数企业都建立了自己的企业局域网。局域网只有与局域网或者广域网互联,进一步扩大应用范围,才能更好地发挥其共享资源的作用。局域网的主要技术特点:局域网覆盖有限的地理范围,一般属于一个单位;提供高数据传输速率(10~1000 Mbps);决定局域网的局域网特性的主要技术要素为网络拓扑、传输介质与介质访问控制方法。

(3) 城域网(Metropolitan Area Network,MAN)。城域网也称市域网,覆盖范围一般是一个城市,介于局域网和广域网之间。城域网使用了广域网技术进行组网。城域网的主要技术特点:介于广域网与局域网之间的一种高速网络;城域网设计的目标是要满足方圆几十公里范围内的大量企业、公司的多个局域网互联的需求;实现大量用户之间的数据、语音、图形与视频等多种信息的传输功能。早期的城域网主要产品是 FDDI。

[特别提示]

分清广域网、局域网和城域网的技术特点是必需的。

随着网络技术的发展,新型的网络设备和传输媒介的广泛应用,距离的概念逐渐淡化,局域网以及局域网互联之间的界限也逐渐模糊。同时,越来越多的企业和部门开始利用局域网以及局域网互联技术组建自己的专用网络,这种网络覆盖整个企业和部门,范围可大可小。

2)按网络采用的传输技术分类

按网络所使用的传输技术,可以将网络分为点对点传播方式网和广播式传播结构网。

在采用点到点线路的通信子网中,每条物理线路连接一对节点,其分组传输要经过中间节点的接收、存储、转发,直至目标节点。从源节点到达目标节点可能存在多条路由,因此需要使用路由选择算法。采用点到点线路的通信子网的基本拓扑结构型有4种:星型,环型,树型,网状型。

在采用广播信道的通信子网中,一个公共的通信信道被多个网络节点共享。采用广播信道通信子网的基本拓扑结构型主要有4种:总线型,树型,环型,无线通信与卫星通信型。

采用路由选择和分组存储转发是点对点式网络与广播式网络的重要区别。

3)按管理性质分类

根据对网络组建和管理的部门和单位不同,常将计算机网络分为公用网和专用网。

(1)公用网。由电信部门或其他提供通信服务的经营部门组建、管理和控制,网络内的传输和转接装置可供任何部门和个人使用。公用网常用于广域网络的构造,支持用户的远程通信。如我国的电信网、广电网、联通网等。

(2)专用网。由用户部门组建经营的网络,不容许其他用户和部门使用;由于投资的因素,专用网常为局域网或者是通过租借电信部门的线路而组建的广域网络。如由学校组建的校园网、由企业组建的企业网等。

(3)利用公用网组建专用网。许多部门直接租用电信部门的通信网络,并配置一台或者多台主机,向社会各界提供网络服务,这些部门构成的应用网络称为增值网络(或增值网),即在通信网络的基础上提供增值的服务。如中国教育科研网(CERnet),全国各大银行的网络等。

三、无线网络技术

在高速发展的信息时代,伴随着有线网络的广泛应用,以快捷高效、组网灵活为优势的无线网络技术也在飞速发展。一般来说,凡是采用无线传输媒体的计算机网络系统都可称为无线网络,它是计算机网络与无线通信技术相结合的产物。无线网络利用无线多址信道的有效方法来支持计算机之间的通信,并为通信的移动化、个性化和多媒体应用提供可能。

与有线网络一样,无线网络也可以分为多种,主要包括无线局域网、无线个域网、无线城域网、无线广域网、移动 Ad-hoc 网络、无线传感器网络和无线 Mesh 网络。

无线网络解决了有线网络中铺设专用通信线路的布线施工难度大、费用高、耗时长等缺点。无线网络这些年得到了迅速发展,从普通手机到多媒体上网,从使用无线局域网到管理各种各样的家用电器,无线网络显示了广阔的应用前景。

项目二 物流信息系统平台技术

1. 无线局域网

局域网(Local Area Network,LAN)是处于同一建筑、同一单位或方圆几公里区域内的专用网络。局域网常用于连接公司办公室或工厂里的个人计算机和工作站,以便共享资源(如打印机)和交换信息。无线局域网(Wireless Local Area Nerwork,WLAN)是在早期有线局域网的基础上发展起来的,采用的是无线传输媒介,是取代双绞铜线所构成的相当方便的数据传输系统。各种相应的 WLAN 技术或标准是根据用户的移动需求而出现的,和已有的有线局域网相比,它主要具有以下优点。

(1) 用户可移动性。用户可以在电磁信号覆盖范围内任意移动,不受线缆的束缚。

(2) 组网的灵活性。无线意味着可任意组网和重新组网,不受地点环境等限制。

(3) 低成本。WLAN 无需布线,从而节省了布线的时间和投资,使建筑物不至于被破坏。

WLAN 的传输方式包括 WLAN 采用的传输媒介、选择的频段及调制方式。目前 WLAN 采用的传输媒介主要有两种,即微波与红外线。采用微波作为传输媒介的 WLAN 技术根据调制方式不同,又可分为扩频方式与窄带调制方式。

由于无线局域网络的强烈需求,美国的电子电气工程师协会于 1990 年 11 月召开了 IEEE 802.11 标准委员会会议,开始制定无线局域网络标准。WLAN 正式的出现是以 1997 年 6 月 IEEE 802.11 标准(通常简称 802.11)的颁布作为一个重要的里程碑。

2. Wi-Fi 保护接入

Wi-Fi(Wireless Fidelity),称为无线保真技术,它与蓝牙技术一样,同属于在办公室和家庭中使用的短距离无线技术。该技术使用的是 2.4 GHz 附近的频段,该频段目前尚属没用许可的无线频段。该技术由于其无线电波的覆盖范围广、传输速度非常快(可以达到 11 Mbps)和厂商进入该领域的门槛比较低的特点,因而受到厂商的青睐。

Wi-Fi 是由 AP(Access Point)和无线网卡组成的无线网络。AP 一般称为网络桥接器或接入点,它被当作传统的有线局域网络与无线局域网络之间的桥梁,因此任何一台装有无线网卡的 PC 均可通过 AP 去分享有线局域网络甚至广域网络的资源,其工作原理相当于一个内置无线发射器的 HUB 或者是路由,而无线网卡则是负责接收由 AP 所发射信号的 CLIENT 端设备。根据无线网卡使用的标准不同,Wi-Fi 的速度也有所不同。其中 IEEE802.11b 最高为 11 Mbps(部分厂商在设备配套的情况下可以达到 22 Mbps),IEEE802.11a 为 54 Mbps、IEEE802.11g 也是 54 Mbps。

Wi-Fi 保护接入(Wi-Fi Protected Access,WPA)是继承了 WEP(Wired Equivalent Privacy)的基本原理而又解决了 WEP 缺点的一种新技术。由于加强了生成加密密钥的算法,因此即便收集到分组信息并对其进行解析,也几乎无法计算出通用密钥。WPA 不仅是一种比 WEP 更为强大的加密方法,而且有更为丰富的内涵。作为 802.11i 标准的子集,WPA 包含了认证、加密和数据完整性校验三个组成部分,是一个完整的安全性方案。

3. 无线个域网

无线个人局域网(Wireless Personal Area Network,WPAN)是一种采用无线连接的个人局域网,它被用在诸如电话、计算机、附属设备以及小范围(个人局域网的工作范围一般是在方圆10米以内)的数字助理设备之间的通信。从网络构成上来看,WPAN位于整个网络架构的底层,用于很小范围内的终端与终端之间的连接,即点对点的短距离连接,如手机和蓝牙耳机之间的无线连接。WPAN工作在个人操作环境,需要相互通信的装置构成一个网络,而无需任何中央管理装置,可以动态组网,从而实现各个设备间的无线动态连接和实时信息交换。

4. 蓝牙技术

1998年5月,5家大公司(爱立信、诺基亚、IBM、东芝和英特尔)成立了一个集团,共同创立一种用于短距离无线通信的使用非许可证频段的通用无线技术,其结果就是我们今天所熟知的蓝牙技术。蓝牙(Bluetooth)是一种运行于2.4 GHz ISM频段、频宽为1 MHz、基本发射功率为1 mW、传输距离为10 m以内、可支持点到多点的短距离低功率无线传输技术。

蓝牙系统的基本单元是微微网(Piconet)。微微网包含一个主节点以及10 m距离之内最多7个活动的从节点,此外还可以有多达255个静观暂停节点(Parked Node)。静观暂停节点是切换到低功耗状态的节点,只能响应主节点的激活或指示信号。多个微微网可以通过桥节点相互连接实现并存,从而构成分散网(Scatternet),如图2-2所示。

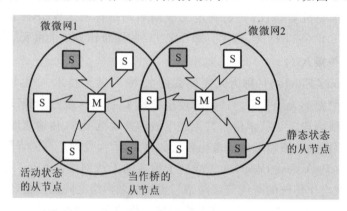

图2-2 两个微微网连接构成一个分散网

由于蓝牙体积小,已经广泛应用到对数据传输速率要求不高的移动设备和便携设备中。蓝牙技术的特点主要包括:

(1) 全球范围适用。蓝牙工作在2.4 GHz的ISM频段,全球大多数国家ISM频段的范围是2.4~2.4835 GHz,使用该频段无需向各国的无线电资源管理部门申请许可证。

(2) 可同时传输语音和数据。蓝牙采用电路交换和分组交换技术,支持异步数据信道、三路语音信道,以及异步数据与同步语音同时传输的信道。

(3) 具有自组织性(Ad-hoc Connection)。主节点可以主动发起组网连接的连接请求,与其他从节点构成微微网,从而实现点到点的通信连接。微微网中的从节点可以通过时分复用技术同时与多个微微网保持同步。

(4) 抗干扰能力强。蓝牙采用跳频(Frequency Hopping)方式来扩展频谱(Spread Spectrum),从而抵抗工作在ISM频段的其他无线电设备的干扰。每个蓝牙设备在某个频点发送数据之后,再跳到另一个频点发送,而频点的排列顺序则是伪随机的,每秒钟频率改变 1600 次,每个频率持续 625 μs。

(5) 蓝牙模块体积很小、功耗低、成本低。由于蓝牙模块体积很小,便于集成到个人移动设备中。蓝牙设备在通信连接(Connection)状态下可以使用四种工作模式——激活(Active)模式、呼吸(Sniff)模式、保持(Hold)模式和休眠(Park)模式,从而降低设备的能耗。此外,随着蓝牙技术的发展和市场需求的扩大,蓝牙产品的价格在不断下降。

(6) 开放的接口标准。蓝牙的技术标准全部公开,全世界范围内的任何单位和个人都可以进行蓝牙产品的开发,只要最终通过 SIG 的蓝牙产品兼容性测试即可。

5. 无线城域网

无线城域网(Wireless Metropolitan Area Network,WMAN)主要是为了满足用户日益增长的宽带无线接入的问题,从而使用户可以在城区的多个场所之间创建无线连接(例如,在一个城市或大学校园的多个办公楼之间),而不必花费高昂的费用铺设光缆、铜质电缆和租用线路。此外,当有线网络的主要租赁线路不能使用时,WMAN 还可以作备用网络使用。WMAN 使用无线电波或红外光波传送数据。为用户提供高速 Internet 接入的宽带无线接入网络的需求量正日益增长。尽管目前使用多种技术来实现"最后一公里"的宽带无线接入,例如多路多点分布服务(MMDS)、本地多点分布服务(LMDS)、CDMA 和 OFAM 等技术,但负责制定宽带无线访问标准的 IEEE 802.16 工作组仍在开发新的规范以便实现这些技术的标准化。IEEE 802.16 工作组所制定的一种新标准应能同时解决物理层环境(室外射频传输)和 QoS 两方面的问题,以满足宽带无线接入和"最后一公里"接入市场的需要。

6. 无线广域网

无线广域网(Wireless Wide Area Network,WWAN)技术可使用户通过远程公用网络或专用网络建立无线网络连接。通过使用由无线服务提供商负责维护的若干天线基站或卫星系统,这些连接可以覆盖广大的地理区域,例如若干城市或者国家(地区)。

WWAN 满足超出一个城市范围的信息交流和网际接入需求。IEEE 802.20 标准和 2G、3G 蜂窝移动通信系统共同构成 WWAN 的无线接入,其中,2G、3G 蜂窝移动通信系统在目前使用最多。802.20 标准拥有更高的数据传输速率,达到 16 Mbps,传输距离约为 31 km。802.20 移动宽带无线接入标准也被称为 Mobile-Fi。

四、物流信息网络化

物流信息网络化是实现物流信息化的基础,从构成要素分析,主要包括物流信息资源网络化、物流信息通信网络化和计算机网络化三方面内容。其中,物流信息资源网络化,是指各种物流信息库和信息应用系统实现联网运行,从而使运输、储存、加工、配送等信息子系统汇成整个物流信息网络系统,以实现物流信息资源共享;物流信息通信网络化,是指建立能承担传输和交换物流信息的高速、宽带、多媒体的公用通信网络平台;计算机网络化,是指把分布在不同地理区域的计算机与专门的外围设备通信线路互联成一个规模大、功能强的网络系统。

物流信息网络是指将物流各子系统的计算机管理信息系统,通过现代通信设备和线路连接起来,且以功能完善的网络软件实现网络资源共享的系统。

1. 物流信息网络的组成

物流信息网络是一个巨型系统,包括运输、储存、装卸搬运、流通加工、包装、配送等各子系统信息网络。每个子系统本身就构成一个大型信息网络。例如运输系统内部分为5种运输方式,每一种运输方式又形成各自的信息网络。要建立这样一个综合性、巨型物流信息网络是很困难的。因此,一般说来,国内外的做法都是选择一些最急需解决的工作为目标,并确定网络的种类。目前已开发的物流信息网络主要有以下几个方面:

(1) 综合信息网络,其中包括物流费用管理信息系统、综合信息系统、进销存综合信息系统等;

(2) 运输管理信息系统(TMS),主要处理各种运输问题;

(3) 库存管理信息系统(WMS);

(4) 配送管理信息系统(DMS);

(5) 订货及进货系统等。

2. 物流企业的 Internet/Intranet 基本结构

计算机的迅速普及、网络通信技术及社会经济发展的相互作用,支持着企业网络体系结构的普及与发展。Internet/Intranet 网络体系已成为当今企业网络的基本构架和趋势。物流信息网络建设和使用的主要主体是物流企业,因此,可以说物流信息网络的体系结构主要是物流企业的 Internet/Intranet 体系结构。

物流企业的 Internet/Intranet 是 Internet/Intranet 技术在物流企业的应用。它是物流企业利用 Internet 技术建立的物流企业信息网络,是物流企业信息管理和交换的基础设施和平台。根据物流企业的特性,在物流企业的 Intranet(本书这里指的是企业内部网)建设中,又可按不同部门和结构来构建物流企业特有的 Intranet。

Intranet 的所有服务是基于客户机/服务器模型的,Intranet 模式是客户机/服务器模式的高度扩展,是由客户机/服务器模型发展而来的,在该结构中,客户端的任何计算机只要安装了浏览器就可以访问应用程序。在物流企业的 Internet 和 Intranet 之间采用防火墙或路由器连接,这与一般企业的 Internet/Intranet 基本相同。而在物流企业的 Intranet 内,则依不同的部门划分为运输配送部门、订货采购部门、库存控制部门,而分别配备 web 数据服务器和网络浏览器,构建相应的信息子系统。

3. 物流信息网络体系特点

企业管理信息系统可以简便地实现信息共享、协调作业及网络处理和计算。Intranet 革命性地解决了传统 MIS 开发中不可避免的缺陷,消除了信息共享的障碍,实现了大范围的协作,形成了一个开放、分布、动态的双向多媒体信息交流环境,是对现有网络平台应用技术和信息资源的重组与集成。同时,用户端在一定的工作平台通过 NT 系统网络集成实现对整个网络的透明操作与控制,用户网络协议可以应答用户对整个网络的管理请求和服务请求,通过不同协议与不同的 Server 实现用户的操作请求和数据库信息流的调用。

Intranet 是一种较为先进的企业网络连接的解决方案,对于现有的 MIS 网络系统来讲,有着无法比拟的优势,可以将复杂的网络连接等问题标准化。Intranet 以通信协议(TCP/IP)、域名服务(DNS)和邮件传输协议(POP3)为基础,以 www 和 FTP 服务为支撑,使多平台和多服务器的网络连接成为现实。以简单的超文本标记语言 HTTP 和公共关系应用接口 CGI 或 API 为主要工具,使企业内各类应用和数据库以统一的界面在网络上应用,是用户网络各个站点取向的事实标准。由于采用了统一的界面浏览器,使应用系统的界面统一和应用界面友好。利用 CGI 或 API 等程序对数据进行读取操作、维护修改及应用功能添加。

4. 物流信息网络的特点及作用

物流信息网络具有以下几个特点:网络专业性强;信息来源广;地区覆盖面大;网上信息实时性、动态性强。物流信息网的网络化可以缩短物流的管道长度,增加流通管道的透明度,由于借助了电子计算机,存货可以更快地随着需求信息而减少,从而减少周转时间。

学习任务二　移动通信技术

知识目标

1. 了解移动通信系统的构成。
2. 掌握移动通信的基本技术、特点。
3. 掌握移动通信的分类和应用系统。

能力目标

1. 能够利用移动通信系统根据经营方式或用户性质的信息不同实现整个物流过程的贯通,提高物流速度和服务水平。
2. 能够利用 GIS、RS、GPS、多媒体技术、无线通信技术、MIS,使物流现场作业与室内办公系统随时联系,物流配送、运输等信息能与管理中心数据实时交换,实现外出活动中实时数据的查询、作业活动的实时监控、紧急情况的通知等功能。

移动通信是指通信双方或至少有一方处于运动中进行信息交换的通信方式,是实现个人通信的必由之路。没有移动通信,个人通信的愿望是无法实现的。移动通信的主要应用系统有无绳电话、无线寻呼、蜂窝移动通信、卫星移动通信等。蜂窝移动通信是当今移动通信发展的主流和热点;随着数据通信与多媒体业务需求的发展,适应移动数据、移动计算及移动多媒体运作需要的第四代移动通信(4G)开始兴起,并成为未来发展的趋势。

一、移动通信系统的构成

移动通信系统根据经营方式或用户性质的不同可分为专用的移动通信系统和公用移动通信系统。专用网的发展经历了一对一的对讲系统、单信道一呼百应系统、选呼系统、多信道多用户共享的专用调度系统,最后发展到专用无线调度系统的最高阶段——集群移动通信。由于专用移动通信的网络结构与公用移动通信系统越来越相似,所以这里主要介绍公用移动通信系统的构成。公用移动通信系统主要由以下几部分构成,如图2-3所示。

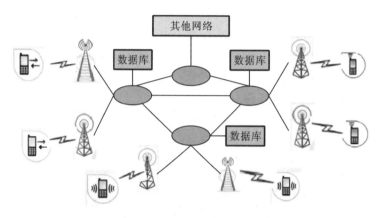

图 2-3　公用移动通信系统构成图示

1. 移动业务交换中心

移动业务交换中心（Mobile-services Switching Centre,MSC）是蜂窝通信网络的核心。MSC负责本服务区内所有用户的移动业务的实现,具体讲,MSC有如下作用。

（1）信息交换功能:为用户提供终端业务、承载业务、补充业务的接续。

（2）集中控制管理功能:无线资源的管理,移动用户的位置登记、越区切换等。

（3）通过关口MSC与公用电话网相连。

2. 基站

基站（Base Station,BS）负责和本小区内移动台之间通过无线电波进行通信,并与MSC相连,以保证移动台在不同小区之间移动时也可以进行通信。采用一定的多址方式可以区分一个小区内的不同用户。

3. 移动台

移动台（Mobile Station,MS）即手机或车载台。它是移动网中的终端设备,要将用户的语音信息进行变换并以无线电波的方式进行传输。

4. 中继传输系统

在MSC之间、MSC和BS之间的传输线均采用有线方式。

5. 数据库

移动网中的用户是可以自由移动的,即用户的位置是不确定的。因此,要对用户进行接续,就必须要掌握用户的位置及其他的信息,数据库即是用来存储用户的有关信息的。数字蜂窝移动网中的数据库有归属位置寄存器（Home Location Register,HLR）、访问位置寄存器（Visitor Location Register,VLR）、鉴权认证中心（Authentic Center,AUC）、设备识别寄存器（Equipment Identity Register,EIR）等。HLR是用于移动用户管理的数据库,它所存储的用户信息分为有关用户参数的信息和有关用户当前位置的信息。VLR是存储用户位置信息的动态数据库,一个VLR可以负责一个或若干个MSC区域。AUC鉴权中心是认证移动用户的身份以及产生相应认证参数的功能实体。EIR 是存储有关移动台设备参数的数据库,用于实现对移动设备的识别、监视、闭锁等功能。

二、移动通信的基本技术

移动通信的基本技术主要包括多址技术、调制技术、抗衰落技术和组网技术。

1. 多址技术

当把多个用户接入一个公共的传输媒质实现相互间通信时,需要给每个用户的信号赋予不同的特征,以区分不同的用户,这种技术称为多址技术。众所周知,移动通信是依靠无线电波的传播来传输信号的,具有大面积覆盖的特点。因此网内一个用户发射的信号,其他用户均可接收到所传播的电波。网内用户如何能从播发的信号中识别出发送给自己的信号就成为建立连接的首要问题。在蜂窝通信系统中,移动台是通过基站和其他移动台进行通信的,因此必须对移动台和基站的信息加以区别,使基站能区分是哪个移动台发来的信号,而各移动台又能识别出哪个信号是发给自己的。要解决这个问题,就必须给每个信号赋予不同的特征,这就是多址技术要解决的问题。多址技术是移动通信的基础技术之一。

多址方式的基本类型有:频分多址方式(Frequency Division Multiple Access,FDMA)、时分多址方式(Time Division Multiple Access,TDMA)、空分多址方式(Space Division Multiple Access,SDMA)和码分多址方式(Code Division Multiple Access,CDMA)等。目前移动通信系统中常用的是 FDMA、TDMA、CDMA 以及它们的组合,诸如频分多址/时分多址(FDMA/TDMA)、频分多址/码分多址(FDMA/CDMA)、时分多址/码分多址(TDMA/CDMA)等等。

频分多址(FDMA)是在频域中一个相对窄带信道里,信号功率被集中起来传输,不同信号被分配到不同频率的信道里,这样在规定的窄带里只能通过有用信号的能量,而任何其他频率的信号被排斥在外。

时分多址(TDMA)就是一个信道由一连串周期性的时隙构成。不同信号的能量被分配到不同的时隙里,利用定时选通来限制邻近信道的干扰,从而只让在规定时隙中有用的信号能量通过。

码分多址(CDMA)就是每一个信号被分配一个伪随机二进制序列进行扩频,不同信号的能量被分配到不同的伪随机序列里。在接收机里信号用相关器加以分离,这种相关器只接收选定的二进制序列并压缩其频谱,凡不符合该用户二进制序列的信号就不被压缩带宽,结果只有有用信号的信息才被识别和提取出来。

2. 调制技术

调制就是对消息源信息进行编码的过程,其目的就是使携带信息的信号与信道特性相匹配以及有效地利用信道。移动信道存在的多径衰落、多普勒频率扩展都会对信号传输的可靠性产生影响,日益增加的用户数目和无线信道频谱的拥挤也要求系统有比较高的频谱效率,即在有限的频率资源情况下尽可能多地容纳用户。因此,移动通信系统在选择调制方式时需要考虑频带利用率、功率效率、已调信号恒包络、易于解调和带外辐射等因素。

数字调制技术可分为恒包络调制和线性调制。恒包络调制采用的调制方式有 FSK、MSK、GMSK 和 TFM 等，其特点是使用 C 类放大器。线性调制技术采用的调制方式有 BPSK、MPSK、QPSK、16QAM 和 MFSK，其特点是从基带到射频变换都需要高度线性。对数字信号的调制类型有 ASK、FSK、PSK 以及对这些类型改进或综合而获得的新型技术，如 IS-54 和 PDC 蜂窝网络均采用 DQPSK，IS-95 蜂窝网络采用 QPSK 和 O-QPSK 等。

3. 抗衰落技术

在移动信道中存在大量的环境噪声和干扰，因此必须采取有效措施保证网络在运行时，干扰电平和有用信号相比不超过预定的门限值。在移动通信中需要采取一些信号处理技术来改善接收信号的质量，常用的抗衰落技术有分集接收、信道编码、信道均衡和扩频技术。

分集接收的基本思想就是把接收到的多个衰落独立的信号加以处理，合理地利用这些信号的能量来改善接收信号的质量。分集通常用来减少在平坦性衰落信道上接收信号的衰落深度和衰落的持续时间。分集接收充分利用接收信号的能量，因此无须增加发射信号的功率便可以使接收信号得到改善。

信道编码的目的是为了尽量减少信道噪声或干扰的影响，是用来改善通信链路性能的技术。其基本思想是通过引入可控制的冗余比特，使信息序列的各码元和添加的冗余码元之间存在相关性。

信道均衡就是在接收端设计一个称之为均衡器的网络，以补偿信道引起的失真。这种失真是不能通过增加发射信号功率来减少的。

扩展频谱通信技术（Spread Spectrum Communication），它的特点是其传输信息所用信号的带宽远大于信息本身的带宽，而带宽的展宽是利用与被传信息无关的函数（扩频函数）对被传信息进行调制实现的。扩频通信最突出的优点是它的抗干扰能力和通信的隐蔽性，移动通信的码分多址方式就是建立在扩频通信的基础上。扩展信号频谱的方式有多种，如直接序列（DS）扩频、跳频（FH）、跳时（TH）、线性调频和它们的混合方式。在通信中最常用的是直接序列扩频和跳频以及它们的混合方式扩频（DS/FH）。

4. 组网技术

要实现移动通信系统在其覆盖区内良好的通信，就必须有一个通信网支撑，这个通信网就是移动通信网，这就涉及移动通信组网技术。移动通信网络由空中网络和地面网络两部分组成。空中网络是移动通信网的主要部分，主要包括多址接入、频率复用、蜂窝小区和切换位置更新问题。地面网络部分主要包括服务区内各个基站的相互连接，以及基站与固定网络（PTSN、ISDN、数据网等）的连接。

移动通信网络主要采用蜂窝式组网理论。

（1）无线蜂窝式小区覆盖和小功率发射。蜂窝式组网放弃了点对点传输和广播覆盖模式，将一个移动通信服务区划分成许多以正六边形为基本几何图形的覆盖区域，称为蜂窝小区。一个较低功率的发射机服务一个蜂窝小区，在较小的区域内设置相当数量的用户。

（2）频率复用。蜂窝系统的基站工作频率，由于传播损耗提供足够的隔离度，在相隔一定距离的另一个基站可以重复使用同一组工作频率，称为频率复用。采用频率复用大大地缓解了频率资源紧缺的矛盾,增加了用户数目或系统容量。频率复用能够从有限的原始频率分配中产生几乎无限的可用频率,这是使系统容量趋于无限的极好方法。频率复用所带来的问题是同频干扰,同频干扰的影响并不是与蜂窝之间的绝对距离有关,而是与蜂窝间距离与小区半径比值有关。

(3)多信道共用和越区切换。由若干无线信道组成的移动通信系统,为大量的用户共同使用并且仍能满足服务质量的信道利用技术,称为多信道共用技术。多信道共用技术利用信道占用的间断性,使许多用户能够任意地、合理地选择信道,以提高信道的使用效率。为了保证通话的连续性,当正在通话的移动台进入相邻无线小区时,移动通信系统必须具备业务信道自动切换到相邻小区基站的越区切换功能,即切换到新的信道上而不中断通信过程,这需要采用相应的切换技术。

三、移动通信的主要特点

移动通信是当今世界上最先进的通信方式之一。如果移动通信的双方都处在运动中,则此时只能依靠无线媒质来通信,因此无线通信是移动通信的基础。无线通信技术的发展推动着移动通信的迅速发展。当通信双方一方为移动体,一方为固定端时,则双方除了依靠无线通信技术外,还依赖于有线通信网络技术,例如公众电话网、公众数据网和综合业务数字网。

各阶段的移动通信技术虽然有所差异,但都具有以下特点:

1. 移动通信利用无线电波进行信息传输

无论是移动用户之间或是移动用户与固定用户之间进行的通信,移动通信中基站至用户间必须靠无线电波来传送信息。然而无线传播环境十分复杂,导致无线电波传播条件非常恶劣。传播的无线电波一般是由直射波和随时间变化的绕射波、反射波、散射波的叠加而成,这就造成所接收信号的电场强度起伏不定,最大可相差 20~30 dB,这种现象也就是我们常说的由多径传播造成的瑞利衰落。此外,由于移动用户的不断运动,当达到一定速度时固定点接收到的载波频率将随运动速度的不同产生不同的频移,即产生多普勒效应。在多普勒效应中,接收点的信号场强振幅、相位随时间、地点不断地变化,导致附加调频噪声,从而严重影响通信的质量。这就要求在设计移动通信系统时必须采取抗衰落措施,保证通信质量。

2. 移动通信的干扰严重

在移动通信系统中,除了一些外部干扰(如城市噪声、各种车辆运行噪声、电台干扰噪声等)外,移动通信自身还会产生各种干扰。移动通信的干扰主要有互调干扰、邻道干扰及同频干扰等。互调干扰是指两个或多个信号作用在通信设备的非线性器件上,产生同有用信号频率相近的组合频率,从而对通信系统构成干扰的现象,比如接收机的混频。邻道干扰是指相邻或邻近的信道(或频道)之间的干扰,是由于一个强信号串扰弱信号而造成的干扰,比如有两个用户距离基站位置差异较大,且这两个用户所占用的信道为相邻或邻近信道时两者之间就会产生邻道干扰。同频干扰是指相同载频电台之间的干扰,比如蜂窝式移动通信采用同频复用来规划小区就使系统中相同频率电台之间的同频干扰成为其特有的干扰。

3. 通信容量有限

移动通信采用的是无线电波,而无线电波的频率作为一种资源必须合理安排和分配。由于移动通信的频段主要使用 VHF(甚高频)和 UHF(特高频)频段,所以可用的通道容量是极其有限的。在移动通信系统中,为了满足大量移动通信用户的需求,就必须在有限的已有频段中采取有效利用频率措施。

4. 移动通信系统综合了各种技术,还需要移动性管理技术

移动通信非常复杂,综合了多种技术,比如无线通信技术、计算机技术、网络技术等。此外,移动通信用户在通信区域内任意运动,需要随机选用无线信道,进行频率和功率控制、位置登记、越区切换及漫游存取等跟踪技术。这些移动性管理技术使用的信令种类比固定网要复杂得多。

5. 对设备的要求高

移动用户长期处于不固定位置状态,外界的影响要求移动台具有很强的适应能力。由于移动用户端与发射机之间的距离不断变化,这也导致移动用户端接收电平不断变化。此外,考虑到移动用户端的任意移动,还要求设备性能稳定可靠、携带方便、小型、低功耗,以及耐高、低温等。同时,移动用户端设备还要尽量使用户操作方便,适应各种新业务、新技术的发展,以满足用户的使用需求。

四、移动通信的分类和应用系统

1. 移动通信的分类

移动通信的分类方式有很多,以下我们介绍常用的几种分类方法。

1)按使用对象分

移动通信按照使用的对象可分为民用设备和军用设备。民用设备主要针对普通用户所适用的移动通信设备,如手机、无线寻呼机等。军用设备主要针对军事用途而专门研发生产的移动通信设备,如无线电台、军用移动通信系统中的机场等。

2)按使用环境分

移动通信按照使用环境可分为陆地通信、海上通信和航空通信。这主要是根据移动通信双方所处的环境来划分。

3)按多址方式分

移动通信按照多址方式可分为频分多址(FDMA)、时分多址(TDMA)和码分多址(CDMA)等。

4)按覆盖范围分

移动通信按照覆盖范围可分为宽域网和局域网。

5)按业务类型分

移动通信按照业务类型可分为电话网、数据网和综合业务网。

6)按工作方式分

移动通信按照工作方式可分为同频单工、双频单工、双频双工和半双工。

7）按服务范围分

移动通信按照服务范围可分为专用网和公用网。

8）按信号形式分

移动通信按照信号形式可分为模拟网和数字网。

9）按技术代别分

移动通信技术按照技术代别分为1G、2G、2.5G、3G、4G移动通信技术。

2. 移动通信的应用系统

移动通信的应用系统主要包括蜂窝式公用移动通信系统、集群调度移动通信系统、无绳电话系统、无线寻呼系统、卫星移动通信系统和无线局域网等。

（1）蜂窝式公用移动通信系统。蜂窝式公用移动通信系统主要是针对陆地使用的移动通信系统，它适用于全自动拨号、全双工工作、大容量公用移动陆地网组网，可与公用电话网中任何一级交换中心相连接，实现移动用户与本地电话网用户、长途电话网用户及国际电话网用户的通话接续。

（2）集群调度移动通信系统。集群调度移动通信系统属于专用移动通信系统，它是调度系统的专用通信网。这种系统一般由控制中心、总调度台、分调度台、基地台及移动台组成。

（3）无绳电话系统。无绳电话最初是应有线电话用户的小范围移动的需求而诞生的，最初主要应用于家庭。现在无绳电话系统的技术发展使得它已具有很多商业用途，并由室内走向室外。这种公用系统由移动终端（公用无绳电话用户）和基站组成。基站通过用户线与公用电话网的交换机相连接而进入本地电话交换系统。

（4）无线寻呼系统。无线寻呼系统是一种单向通信系统，既可作公用也可作专用，仅规模大小有差异而已。专用寻呼系统由用户交换机、寻呼控制中心、发射台及寻呼接收机组成。公用寻呼系统由与公用电话网相连接的无线寻呼控制中心、寻呼发射台及寻呼接收机组成。

（5）卫星移动通信系统。卫星移动通信系统利用卫星中继，主要用于海上、空中和地形复杂而人口稀少地区实现移动通信。目前，以手持机为移动终端的非同步卫星移动通信系统已涌现出多种设计及实施方案。

（6）无线局域网。无线局域网是无线通信的一个重要领域。IEEE802.11、802.11a/802.11b及802.11g等标准已相继出台，为无线局域网提供了完整的解决方案和标准。

五、通信技术在物流系统中的应用

现代物流业迫切需要利用信息系统实现整个物流过程的贯通，提高物流速度和服务水平。在物流信息系统中，结合定点管理和物流调配中心，利用地理信息技术、遥感技术、全球卫星定位技术、多媒体技术、无线通信技术、互联网技术和管理信息技术（MIS），由各种移动、轻便的终端和中心支持系统使物流现场作业与室内办公系统能够随时联系，物流配送、运输等信息能与管理中心数据实时交换，实现外出活动中实时数据的查询、作业活动的实时监控、紧急情况的通知等功能。

1. 移动通信技术在车辆定位中的应用

目前,利用 GPS 确定货车位置,再通过移动通信将信息传输到控制中心,经过计算机进行数据处理分析,可以用图形显示货车位置。通过这种方式,物流控制中心可将其调度延伸到全国,而无需建立自己的通信网络,实现低成本、大范围的系统管理。当控制中心需要调整某个车辆的运输状态时,可用短信方式通过移动网络发出,司机收到语音或短信通知后可调整运输路线。当遇到特特殊情况时,司机可与控制中心通过无线移动网络直接通话,控制中心根据具体情况下达作业指令。

2. 移动通信技术在货物保险中的应用

无线射频识别(RFID)可应用在电子锁上,一旦货物被锁,计算机将物品性质、数量、送货线路、目的地、收货人等信息输入到电子锁中,在每个检查关卡,自动扫描电子锁,并通过短信传递到控制中心,进行核对。若电子锁被打开,也会自动发短信通知,从而达到货物运送过程中的保险作用。

3. 移动通信技术在货物配送中的应用

当货物送到零售户后,零售户通过注册过的手机发送短信通知中心,货物收讫,配送中心可实现电子签收和电子记录。

4. 移动通信技术在订货中的应用

零售户通过注册过的手机输入对应的号码就可以向销售公司订货,实现订货内容、数量、时间的信息传送,销售公司可以通过短信及时回复,同时也可方便零售户的退订,还可作短信访问、调查。

5. 移动通信技术在仓储管理中的应用

移动通信技术可以与条码、电子标签相结合,如在仓储过程中,保管员可利用无线手持终端接收业务中心的盘点或备货指令,并利用终端扫描条码完成盘点或备货工作。相对于手工盘点和备货记录方式,无线方式减少了中间环节和差错,提高了物流管理效率。

学习任务三　无线传感器网络技术

知识目标

1. 了解无线传感器网络结构。
2. 掌握无线传感器网络的技术、特点。
3. 掌握无线传感器网络的应用领域。

能力目标

1. 能够掌握在军事、环境科学、健康护理、智能家居、建筑物状态监控、空间探索等领域应用无线传感器网络技术。
2. 能够通过无线传感器网络系统管理节点查看、查询、搜索相关的监测数据,并对传感器网络进行配置和管理。

近年来，微电子、计算机和无线通信等技术的进步，推动了低功耗多功能传感器的快速发展，并且孕育了微机电系统（Micro-Electro-Mechanism System，MEMS）技术支持下的无线传感器网络。Internet 构成了逻辑上的信息世界，改变了人与人之间的沟通方式，而无线传感器网络则将逻辑上的信息世界与客观的物理世界融合在一起，改变人类与自然界交互的方式。

无线传感器网络是由部署在监测区域内大量的廉价微型传感器节点组成，通过无线通信方式形成的一个多跳的自组织网络系统，其目的是协作地感知、采集和处理网络覆盖区域中感知对象的信息，并发送给观察者。基于 MEMS 的微型传感器技术和无线通信技术赋予了无线传感器网络广阔的应用前景，其应用领域与普通通信网络有着显著的区别。目前，无线传感器网络已经能够广泛应用于军事、环境科学、健康护理、智能家居、建筑物状态监控、空间探索等领域。

一、无线传感器网络结构

1. 无线传感器网络概念

无线传感器网络（Wireless Sensor Network，WSN）是由大量的静止或移动的传感器以自组织和多跳的方式构成的无线网络，以协作地感知、采集、处理和传输网络覆盖地理区域内被感知对象的信息，并最终把这些信息发送给网络的所有者。

2. 无线传感器网络的组成

无线传感器网络系统中的节点包括传感器节点（Sensor Node）、汇聚节点（Sink Node）和管理节点，典型的网络结构如图 2-4 所示。在传感器网络中，节点被任意部署在监测区域内，通过飞行器撒播、人工埋置和火箭弹射等方式完成。节点通过自组织形式构成网络，并通过多跳路由方式将监测的数据传输到汇聚节点，最终借助互联网、无线网络或卫星将数据信号送至管理节点。系统用户可以通过管理节点查看、查询、搜索相关的监测数据，并对传感器网络进行配置和管理。

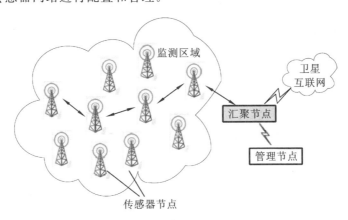

图 2-4　无线传感器网络结构图

网络系统中的传感器节点通常为微型嵌入式系统，其处理能力、存储能力和通信能力相对较弱。与传统无线网络有所不同，传感器节点除了需要进行本地信息收集和数据处理之外,还要对其他节点发送来的数据进行存储、融合及转发等处理。在不同应用中,传感器网络节点的硬件结构各不相同,但基本上都由数据采集(Data Acquisition Unit)、数据处理(Process Unit)、数据传输(Data Transfer Unit)和能量供应(Power Unit)四部分组成,如图2-5所示。

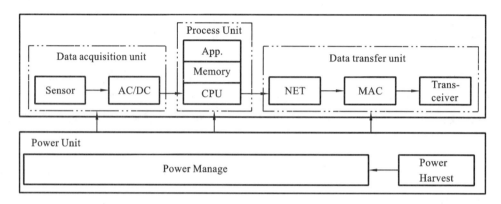

图2-5 传感器节点结构

数据采集模块由传感器与模数转换器(Analog to Digital Converter,ADC)组成,负责监测区域内信息的采集和数据转换,其中传感器的类型由被监测物理信号的形式所决定。数据处理模块负责控制整个传感器节点的操作,实现数据的存储、融合以及转发。其中处理器一般选用小型、低功耗的嵌入式CPU,如Motorola的68HC16,ARM公司的ARM7和Intel的8086等。

数据传输模块负责与其他传感器节点进行无线通信,通常采用低功耗、低成本、短距离的射频通信芯片,如RFM公司的TR1000、ChipCo公司的CC1000、CC1010等。能量供应模块负责为传感器节点提供运行所需要的能量,主要包括微型电池和换能器。微型电池用于能量的存储,换能器负责从传感器节点周围的环境中采集能量,其采能的方式因节点所处环境而各不相同。

此外,根据应用的需要也可以附加其他模块,诸如GPS(Global Position System,卫星定位系统)定位模块、为节点提供移动能力的移动设备模块(如小电机驱动的小车等),等等。

由于传感器节点需要进行较复杂的任务调度与管理,系统需要一个微型化的操作系统,其必须能够高效地使用传感器节点的有限内存、低功耗地处理器、传感器、低速通信设备、有限的电源,且能够对各种特定应用提供最大的支持。传感器节点既可以采用现有的嵌入式操作系统,如Linux、WinCE等,亦可以采用加州大学伯克利分校的研究人员专门研发的TinyOS。

参照开放系统互联参考模型(Open System Interconnect Reference Model,OSI)的七层模型,研究人员提出并改进了多个无线传感器网络系统的协议栈。图2-6为细化改进后的协议栈模型。

WSN的协议栈中物理层负责载波频率产生、信号的调制解调、信号收发等工作,其载波媒体可选择红外线、激光和无线电波等。数据链路层负责媒体访问和错误控制,其中媒

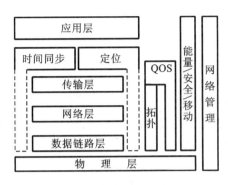

图 2-6 无线传感器网络协议栈图

体访问协议保证可靠的点对点和点对多点通信,错误控制则保证源节点发出的信息可以完整、无误地到达目标节点。网络层协议负责路由生成和选择,无线传感器网络中大多数节点无法直接与网关通信,需要通过中间节点进行多跳路由。故一个网络设计成功与否,路由协议非常关键。传输层负责将传感器网络的数据提供给外部网络。应用层包括一系列基于监测任务的应用层软件。其中定位和时间同步子层在协议中的位置比较特殊,通过倒 L 形体现出其既依赖于传输控制以下各层,同时又为各层提供信息支持。此外,协议栈的能量/安全/移动管理以及 QOS 拓扑管理等功能部分融入各层协议中,用以优化和管理协议流程;部分独立于协议外层,通过各种收集和配置接口对相应机制进行配置和监控。

二、无线传感器网络的技术

无线传感器网络作为当今信息领域研究的热点,是一种新的计算模型,涉及多个学科交叉的研究领域,包括网络的组织、管理和服务框架,信息传输路径的建立机制、面向需求的分布信息处理模式等问题。从无线传感器网络的结构和功能上看,其研究内容可以分为节点系统的理论和技术、通信协议的理论和技术、核心支撑技术和无线传感器网络实践与应用。

1. 节点系统的理论和技术

无线传感器网络是在特定应用背景下以一定的网络模型规划的一组传感器节点的集合,故节点是整个无线传感器网络正常运行的基础。传感器节点必须具有微型化、低成本、可灵活扩展、稳定安全等特性。节点系统的理论和技术的研究包括节点硬件和操作系统的设计。

目前使用得最为广泛的传感器节点是 Smart dust 和 Mica 系列。Smart dust 是美国 DARPA/MTO MEMS 支持的研究项目,其目的是结合 MEMS 技术和集成电路技术,研制体积不超过 $1mm^3$,使用太阳能电池,具有光通信能力的自治传感器节点。Mica 系列节点是加州大学伯克利分校研制的用于无线传感器网络研究的演示平台节点。考虑到无线传感器网络系统自身的特点,其操作系统必须能高效地使用节点的有限内存、低速低功耗的处理器、传感器、低速通信设备和有限的电源。针对这一要求,加州大学伯克利分校的研究人员研究了一个适合于无线传感器网络的新型操作系统 TinyOS。

2. 通信协议的理论和技术

无线传感器网络通信协议主要包括物理层、数据链路层、网络层和传输层。无线传感器网络自身的特点决定了它不能使用目前已存在的一些标准协议(如 IEEE 802.11),所以国内外的研究者为无线传感器网络的各个层次都提出了一些解决方案,但到目前为止仍没有形成被广泛认可的标准。

(1) 物理层。物理层主要负责载波频率产生、信号的调制解调等工作。无线传感器网络的载波媒体可能的选择包括红外线、激光和无线电波。在国外已经建立起来的无线传感器网络中,绝大多数节点都基于无线射频通信方式。

(2) 数据链路层。数据链路层负责媒体访问和差错控制。媒体访问控制(Medium Access Control,MAC)协议保证可靠的点对点和点对多点通信,错误控制则保证源节点发出的信息可以完整、无误地到达目标节点。

(3) 网络层。网络层负责路由发现和维护。目前,根据 WSN 自身的特点,研究人员已提出了许多新的路由协议,按照网络拓扑结构可以分为平面路由协议和分簇路由协议。由于分簇路由具有拓扑管理方便、能量利用高效、数据融合简单等优点,已成为当前重点研究的路由技术。

(4) 传输层。传输层协议主要实现无线传感器网络与外网相连,将网络中的数据提供给外部网络。

3. 核心支撑技术

核心支撑技术主要包括网络覆盖和拓扑控制的理论和技术、时间同步的理论和技术、节点定位的理论和技术、网络安全的理论和技术、数据管理和融合等。

(1) 拓扑控制。拓扑控制是在满足网络覆盖度和连通度的前提下,通过功率控制和骨干网络节点的选择,剔除节点之间不必要的通信链路,形成一个数据转发的优化网络。拓扑控制的研究内容主要包括功率控制和层次型拓扑结构。

(2) 时间同步机制。在无线传感器网络中,每个节点都有自身的本地时钟,但由于不同节点的晶体振荡器频率存在偏差,加上温度变化和电磁波干扰,使得节点之间的时间会逐步出现偏差。因此,无线传感器网络亦需要时间同步机制。一个良好的传感器网络时间同步机制必须具有扩展性、稳定性、鲁棒性和节能性。

(3) 节点定位技术。节点定位技术用于确定事件发生的位置或确定获取消息的节点位置,对传感器网络应用的有效性起着关键的作用。

(4) 网络安全技术。在大多数非商业应用中,无线传感器网络的安全问题并不十分重要,但对于军事、商业等领域,其安全问题就显得尤为重要。由于传感器网络部署区域的开放性、网络拓扑的动态性和无线信道的广播性,使得传统的安全机制无法适用于无线传感器网络。

(5) 数据的处理、融合和管理。在覆盖度较高的传感器网络中,由于相邻节点所报告的信息存在冗余性,为了减少传输的数据量并有效地节约能量,所以应利用节点的本地计算和存储能力处理数据,进行数据融合操作,从而达到节能、提高收集数据的效率和准确度的目的。传感器网络数据管理的目的是把传感器网络上数据的逻辑视图和网络的物理实现分离开来,使得传感器网络的用户和应用程序只需关心所要提出的查询的逻辑结构,而无需关心传感器网络的细节。

三、无线传感器网络的特点

无线传感器网络与现有的无线网络虽然有许多相似之处,但同时也存在许多差别,具有其自身的特点。目前常见的无线网络包括蜂窝移动通信网、无线局域网、蓝牙网络、无线自组织网(Mobile Ad-hoc Network,MANET)等,其设计目标是在高度移动的环境中通过动态路由和移动管理技术为用户提供高质量服务和高效带宽利用,能源节约是次要考虑因素。而在无线传感器网络中,大多数传感器节点是固定不动的,只有少数节点需要移动,它们通常运行在无人值守的、人类无法接近的、恶劣甚至危险的远程环境中,加上传感器节点自身的限制,故无线传感器网络的首要设计目标是能源的高效使用,延长网络的生命周期成为无线传感器网络的核心问题。

与传统的无线网络相比,无线传感器网络具有以下特点:

(1) 规模大。在监测区域内通常部署了大量传感器节点,且传感器节点分布更为密集。由于监测区域一般较为广阔,且为了避免存在监测盲区,用户需要部署大量传感器节点。此外,密集部署的节点可以对各种现象进行精确传感,降低了对单个传感器节点的要求,并利用节点冗余来保证系统的容错性和鲁棒性。

(2) 自组织。在传感器网络应用中,监测区域内一般没有网络基础结构,这就要求传感器节点具有自组织能力,即在部署后节点通过分层协议和分布式算法协调各自的行为,快速、自动地组成一个独立的网络。

(3) 节点电源能量、通信能力、计算和存储能力有限。电源能量有限:节点一般由电池供电,电池充电和更换比较困难,因此在无线传感器网络设计过程中,任何技术和协议的使用都要以节能为首要条件。通信能力有限:节点的通信带宽较窄且经常变化,通信覆盖范围有限,此外传感器之间的通信断接频繁。计算和存储能力有限:传感器节点由于受价格、体积和功耗的限制,均采用嵌入式处理器和存储器,其计算能力、程序空间和内存空间比普通的计算机功能要弱很多。

(4) 动态性。无线传感器网络是一个动态的网络,环境干扰、节点移动或节点失效都会导致拓扑结构发生变化,因此网络应该具有动态拓扑组织功能。

(5) 节点易于失效。无线传感器网络节点受环境的影响以及自身资源的限制,使得其易于因故障或电源耗尽而失效。但由于无线传感器网络具有很强的抗毁性,部分节点的失效并不会影响整个网络的运行。

(6) 多跳路由。由于无线传感器网络中节点通常采用射频通信的方式,其通信距离有限(一般为几百米),所以节点只能与其射频覆盖范围内的节点直接通信。如果节点希望与其射频覆盖范围之外的节点进行通信,则需要通过中间节点进行路由,故无线传感器网络为多跳路由网络。此外,无线传感器网络中的多跳路由是由普通网络节点完成的,没有专门的路由设备,故节点既是信息的发起者,又是信息的转发者。

(7) 与应用相关。不同的应用背景对~WSN~的要求不同,其硬件平台、软件系统和网络协议必然会有很大的差别。故无线传感器网络并没有统一的通信协议平台,在开发传感器网络应用中必须关注传感器网络的差异,只有这样才能设计出最高效的目标应用系统。

四、无线传感器网络的应用

无线传感器网络应用前景非常诱人,无线传感器网络(WSN)被认为是影响人类未来生活的重要技术之一,这一新兴技术为人们提供了一种全新的获取信息、处理信息的途径。由于WSN本身的特点,使得它与现有的传统网络技术之间存在较大的区别,给人们提出了很多新的挑战。由于WSN对国家和社会意义重大,国内外对于WSN的研究正热烈开展,希望能够引起测控领域对这一新兴技术的重视,推动对这一具有国家战略意义的新技术的研究、应用和发展。

无线传感器网络可以应用于由震动、地磁、热量、视觉、红外、声音、雷达等多种不同类型传感器构成的网络节点,用于监控湿度、温度、压力、应力、流量、成分、像素等多种环境条件。

传感器节点可以完成连续监测、目标发现、位置识别和执行器的本地控制等任务。无线传感器网络的工业应用,如图2-7所示。

图2-7 无线传感器网络应用领域图

无线传感器网络所具有的众多类型的传感器,其应用领域可以归纳为军事、航空、防爆、救灾、环境、医疗、保健、家居、工业、商业等。

1. 无线传感器网络在煤矿安全,环境监测环境主要应用

(1)森林火灾监测——传感器节点被随机、密集地布设在森林中,可以在火势没有蔓延前向监测者报告准确的着火点。由于传感器节点需在几月甚至几年时间内无人值守条件下工作,因此需要可补充的电源,如太阳能电池。

(2)环境的生物复杂性勘测——对环境的生物复杂性勘测需要复杂的方法来整合时间、空间的信息。随着远程传感技术、自动数据收集技术的进步,传感器节点可以连接到Internet,使远程用户可以控制、监测和观察环境的生物复杂性。

(3) 洪水监测——利用能监测降雨量、水位、气候环境等传感器,这些传感器通过预定义的方式向中心数据库提供信息而实现洪水监测。

(4) 精细农业——无线传感器网络可以用来实时监测水中的污染指数、土壤腐蚀指数和空气污染指数。

2. 无线传感器网络在医疗领域的主要应用

(1) 对人类生理数据的无线监测——安装在人身体上的传感器节点可以监控人类的行为,使医生尽早发现病症。与医疗处置中心相比,无线传感器网络推动了"智能健康家庭"的建设。

(2) 对医护人员和患者进行追踪和监控——可以让每个患者佩戴能完成特殊任务的微型传感器,这些传感器可以实时监测患者的心律、血压、血脂等生命指标。医生也可以佩戴微型传感器与患者和其他医护人员进行联络。

(3) 医院的药品管理——给每个患者佩戴标志病症和治疗药物的传感器节点,在药品库内投放传感器可以大大降低给患者错误用药的概率。

3. 无线传感器网络在家庭环境下的主要应用

(1) 家电自动化——将智能传感器和执行器嵌入到冰箱、电视机、吸尘器、微波炉、电饭锅等家用电器中。这些家电中的传感器节点可以彼此交互或通过 Internet 与外部网络交互,使用户可以方便地对家电进行远程监控。

(2) 智能环境——对智能环境的设计有两种不同的观点:以人为中心和以技术为中心。以人为中心要求智能环境在输入/输出能力上必须满足用户之需求。以技术为中心的观点需要开发新的硬件技术、网络解决方案和中间件服务。

4. 无线传感器网络在商务领域的主要应用

(1) 办公室环境控制——大部分办公室内的空调都是中央控制的,由于单控制器的中心系统产生的气流分布不均匀,会造成房间内某区域的温度比其他区域的温度有较大差异,可在房间内安装无线传感器网络来控制不同区域的温度。

(2) 车辆管理与防盗——目前有两种应用无线传感器网络进行车辆追踪与监控的方法。一是在传感器网络内部,对数据进行本地分析,然后将计算出的车辆位置传给监测点;二是各传感器节点将原始数据直接传给监测点,由监测点计算车辆的位置。

(3) 仓库管理——在仓库的每项存货中安置传感器节点,管理员可以方便地查询存货的位置和数量。在增加存货时,管理员只需在存货中安置相应的传感器节点,在日常管理中,管理员可在控制室实时监测每项存货的状态。

无线传感器网络在军事领域的主要应用有:对友军军力、装备、弹药的监控,战场侦察,敌占区监测,目标定位,战斗损失评估,对核子、生化武器攻击的侦察与探测等方面。

五、新型的无线传感器网络

目前大部分已部署的 WSN,在过去得到更多的进步。无线网络传感器网络还面临一些实用化问题。

(1) 网络内通信问题。无线传感器网络内正常通信联系中,信号可能被一些障碍物或其他电子信号干扰而受到影响,如何安全有效地进行通信是个有待研究的问题。

(2) 成本问题。在一个无线传感器网络里面,需要使用数量庞大的微型传感器,这样的话成本会制约其发展。

(3) 系统能量供应问题。目前主要的解决方案有:使用高能电池;降低传感功率;此外还有传感器网络的自我能量收集技术和电池无线充电技术。其中后两者备受关注。

(4) 高效的无线传感器网络结构。无线传感器网络的网络结构是组织无线传感器的成网技术,有多种形态和方式,合理的无线传感器网络可以最大限度地利用资源。在这里面,还包括网络安全协议问题和大规模传感器网络中的节点移动性管理等诸多问题有待解决。

这些 WSN 都只限于采集温度、湿度、位置、光强、压力、生化等标量数据,而在医疗监护、交通监控、智能家居等实际应用中,我们需要获取视频、音频、图像等多媒体信息,这就迫切需要一种新的无线传感器网络——无线多媒体传感器网络。无线多媒体传感器网络(WMSN,Wireless Multimedia Sensor Networks)是在传统 WSN 的基础上引入视频、音频、图像等多媒体信息感知功能的新型传感器网络。

无线多媒体传感器网络是在无线传感器网络中加入了一些能够采集更加丰富的视频、音频、图像等信息的传感器节点,由这些不同的节点组成了具有存储计算和通信能力的分布式传感器网络。WMSN 通过多媒体传感器节点感知周围环境中的多媒体信息,这些信息可以通过单跳和多跳中继的方式传送到汇聚节点,然后汇聚节点对接收到的数据进行分析处理,最终把分析处理后的结果发送给用户,从而实现了全面而有效的环境监测。

学习任务四　云计算与物联网技术

知识目标

1. 了解云计算的背景及概念。
2. 掌握云计算的基本原理与服务层次。
3. 掌握物联网的定义和物联网支撑技术。
4. 掌握物联网的体系结构。
5. 掌握云计算与物联网的关系及应用前景。

能力目标

1. 能够将云教育从信息技术的应用方面打破传统教育的垄断和固有边界,使教育的不同参与者——教师、学生、家长、教育部门等,在云技术平台上进行教育、教学、娱乐、沟通。

2. 能够利用物联网技术把所有物品通过射频识别等信息传感设备与互联网连接起来,实现智能化识别和管理。

云计算(Cloud Computing)是基于互联网的相关服务的增加、使用和交付模式,通常涉及通过互联网来提供动态易扩展且经常是虚拟化的资源。云是网络、互联网的一种比喻说法。过去在图中往往用云来表示电信网,后来也用来表示互联网和底层基础设施的抽象。因此,云计算甚至可以让你体验每秒10万亿次的运算能力,拥有这么强大的计算能力可以模拟核爆炸、预测气候变化和市场发展趋势。用户通过台式计算机、手提式计算机、手机等方式接入数据中心,按自己的需求进行运算。

一、云计算概述

1. 云计算的背景

云计算是继20世纪80年代大型计算机到客户端-服务器的大转变之后的又一巨变。云计算是分布式计算(Distributed Computing)、并行计算(Parallel Computing)、效用计算(Utility Computing)、网络存储技术(Network Storage Technologies)、虚拟化(Virtualization)、负载均衡(Load Balance)、热备份冗余(High Available)等传统计算机和网络技术发展融合的产物。

2. 云计算概念

云计算,是一种基于互联网的计算方式,通过这种方式,共享的软硬件资源和信息可以按需求提供给计算机和其他设备。

美国国家标准和技术研究院(NIST)定义:云计算是一种按使用量付费的模式,这种模式提供可用的、便捷的、按需的网络访问,进入可配置的计算资源共享池(资源包括:网络,服务器,存储,应用软件,服务),这些资源能够被快速提供,只需投入很少的管理工作,或与服务供应商进行很少的交互。

云计算是一种全新的服务模式,将传统的以桌面为核心的任务处理转变为以网络为核心的任务处理,利用互联网实现自己想完成的一切处理任务,使网络成为传递服务、计算和信息的综合媒介,真正实现按需计算、网络协作,如图2-8所示。

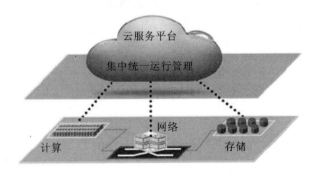

图2-8 云计算服务示意图

由于云计算具有超强的计算能力和低成本、高安全性、以用户为中心等特性,在网络资源共享等方面具有明显的优势,因此在各个领域有着广泛的应用前景。

3. 云计算的基本原理

云计算的基本原理是,通过使计算分布在大量的分布式计算机上,而非本地计算机或远程服务器中,企业数据中心的运行将与互联网运行更相似。这使得企业能够将资源转移到需要的应用上,根据需求访问计算机和存储系统。

4. 云计算的服务层次

云计算可以认为包括以下几个层次的服务:基础架构作为服务(IaaS),平台作为服务(PaaS),应用、流程和信息作为服务(SaaS)。云计算服务的层级结构如图2-9所示。

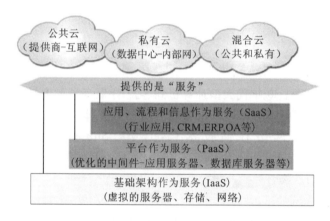

图 2-9 云计算服务的层级结构图

(1) IaaS:基础架构作为服务——Infrastructure-as-a-Service。消费者通过Internet可以从完善的计算机基础设施获得服务。例如:硬件服务器租用。

(2) PaaS:平台作为服务——Platform-as-a-Service。PaaS实际上是指将软件研发的平台作为一种服务,以SaaS的模式提交给用户。因此,PaaS也是SaaS模式的一种应用。但是,PaaS的出现可以加快SaaS的发展,尤其是加快SaaS应用的开发速度。例如:软件的个性化定制开发。

(3) SaaS:直译为软件作为服务——Software-as-a-Service。它是一种通过Internet提供软件的模式,用户无须购买软件,而是向提供商租用基于Web的软件来管理企业经营活动。例如:阳光云服务器。

二、云计算的特征

互联网上的云计算服务特征和自然界的云、水循环具有一定的相似性,因此,云是一个相当贴切的比喻。

1. 云计算的特征

根据美国国家标准和技术研究院的定义,云计算服务应该具备以下几个特征:

(1) 随需灵活应变,自助服务;

(2) 随时随地用任何网络设备访问;

(3) 多人共享资源池;

(4) 快速重新部署灵活度;

(5) 可被监控与量测的服务;

(6) 基于虚拟化技术快速部署资源或获得服务;

(7）减少用户终端的处理负担；

(8）降低了用户对于IT专业知识的依赖。

2. 云计算的隐私安全问题

云计算受到业界的极大推崇并推出了一系列基于云计算平台的服务。然而在用户大量参与的情况下，不可避免地出现了隐私问题。用户在云计算平台上共享信息使用服务，那么云计算平台需要收集其相关信息。实际上，云计算的核心特征之一就是数据的储存和安全完全由云计算提供商负责。

对于许多用户来说，这一方面降低了组织内部和个人成本，无须搭建平台即可享受云服务。但是，一旦数据脱离内网被共享至互联网上，就无法通过物理隔离和其他手段防止隐私外泄。因此，许多用户担心自己的隐私权会受到侵犯，其私密的信息会被泄露和使用。

云计算的隐私安全问题主要包括：①在未经授权的情况下，他人以不正当的方式进行数据侵入，获得用户数据；②政府部门或其他权力机构为达到目的对云计算平台上的信息进行检查，获取相应的资料以到达监管和控制的目的；③云计算提供商为获取商业利益对用户信息进行收集和处理。

三、云计算的应用

1. 云教育

教育在云技术平台上的开发和应用，被称为"云教育"。云教育从信息技术的应用方面打破了传统教育的垄断和固有边界。通过教育走向信息化，使教育的不同参与者——教师、学生、家长、教育部门等——在云技术平台上进行教育、教学、娱乐、沟通等。同时还可以通过视频云计算的应用对学校特色教育课程进行直播和录播，并将信息储存至流存储服务器上，便于长时间和多渠道享受教育成果。

2. 云物联

物联网是新一代信息技术浪潮的生力军。物联网通过智能感知、识别技术与普适计算广泛应用于互联网各方面。物联网作为互联网的业务和应用，随着其深入发展和流量的增加，对数据储存和计算量的要求将带来对云计算的需求增加，并且在物联网的高级阶段，必将需要虚拟云计算技术的进一步应用。

3. 云社交

云社交是一种虚拟社交应用。它以资源分享作为主要目标，将物联网、云计算与移动互联网相结合，通过其交互作用创造新型社交方式。云社交把社会资源进行测试、分类和集成，并向有需求的用户提供相应的服务。用户流量越大，资源集成越多，云社交的价值就越大。目前云社交已经有了初步的模型。

4. 云安全

云安全是云计算在互联网安全领域的应用。云安全融合了并行处理、网络技术、未知病毒监测等新兴技术，通过分布在各领域的客户端对互联网中存在异常的情况进行监测，获取最新病毒程序信息，将信息发送至服务端进行处理并推送最便捷的解决建议。通过云计算技术使整个互联网变成了终极安全卫士。

5．云政务

云计算应用于政府部门，为政府部门降低运行成本提高效率做出贡献。由于云计算具有集约、共享、高效的特点，所以其应用将为政府部门降低20%至80%的成本。在电子商务延伸至电子政务的背景下，各国政府部门都在着力进行电子政务改革，研究云计算普遍应用的可能性。伴随政府改革的进行，政府部门也开始从自建平台到购买电信运营商的服务，这将促进云计算的进一步发展并为电信运营商带来商机。

6．云存储

云存储是云计算的一个新的发展浪潮。云存储不是某一个具体的存储设备，而是互联网中大量的存储设备通过应用软件共同作用、协同发展，进而带来的数据访问服务。云计算系统要运算和处理海量数据，为支持云计算系统需要配置大量的存储设备，这样云技术系统就自动转化为云存储系统。因此，云存储是云计算概念的延伸。

四、物联网技术

近几年来，物联网技术受到了人们的广泛关注，"物联网"被称为继计算机、互联网之后世界信息产业的第三次浪潮。于是在不同的阶段或从不同的角度出发，对物联网就有了不同的理解和解释。目前，有关物联网定义的争论还在进行之中，尚不存在一个世界范围内认可的权威定义。

1．物联网的定义

关于物联网(IOT)比较准确的定义是：物联网是通过各种信息传感设备及系统(传感器、射频识别系统、红外感应器、激光扫描器等)、条码与二维码、GPS，按约定的通信协议，将物与物、人与物、人与人连接起来，通过各种接入网、互联网进行信息交换，以实现智能化识别、定位、跟踪、监控和管理的一种信息网络。

这个定义的核心也是物联网的主要特征：每一个物件都可以寻址，每一个物件都可以控制，每一个物件都可以通信。

2．物联网的支撑技术

（1）RFID：RFID（射频识别技术）是一种非接触式自动识别技术，可以快速读写、长期跟踪管理，在物联网中起重要"使能"作用。

（2）传感网：借助于各种传感器，探测和集成包括温度、湿度、压力、速度等物质现象的网络。

（3）M2M（Machine to Machine）：侧重于末端设备的互联和集控管理。

（4）两化融合：两化融合是指电子信息技术广泛应用到工业生产的各个环节，信息化成为工业企业经营管理的常规手段。两化融合可以突破互联网的限制，将工业生产物品接入信息网络，真正实现"物联网"。

3．物联网的主要类型

物联网尚处于萌芽时期，可以借助计算机网络划分为专用网和公用网的分类方法，按照接入方式、应用类型等进行简单分类，以便于建设、发展和应用。

（1）按照物联网的用户范围不同，可将其分为公用物联网和专用物联网。

公用物联网是指为满足大众生活和信息需求提供物联网服务的网络；专用物联网是指满足企业、团体或个人特色应用，有针对性地提供专业性业务应用的物联网。

专用物联网可以利用公用网络（如计算机互联网）、专网（局域网、企业网络或公用网中的专享资源）等进行数据传输。物联网也可以按照网络的隶属关系及管理权限等因素划分类型。

（2）按照接入网络的复杂程度，物联网可分为简单接入网络和多跳接入网络。

简单接入是指在感知设施获取信息后直接通过有线或无线方式将数据发送至承载网络。目前，射频读写设备主要采用简单接入方式。简单接入方式可用于终端设备分散、数据量较小的应用场合。

多跳接入是指利用传感网（WSN）技术，将具有无线通信与计算能力的微小传感器节点通过自组织方式，根据环境的变换自主地完成网络自适应组织和数据的传送。由于节点间距离较短，一般多采用多跳接入方式进行通信。

（3）按照应用类型进行划分，物联网可分为数据采集应用、自动化控制应用、日常便利性应用及定位类应用等网络类型。

4．物联网的体系结构

计算机互联网可以把世界上不同角落、不同国家的人们通过计算机紧密地联系在一起，而采用感知识别技术的物联网也可以把世界上所有不同国家、地区的物品联系在一起，彼此之间可以互相"交流"数据信息，从而形成一个全球性物物相互联系的智能社会。

从不同的角度看物联网具有多种类型，不同类型的物联网，其软硬件平台组成也会有所不同。从其系统组成来看，可以把它分为软件平台和硬件平台两大系统。

（1）物联网硬件平台组成。物联网是以数据为中心的面向应用的网络，主要完成信息感知、数据处理、数据回传以及决策支持等功能，其硬件平台可由传感网、核心承载网和信息服务系统等几个大的部分组成。物联网硬件平台组成示意图如图2-10所示。

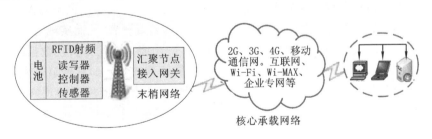

图 2-10　物联网硬件平台组成示意图

图2-10中，传感网包括感知节点（数据采集、控制）和末梢网络（汇聚节点、接入网关等）；

核心承载网为物联网业务的基础通信网络；信息服务系统硬件设施主要负责信息的处理和决策支持。

（2）物联网软件平台组成。以前在构建一个信息网络时，硬件往往被作为主要因素来考虑，软件仅在事后才考虑，现在人们的认识有了很大的改变。网络软件目前是高度结构化、层次化的,物联网系统也是这样,既包括硬件平台,也包括软件平台系统,软件平台是物联网的神经系统。不同类型的物联网,其用途是不同的,其软件平台系统也是不同的,但软件系统的实现技术与硬件平台密切相关。相对硬件技术而言,软件平台开发及实现更具有特色。

一般来说,物联网软件平台建立在分层的通信协议体系之上,通常包括数据感知系统软件、中间件系统软件、网络操作系统(包括嵌入式系统)以及物联网管理和信息中心(包括机构物联网管理中心、国家物联网管理中心、国际物联网管理中心及其信息中心)的管理信息系统等。

5. 物联网的关键技术

物联网技术应用主要涉及识别、感知、信息传送和数据处理四个环节,其中的核心技术主要包括感知与识别技术、传感技术、网络通信技术和信息处理技术等。

1)感知与识别技术

物联网的感知与识别技术主要实现对物体的感知与识别。感知与识别技术都属于自动识别技术,即应用一定的识别装置,通过被识别物品和识别装置之间的接近活动,自动地获取被识别物品的相关信息,并提供给后台的计算机处理系统来完成相关后续处理的一种技术。

射频识别(RFID)技术是一种非接触自动识别技术,利用射频信号及其空间耦合传输特性,实现对静态或移动物体的自动识别。RFID 技术可实现无接触的自动识别,具有全天候、识别穿透能力强、无接触磨损、可同时实现对多个物品的自动识别等特点。产品电子代码(EPC)采用 RFID 电子标签技术作为载体,大大推动了物联网的发展和应用。

2)传感技术

传感器是一种物理装置,能够探测、感受外界的各种物理量(如光、热、湿度)、化学量(如烟雾、气体等)、生物量,以及未定义的自然参量等。将传感器应用于物联网中可以构成无线自治网络,这种传感器网络技术综合了传感器技术、纳米嵌入技术、分布式信息处理技术、无线通信技术等,使各类能够嵌入任何物体的集成化微型传感器协作进行待测数据的实时监测、采集,并将这些信息以无线的方式发送给观测者,从而实现"泛在"传感。

在传感器网络中,传感节点具有端节点和路由的功能。首先是实现数据的采集和处理,其次是实现数据的融合和路由,综合本身采集的数据和收到的其他节点发送的数据,转发到其他相关节点。传感节点的好坏会直接影响整个传感器网络的正常运转和功能健全。

3)网络通信技术

无线网络技术丰富多样,根据距离不同,可以组成个域网、局域网和城域网。近距离的无线技术组成个域网是物联网最为活跃的部分,其通信距离可能在几厘米到几百米之间,常用的主要有 Wi-Fi、蓝牙、ZigBee、RFID、NFC 和 UWB 等技术。常用的远距离通信技术主要有 GSM、GPRS、WIMAX、2G/3G/4G 移动通信,甚至卫星通信等。长距离无线通信比短距离无线通信往往具有更高的能耗,但其移动性和长距离通信使物联网具有更大的监测空间和更多有吸引力的应用。

通过增强现有网络通信技术的专业性与互联功能,以适应物联网低移动性、低数据率的业务需求,成为物联网提供信息传递和服务支撑的基础通道,实现信息安全且可靠的传送。

4) 信息处理技术

信息处理技术对数据信息进行智能信息处理并为应用层提供服务,解决感知数据如何存储、检索、使用、隐私保护等问题。对于物联网而言,不仅仅要收集物体的信息,更重要的在于利用这些信息对物体实现管理。物联网的信息处理与服务技术主要包括数据的存储、数据融合与数据挖掘、智能决策、云计算、安全及隐私保护等。

(1) 云计算:云技术通过网络将庞大的计算处理程序自动拆分成无数个较小的子程序,再交给多部服务器所组成的庞大系统,经计算分析之后将处理结果回传给用户。通过这项技术,网络服务提供者可以在数秒内处理数以千万计甚至亿计的信息,达到与超级计算机同样强大效能的网络服务。

物联网采集到的数据量很大,使用云计算来承载数据处理任务具有非常显著的性价比优势。其次,物联网依赖云计算设施对物联网的数据进行处理、分析、挖掘,可以更加迅速、准确、智能地对物理世界进行管理和控制,使人类可以更加及时、精细地管理物质世界,大幅度提高资源利用率和社会生产力水平,实现"智慧化"的要求。

(2) 人工智能:研究如何用计算机来表达和执行人类的智能活动,以模拟人脑所从事的推理、学习、思考和规划等思维活动,并解决需要人类的智力才能处理的复杂问题,如医疗诊断、管理决策等。人工智能一般有两种不同的方式——工程学方法和模拟法。工程学方法通过计算机来研究模式的自动处理和判读,而模拟法是一种模拟人类专家解决领域问题的计算机程序系统。

(3) 中间件:中间件是指位于数据感知设施和后台应用软件之间的应用系统软件。中间件有两个关键特征,一个是为系统应用提供平台服务,另一个是需要连接到网络操作系统,并且保持运行工作状态。

物联网中间件是物联网应用需求与信息处理技术的聚合与技术提升。中间件为物联网应用提供一系列计算和数据处理功能,对感知系统采集的数据进行捕获、过滤、汇聚、计算、数据校对、解调、数据传送、数据存储和任务管理,减少从感知系统向应用系统中心传送的数据量。中间件还可提供与其他支撑软件系统进行互操作等功能。

6. 云计算与物联网的关系

云计算是物联网发展的基石,并且从两个方面促进物联网的实现。

首先,云计算是实现物联网的核心,运用云计算模式使物联网中以兆计算的各类物品的实时动态管理和智能分析成为可能。物联网通过将射频识别技术、传感技术、纳米技术等新技术充分运用在各行业之中,将各种物体充分连接,并通过无线网络将采集到的各种实时动态信息送达计算机处理中心进行汇总、分析和处理。

建设物联网有三大基石:传感器等电子元器件;传输的通道,如电信网;高效的、动态的、可以大规模扩展的技术资源处理能力。其中,第三个基石"高效的、动态的、可以大规模扩展的技术资源处理能力"是通过云计算来实现的。

其次,云计算促进物联网和互联网的智能融合,从而构建智慧地球。物联网和互联网需要更高层次的整合,需要"更透彻的感知、更安全的互联互通、更深入的智能化"。

这同样也需要依靠高效的、动态的、可以大规模扩展的技术资源处理能力,而这正是云计算所擅长的。同时,云计算的创新型服务交付模式简化服务的交付,加强物联网和互联网之间及其内部的互联互通,可以实现新商业模式的快速创新,促进物联网和互联网的智能融合。

把物联网和云计算放在一起,是因为物联网和云计算的关系非常密切。物联网有四大组成部分,即感应识别、网络传输、管理服务和综合应用。其中,网络传输和管理服务两个部分就会运用到云计算,特别是"管理服务"这一项。这里有对海量的数据进行存储和计算的要求,因而使用云计算可能是最省钱的一种方式。

7. 云计算与物联网的前景

云计算和物联网都是新兴事物,现在已经有了很多应用,但是两者结合的案例目前并不常见。

物联网是指"把所有物品通过射频识别等信息传感设备与互联网连接起来,实现智能化识别和管理",云计算是指"利用互联网的分布性等特点来进行计算和存储"。前者是对互联网的极大拓展,后者则是一种网络应用模式,二者之间存在着较大的区别。两者虽然有很大的区别,但它们之间又有着千丝万缕的联系。对于物联网来说,其自身需要进行大量而快速的运算,云计算带来的高效率运算模式正好可以为其提供良好的应用基础。没有云计算的发展,物联网也就不能顺利实现。而物联网的发展又推动了云计算的进步,因为只有真正与物联网结合,云计算才算是真正意义上从概念走向应用,两者缺一不可。可以说,云计算是物联网发展的基石,而物联网又促进着云计算的发展,二者之间相辅相成。

总体来说,云计算和物联网都有美好的技术远景、规模庞大的潜在市场,能够对多种行业产生深远的影响,因而受到社会各界的广泛关注。而云计算与物联网的结合是互联网发展的必然趋势,它将引导互联网和通信产业的发展,可能会在数年内形成一定的产业规模,相信越来越多的公司、厂家会对此进行关注。

复习思考题

一、选择题(选项中至少有一个是正确答案)

1. 物流信息种类繁多,不属于按照物流要素进行分类的子类别的是(   )。
   A. 运输信息   B. 装卸信息
   C. 指挥计划信息   D. 流通加工信息

2. 信息系统的物理结构一般可以分为(   )。
   A. 集中式   B. 分散-集中式
   C. 分布式   D. 网络式

3. 物流信息系统是指用系统的观点、思想和方法建立起来的,以电子计算机为基本处理手段,以现代通信设备为基本传输工具,并且能够为管理决策提供信息服务的(   )

系统。
A. 人-机 B. 计算机-通信
C. 人-通信 D. 计算机

4. 对物流管理有影响的技术很多,其中特别重要的是(   )。
A. 包装及包装材料技术 B. 信息技术
C. 物料处理技术 D. 运输技术

5. 信息系统的应用,使得传统企业的管理模式向(   )方向发展。
A. 垂直化 B. 扁平化 C. 网络结构 D. 金字塔结构

二、简答题

1. 什么是移动通信?移动通信与无线通信的区别和联系是什么?
2. 无线传感器网络发展趋势是怎样的?
3. 简述云计算的服务层次。
4. 简述物联网的支撑技术。
5. 简述物联网的主要类型。

项目三 物流信息系统基础技术

问题引入

20世纪后期，计算机技术发展突飞猛进，贸易全球化、经济一体化进程加快，物流的增值服务、综合服务功能日益显现，系统化、网络化、信息化、规模化的物流服务逐渐渗透到现代物流活动的每个环节。通过信息技术与现代物流技术的完美融合，现代物流发展日臻成熟与完善，物流企业也逐步由传统的运输型企业向信息密集型过渡。条形码技术用于物流信息系统中，完成计算机的信息采集与输入，这将大大提高许多计算机管理系统的实用性。

任务导读

近几年，物流业能够取得日新月异的进展，在很大程度上要归功于信息技术在这一领域的应用。现代物流信息技术中的通用技术有条形码（Bar Code）技术、二维码技术、RFID技术和EDI技术（电子数据交换）等。正是这些信息技术的应用，才使得物流业发展能够蒸蒸日上，迅速发展成为运作效率高、附加值高的新兴产业，成为现代经济又一新的亮点。

案例导入

选择，选择，还是选择

奥奇衬衫公司（以下简称奥奇公司）总经理李刚没有料到，一个二选一的问题让他如此难以决断，这个问题已经到了关系到生存的问题。

奥奇公司在全国有近20个销售分公司，并在全国大商场几乎都设有专柜，同时还有专卖店近百家、销售商1 000多个。随着服装品种和数量的不断增加,公司管理出现了以下问题。

奥奇公司销售额每年以近50%的速度增长,随着企业规模的不断扩大,企业的管理面临许多危机,其中服装的生产和销售环节最为迫切,需要一种具有输入速度快、信息大、准确度高、成本低、可靠性强等特点的技术,以优化企业的信息管理,支撑采购、生产、销售等环节。

商品销售货款从商店到办事处再到总公司不能及时回笼,财务账与实务账不能同步生成,物流与资金流分离,导致内部投资和信用风险;服装在生产销售等渠道的各个环节丢失、损坏,找不到责任人;由于商品在各个地区销售的价格不同,导致商品串货现象;服装销售淡季回收货物不能及时、准确、完整地到位,致使回收的货物混乱。

很明显,服装行业的竞争已到了"白热化"的程度,而市场竞争对服装的款式面料以及颜色都提出了很高的要求。传统方式下那种几个人设计定样、大批量下订单生产、大面积推向市场的做法,已无立足之地。如何及时了解不同地区的流行趋势、如何利用信息渠道、如何保证数据传递的准确与真实等,几乎是所有具有自己品牌的服装企业都在努力解决的问题。

以上问题,就是李刚为使用条码技术还是RFID技术左右为难的问题。这已经严重地影响了公司生产、销售、经营和决策。如何运用现代信息技术为企业"强身健体"、用信息技术支持企业的决策,已经成为企业需要全力解决的技改项目。

问题与思考:
1. 条码目前在我国的适用性。
2. RFID发展趋势与奥奇公司积极应对、跨越条码的措施。
3. 请帮助李刚做出选择决定。

知识探究

学习任务一　条码识别技术

● 知识目标

1. 掌握条码的基本概念、分类。
2. 掌握常用物流条码和条码识别技术。
3. 掌握条码技术应用的范围。

● 能力目标

1. 能够辨析商品上最常使用的 EAN 商品条形码组配方法。
2. 能够在商业、邮政、图书管理、仓储、工业生产过程控制、交通等领域熟练使用条形码技术。

条形码技术是在计算机应用和实践中产生并发展起来的一种广泛应用于商业、邮政、图书管理、仓储、工业生产过程控制、交通等领域的自动识别技术,具有输入速度快、准确度高、成本低、可靠性强等优点,在当今的自动识别技术中占有重要的地位。

一、条码的基本概念

1. 条码

条码(Bar Code)是一种利用光电扫描阅读设备识读并实现数据输入计算机的特殊代码,它是由一组规则排列的条、空及其对应字符组成的标记,用以表示一定的信息。如图 3-1 所示。

图 3-1 条码示意图

条形码技术是在计算机应用和实践中产生并发展起来的一种广泛应用于商业、邮政、图书管理、仓储、工业生产过程控制、交通等领域的自动识别技术,具有输入速度快、准确度高、成本低、可靠性强等优点,在当今的自动识别技术中占有重要的地位。现如今条码辨识技术已相当成熟,其读取的错误率约为百万分之一,首读率大于 98%,是一种可靠性高、输入快速、准确性高、成本低、应用面广的资料自动收集技术。

2. 代码

代码(Code)即一组用来表征客观事物的一个或一组有序的符号。代码必须具备鉴别功能,即在一个信息分类编码标准中,一个代码只能唯一地标志一个分类对象,而一个分类对象只能有一个唯一的代码。如图 3-1 所示,图中的阿拉伯数字 6901234567892 即是某商品的识别代码,而在其上方由条和空组成的条码符号则是该代码的符号表示。

3. 码制

条码的码制是指条码符号的类型,每种类型的条码符号都是由符合特定编码规则的条和空组合而成的。每种码制都具有固定的编码容量和所规定的条码字符集。条码字符中字符总数不能大于该种码制的编码容量。常用的一维条码码制包括 EAN 条码、UPC

条码、UCC/EAN-128 条码、交叉 25 条码、39 条码、93 条码、库德巴条码等。

4. 字符集

字符集是指某种码制的条码符号可以表示的字母、数字和符号的集合。有些码制仅能表示 10 个数字字符 0～9，如 EAN/UPC 条码；有些码制除了能表示 10 个数字字符外，还可以表示几个特殊字符，如库德巴条码。39 条码可表示数字字符 0～9、26 个英文字母 A～Z 以及一些特殊符号。

5. 连续性与非连续性

条码符号的连续性是指每个条码字符之间不存在间隔；相反，非连续性是指每个条码字符之间存在间隔。从某种意义上讲，由于连续性条码不存在条码字符间隔，所以密度相对较高，而非连续性条码的密度相对较低。

6. 定长条码与非定长条码

定长条码是条码字符个数固定的条码，仅能表示固定字符个数的代码。非定长条码是指条码字符个数不固定的条码，能表示可变字符个数的代码。例如：EAN/UPC 条码是定长条码，其标准版仅能表示 12 个字符；39 条码则为非定长条码。

7. 双向可读性

条码符号的双向可读性是指从左、右两侧开始扫描都可被识别的特性。绝大多数码制都具有双向可读性。

8. 自校验特性

条码符号的自校验特性是指条码字符本身具有校验特性。若在一条码符号中，一个印刷缺陷（例如，因出现污点把一个窄条错认为宽条，而相邻宽空错认为窄空）不会导致替代错误，那么这种条码就具有自校验功能。例如，39 条码、库德巴条码、交叉 25 条码都具有自校验功能，EAN 和 UPC 条码、93 条码等都没有自校验功能。

9. 条码密度

条码密度是指单位长度条码所表示条码字符的个数。条码密度越高，所需扫描设备的分辨率也就越高，这将增加扫描设备对印刷缺陷的敏感性。

10. 条码质量

条码质量指的是条码的印制质量，其判定主要从外观、条（空）反射率、条（空）尺寸误差、空白区尺寸、条高、数字和字母的尺寸、校验码、译码正确性、放大系数、印刷厚度、印刷位置几个方面进行。

条码的质量是确保条码正确识读的关键，不符合条码国家标准技术要求的条码，不仅会影响扫描速度，降低工作效率，而且可能造成误读进而影响信息采集系统的正常运行。

二、条码的分类

目前世界上常用的码制有 ENA 条形码、UPC 条形码、25 条形码、交叉 25 五条形码、库德巴条形码、39 条形码和 128 条形码等，而商品上最常使用的就是 EAN 商品条形码。条码的质量是确保条码正确识读的关键，不符合国家标准技术要求的条码，不仅会影响扫描速度，降低工作效率，而且可能造成误读进而影响信息采集系统的正常运行。条码也有不同的分类方法。

（1）根据条码的编码方法一般可划分为宽度调节法的条码和模块组配法的条码。

宽度调节法是指条码中条纹（间隔）的宽窄设置不同。

模块组配法（不归零法）是指条码符号的每个条码字符的条与空分别由若干个模块组配而成。

通用商品条码（EAN 码）、UPC 码、93 码（Code93），128 码（Code128）均属按模块组配法编码的条码。

（2）根据不同条码编码方式的码制不同可划分为 UPC 码、EAN 码、交叉 25 码、39 码、库德巴码、128 码、93 码、49 码和其他码制。

（3）根据不同条码编码方式的维数不同可划分为一维条码的码和二维条码的码。

一维条形码只在一个方向（一般是水平方向）表达信息，而在垂直方向则不表达任何信息，其一定的高度通常是为了便于阅读器的对准，如图 3-2 所示。

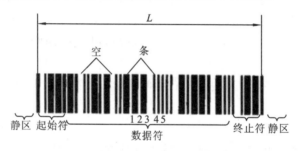

图 3-2 一维条形码的组成结构示意图

一维条形码的应用可以提高信息录入的速度，减少差错率，可直接显示内容为英文、数字、简单符号，储存数据不多，主要依靠计算机中的关联数据库，保密性能不高，损污后可读性差。

目前，一维条码的码制大概有 20 多种，其中，经常使用的是 EAN 码（EAN-13、EAN-8），如图 3-3 所示。

（a）EAN-13 商品条码符号尺寸　　（b）EAN-8 商品条码符号尺寸

图 3-3 EAN 码商品条码符号尺寸示意图

一维条码还包括 Code39 码（标准 39 码）、Codabar 码（库德巴码）、Code 25 码（标准 25 码）、ITF 25 码（交叉 25 码）、Matrix 25 码（矩阵 25 码）、UPC-A 码、UPC-E 码、Code 128

码(包括 EAN 128 码)等。

二维条形码。在水平和垂直方向的二维空间存储信息的条形码,称为二维条形码(2-Dimensional Bar Code)。可直接显示英文、中文、数字、符号、图形。储存数据量大,可存放 1K 字符。可用扫描仪直接读取内容,无须另接数据库。保密性高(可加密)。安全级别最高时,损污 50%仍可读取完整信息。

三、常用物流条码

目前常用的三种物流条码是:①通用商品条码;②ITF-14 条码(14 位交叉二五条码);③贸易单元 128 条码。商品单元由消费单元、储运单元和货运单元组成。

通用商品条码常用于消费单元,ITF-14 条码主要用于储运单元,贸易单元信息则往往通过运用贸易单元 128 条码来标志。

1. 通用商品条码(EAN 码)

通用商品条码(EAN 码)是由国际物品编码协会制定的国际通用商品代码,是一种模块组合型条码,它和美国统一编码委员会(UCC)制定的通用商品代码 UPC 码互相兼容,EAN/UPC 码作为一种消费单元代码,可以在全球范围内唯一标志一种商品。

国际上商品单元标识普遍采用 EAN/UCC 系统,全球采用 EAN/UCC 系统的厂家已经超过 80 万家。EAN/UCC 系统中包括三种不同的条码符号:EAN/UPC 码,ITF-14 条码,UPC/EAN-128 条码。EAN/UPC 条码包括 EAN-13 条码、EAN-8 条码、UPC-A 条码和 UPC-E 条码。

EAN 码两种类型:标准版,缩短版。如图 3-4 所示。

(a)标准版EAN-13的条码结构

(b)缩短版EAN-8的条码结构

图 3-4 标准版、缩短版 EAN 条码结构示意图

(1)标准版 EAN。由 13 位数字及条码符号组成。代码结构由前缀码、厂商识别代码、商品项目代码和校验码组成。厂商识别代码为 7~9 位数字。以前缀码为 690、691 的 EAN-13 码为例,它的结构如下:

P1 P2 P3　M1 M2 M3 M4　I1 I2 I3 I4 I5　C

其中"P1～P3"是前缀码,由国际物品编码协会分配给它的成员,实际上是国家代码或地区代码。

例如目前我国大陆可用的前缀码为:690,691,692,693,694,695等,香港特别行政区为489,台湾地区为471,澳门特别行政区为958。

"M1 M2 M3 M4"是厂商识别代码,是EAN编码组织在EAN分配的前缀码的基础上分配给厂商的代码。我国的厂商识别代码由中国物品编码中心分配给申请的企业,统一分配、注册,一厂一码。

"I1～I5"是商品项目代码,表示具体的商品项目,标志不同的商品属性、规格、价格等。由厂商自主分配,可标志00000～99999共10万种商品。

"C"是校验码,使用Mod 10校验位计算法,校验前面条码代码的正误。

(2) 缩短版EAN:由8位数字及条码符号组成。其结构为:

P1 P2 P3　I1 I2 I3 I4　C

其中"P1-P3"是前缀码,"I1～I4"是商品项目代码。在我国,是由中国物品编码中心分配给每项需要缩短码的商品。"C"是校验码,用来校验条码正误。

2. ITF-14条码

ITF-14条码是一种定长、连续,具有自校验功能,且条空都表示信息的双向条码。它的条码字符集、条码字符的组成与交叉25条码相同。由矩形保护框、左侧空白区、条码字符和右侧空白区组成,如图3-5所示。

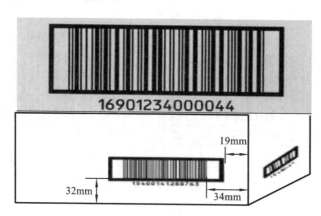

图3-5　ITF-14条码结构示意图

交叉25条码的校验位计算方法是Mod 10。

ITF-14条码对应的国家标准是GB/T 16830—2008。

3. EAN/UCC-128码

EAN/UCC-128码是由国际物品编码协会、美国统一代码委员会和自动识别制造商协会共同设计而成的。它是一种连续、非定长、有含义的高密度代码,由起始符号、数据符、校验符、终止符以及左右侧空白区组成,如图3-6所示。128条码是物流条码实施的关键,能更多地标志贸易单元的信息,如产品批号、数量、规格、生产日期、有效期、交货地等,

图 3-6　EAN/UCC-128 码结构示意图

使物流条码成为贸易中的重要工具。

四、条码识别技术

条码是将线条与空白按照一定的编码规则组合起来的符号,用以代表一定的字母、数字等资料。在进行辨识的时候,是用条码阅读机(即条码扫描器,又叫条码扫描枪或条码阅读器)扫描,得到一组反射光信号,此信号经光电转换后变为一组与线条、空白相对应的电子讯号,经解码后还原为相应的文(数)字,再传入电脑。

1. 条码识别原理

条形码是由宽度不同、反射率不同的条和空,按照一定的编码规则(码制)编制成的,用以表达一组数字或字母符号信息的图形标识符。即条形码是一组粗细不同,按照一定的规则安排间距的平行线条图形。常见的条形码是由反射率相差很大的黑条(简称条)和白条(简称空)组成的。条形码自动识别系统一般由条形码自动识别设备、系统软件、应用软件等组成,如图 3-7 所示。

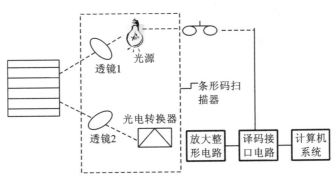

图 3-7　条形码自动识别系统组成图

由于不同颜色的物体,其反射的可见光的波长不同,白色物体能反射各种波长的可见光,黑色物体则吸收各种波长的可见光,所以当条形码扫描器光源发出的光经光栅及凸透镜 1 后,照射到黑白相间的条形码上时,反射光经凸透镜 2 聚焦后,照射到光电转换器上,于是光电转换器接收到与白条和黑条相应的强弱不同的反射光信号,并转换成相应的电信号输出到放大整形电路。白条、黑条的宽度不同,相应的电信号持续时间长短也不同。但是,由光电转换器输出的与条形码的条和空相应的电信号一般仅 10 mV 左右,不能直接使用,因而先要将光电转换器输出的电信号送放大器放大。放大后的电信号仍然是一个模拟信号,为了避免由条形码中的疵点和污点导致错误信号,在放大电路后需加一整形电路,把模拟信号转换成数字信号,以便计算机系统能准确判读。

根据需要,一台计算机可配置多台阅读器终端,一台译码器也可以用若干个扫描器联网,形成一个数据采集网络。条形码符号的印制质量将直接影响识别效果和整个系统的性能,因此必须按照印制标准,选择相应的印刷技术和设备,以便印制出符合规范的条形码符号。条形码符号印制载体、印刷涂料、印制设备、印制工艺和轻印刷系统的软件开发等都属于条形码印刷技术所要研究的内容。条码识读原理如图 3-8 所示。

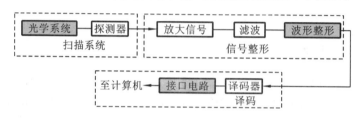

图 3-8　条形码识读原理

整形电路的脉冲数字信号经译码器译成数字、字符信息。它通过识别起始、终止字符来判别出条形码符号的码制及扫描方向;通过测量脉冲数字信号 0、1 的数目来判别出条和空的数目。通过测量 0、1 信号持续的时间来判别条和空的宽度。这样便得到了被辨读的条形码符号的条和空的数目及相应的宽度和所用码制,根据码制所对应的编码规则,便可将条形符号换成相应的数字、字符信息,通过接口电路送给计算机系统进行数据处理与管理,便完成了条形码辨读的全过程。

五、条码的应用范围

条形码作为一种及时、准确、可靠、经济的数据输入手段已被物流信息系统所采用。在工业发达的国家已经普及应用,已成为商品独有的世界通用的"身份证"。

欧美、日本等地已经普遍使用条形码技术,而且正在世界各地迅速推广普及,其应用领域还在不断扩大。由于采用了条码,消费者从心理上对商品质量产生了安全感,条码在识别伪劣产品、防假打假中也可起到重要作用。因为条码技术具有先进、适用、容易掌握和见效快等特点,在信息(数据)采集中发挥优势。无论是商品的入库、出库、上架还是同顾客结算的过程,都要面对如何将数据量巨大的商品(不论是整包包装还是拆封后单个零售)信息输入计算机中的问题。

条码的应用和推广首先源于商品管理现代化,即 POS 系统的应用。如美国超级市场商品种类约为 22 万多种,每年约有 10000 种新商品进入市场,10000 种老商品清除,比例达 50%,如此繁重的工作量,没有条码及 POS 系统的应用是难以应付的。当今日本在POS 系统的应用上走在了世界的前列。目前,日本已有 48000 个制造厂家约有 1 亿种商品项目采用了 EAN 码标志,有相当一部分商家采用 POS 系统,POS 系统不仅限于食品杂货,一些专业店(如医药、化妆品、烟酒等)也建立了 POS 系统。另外,很多国家还建立了市场数据交换中心,沟通产、供、销之间信息,建立贸易数据交换机构,及时搜集汇总各商店、各种商品的销售信息并及时反馈给制造厂家。这样生产厂家可及时、准确地了解商品销售、购买情况和价格等,可分析消费者的心理,预测市场及时组织货源。零售商也可根据情况及时调整销售计划、进货情况等。

1. 交通运输业

国际运输协会已做出规定,货物运输中,物品的包装箱上必须标有条码符号。铁路、公路的旅客车票自动化售票及检票系统、公路收票站的自动化等,都须应用条码技术。早在 20 世纪 60 年代,北美铁路系统便将条码技术应用于列车编码与自动识别。1996 年初,我国的广州火车站和北京西客站推出一种由计算机印制并带有条码的新型"电子火车票"。当旅客持这种"电子火车票"进站时,只要将车票插入"电子检票机"内,条码内的信息就被自动识别、判断,并自动输入到网络管理机,车票亦被自动剪切,每张客票检票时间不到 1 秒。

2. 邮电通信业

邮件的分拣、登单是非常繁重的工作,占用了邮电职工的绝大部分工作量。在邮件上贴上或印制上条码符号,就能用条码阅读设备输入相应的信息,实施分拣、登单的自动化管理。例如,6 位数的邮政编码用条码符号代替,就可以利用计算机实现函件及各邮电局(所)都贴上相应的条码标签作为它们的代码,用条码阅读设备读取这些信息,则利用计算机可实现挂号函件的自动登单。

3. 物流行业

物流行业是条形码技术一个很重要的应用方面。在物资入库、分类、出库、盘点和运输等方面,可以全面实现条形码管理。通用商品流通销售方面在这方面除抓好出口商品条码自动化管理外,应着手研制适合中国情况的专用收款机和商场综合管理系统,并经商场试用,逐步进行推广。POS 系统由若干个子系统组成,其中现金收款机(又叫收银机)集个人计算机和译码器为一身,既能自动识别条形符号,又能进行数据处理,而且能打印出购物清单,内容包括商品名称、价格、数量、总金额及日期等,顾客可把它作为购物收据。系统中的计算机是用来对数据进行综合处理的,为此应事先建立数据库和应用软件。这样有利于根据各终端当日的报告情况,进行商品销售综合分析,及时提供市场动态,并根据此确定订货计划,以保证经营活动的正常进行。由于使用了条形码技术,既方便迅速,又保证了信息准确。

4. 工业领域

企业管理中,条码识别设备是数据采集的有利手段。如企业的人事管理(如考勤管理、工资管理、档案管理)、物资管理(如仓库自动化管理系统)、生产管理(如产品生产中的工耗、能耗、材耗、加工进度)等。此外,在生产过程的自动化控制系统中,条码技术更是重要的数据采集手段。

5. 其他行业

实践表明,商店采用条形码系统管理体制所带来的直接效益可达营业额的 6.12%。

更为重要的是,除了促进商品流通化管理外,对生产厂家来说,采用条形码技术不仅能有效地掌握生产线上各工序元器件、部件、半成品数量以及成品和原材料的库存情况,而且还可以通过计算机网络快速获得销售信息,及时有效地预测市场动向,建立产、供、销为一体的高效运行机制,由于现代工商贸易异常活跃,商品种类多而庞杂,采用物品编码可使出口商在贸易中避免出现差错,并能及时了解货物分布情况。零售业采用 POS 系统,不仅提高了结算速度,也避免了人为差错,使顾客量由此大增。对顾客而言,可大大减少购物等待时间,而有购物清单便于家庭记账。条形码管理系统的应用也为商场服务人员向顾客提供咨询服务创造了有利的条件。

条形码技术还可以在海关用于管理商品报关单和海关商品检验等;在公安系统用于出入签证管理以及护照、身份证管理等方面;在企事业单位可用于人事档案管理、设备管理、会务管理、考勤管理、高考自学考试管理和各种票证、票据管理等。条形码技术为商品管理和各国间贸易往来以及各领域的自动化管理,提供了极简便的共同语言。

学习任务二 二维条码识别技术

知识目标

1. 了解二维条码/二维码常用的码制形式及二维条码的识别方法。
2. 掌握一维条码与二维条码应用处理的比较及差异。
3. 掌握二维条码的应用范围。

能力目标

1. 能够根据物品特性编制一维条码和二维条码。
2. 能够根据二维条码特性在物流领域中熟练推广应用。

近年来,随着信息自动收集技术的发展,用条码符号表示更多信息的要求与日俱增,而一维条码最大数据长度通常不超过 15 个字符,故多用以存放关键索引值(Key),仅可作为一种数据标志,不能对产品进行描述,因此需通过网络到数据库抓取更多的数据项目,因此在缺乏网络或数据库的状况下,一维条码便失去意义。要提高数据密度,又要在一个固定面积上印出所需数据,主要用两种方法来解决:①在一维条码的基础上向二维条码方向扩展;②利用图像识别原理,采用新的几何形体和结构设计出二维条码。前者发展出堆叠式(Stacked)二维条码,后者则有矩阵式(Matrix)二维条码之发展,构成现今二维条码的两大类型。

一、二维条码概述

二维条码(二维码)可以分为:① 线性堆叠式/行排式二维条码;② 矩阵式二维条码。线性堆叠式/行排式二维条码形态上是由多行短截的一维条码堆叠而成;矩阵式二维条码以矩阵的形式组成,在矩阵相应元素位置上用"点"表示二进制"1",用"空"表示二进制

"0"、"点"和"空"的排列组成代码。如图 3-9 所示。

线性堆叠式二维码

矩阵式二维码

邮政码

图 3-9 二维条码结构示意图

（1）线性堆叠式/行排式二维条码（又称堆积式二维条码或层排式二维条码），其编码原理是建立在一维条码基础之上，按需要堆积成二行或多行。它在编码设计、校验原理、识读方式等方面继承了一维条码的一些特点，识读设备与条码印刷与一维条码技术兼容。但由于行数的增加，需要对行进行判定，其译码算法与软件也不完全相同于一维条码。

（2）矩阵式二维码。常见矩阵式二维条码（又称棋盘式二维条码）它是在一个矩形空间通过黑、白像素在矩阵中的不同分布进行编码。在矩阵相应元素位置上，用点（方点、圆点或其他形状）的出现表示二进制"1"，点的不出现表示二进制的"0"，点的排列组合确定了矩阵式二维条码所代表的意义。

目前二维条码常用的码制有 PDF417 二维条码、Data Matrix 二维条码、Maxi Code 条码、Ultracode 条码、Aztec Code 条码、QR Code、Code 49、Code 16K 和 Vericode 条码。除了这些常见的二维条码之外，还有 CP 条码、Code One 条码、Codablock F 条码、田字码等。如图 3-10 所示。

Data Matrix

Maxi Code

Aztec Code

QR Code

Vericode

PDF417

Ultracode

Code 49

Code 16K

图 3-10 常用的二维条形码码制

使用二维条形码可以解决如下问题：表示包括汉字、照片、指纹、签字在内的小型数据文件，在有限的面积上表示大量信息，对"物品"进行精确描述，防止各种证件、卡片及单证的仿造，在远离数据库和不便联网的地方实现数据采集。二维条码的新技术在 20 世纪 80 年代后期逐渐被重视，在数据储存量大、信息随着产品走、可以传真影印、错误纠正能力高等特性下,二维条码在20世纪90年代初期已逐渐被使用。

二、二维条码的识别

二维条码的识别有两种方法:①通过线性扫描器逐层扫描进行解码;②通过照相和图像处理对二维条码进行解码。对于堆叠式二维条码,可以采用上述两种方法识读,但对绝大多数的矩阵式二维条码则必须用照相方法识读,例如使用面阵CCD扫描器。

用线性扫描器如线性CCD、激光枪对二维条码进行辨识时,如何防止垂直方向的数据漏读是主要的技术关键,因为在识别二维条码符号时,扫描线往往不会与水平方向平行。解决这个问题的方法之一是必须保证条码的每一层至少有一条扫描线完全穿过,否则解码程序不识读。这种方法简化了处理过程,但却降低了数据密度,因为每层必须要有足够的高度来确保扫描线完全穿过,如图3-11所示。我们所提到的二维条码中,如Code 49、Code 16K的识别即是如此。

图3-11 二维条码的识别(每层至少一条扫描线通过)

二维条码的识读设备依识读原理的不同可分为:

1)线性CCD和线性图像式识读器(Linear Imager)

可识读一维条码和行排式二维条码(如PDF417),在阅读二维条码时需要沿条码的垂直方向扫过整个条码,又称为"扫动式阅读",这类产品的价格比较便宜。

2)带光栅的激光识读器

可识读一维条码和行排式二维条码。识读二维码时将扫描光线对准条码,由光栅部件完成垂直扫描,不需要手工扫动。

3)图像式识读器(Image Reader)

采用面阵CCD摄像方式将条码图像摄取后进行分析和解码,可识读一维条码和二维条码。

另外,二维条码的识读设备依工作方式的不同还可以分为:手持式、固定式和平版扫描式。二维条码的识读设备对于二维条码的识读会有一些限制,但是均能识别一维条码。

1. PDF417 二维码

PDF417是美国符号科技(Symbol Technologies, Inc)发明的二维条码,发明人是我国台湾赴美学人王寅君博士,目前PDF417、Maxicode、Datamatrix同被美国国家标准协会(American National Standards Institute, ANSI) MH10 SBC-8委员会选为二维条码国际标准制定范围,其中PDF417主要是预备应用于运输包裹与商品数据标签。PDF417不仅具有错误侦测能力,且可从受损的条码中读回完整的信息,其错误复原率最高可达50%。

由于PDF417的容量较大,除了可将人的姓名、单位、地址、电话等基本信息进行编码外,还可将人体的特征如指纹、视网膜扫描及照片等个人信息储存在条码中,这样不但可以实现证件信息的自动输入,而且可以防止证件的伪造,减少犯罪。PDF417 已在美国、加拿大、新西兰的交通管理部门的执照年审、车辆违规登记、罚款及定期检验上开始应用。美国并同时将 PDF417 应用在身份证、驾驶证、军人证上。此外墨西哥也将 PDF417 应用在报关单据与证件上,从而防止了仿造及犯罪。

  PDF417 是一个公开码,任何人皆可用其算法而不必付费,因此是一个开放的条码系统。PDF417 的 PDF 为可携性数据档(Portable Data File)的缩写,取其条码类似一个数据档,可储存较多数据,且可随身携带或随产品走而得名(Paclidis,1992)。正如其名所言,每一个 PDF 码的储存量可高达 1108 个文/数字(Bytes),若将数字压缩则可存放至 2729 Bytes。

  每一个 PDF417 码是由 3~90 横列堆叠而成,而为了扫描方便,其四周皆有静空区,静空区分为水平静空区与垂直静空区,至少应为 0.020 英寸,如图 3-12 所示。

图 3-12   PDF417 码的结构图

  PDF417 的一个重要特性是其自动纠正错误的能力较强,不过 PDF417 的错误纠正能力与每个条码可存放的数据量有关,PDF417 码将错误复原分为 9 个等级,其值从 0 到 8,级数愈高,错误纠正能力愈强,但可存放数据量就愈少,一般建议编入至少 10% 的检查字码。数据存放量与错误纠正等级的关系如表 3-1 所示。

  如前所述,错误纠正等级涉及拒读错误(E 错误)与替代错误(T 错误)两种错误类型。无论使用哪一种条码机,都会有一定的精密度极限,从而造成线条和空白的宽度与理想宽度间必有偏差存在。条码扫描设备能够读出解码算法所允许范围内的不精确条码符号,目前标准中规定 X 的值最小为 0.0075 英寸(约 0.191 mm),此一限制同时反映出目前标准设备的技术现状。

表 3-1   可存放数据量与错误纠正等级对照表

错误纠正等级	纠正码数	可存数据量(位)
自动设定	64	1024
0	2	1108
1	4	1106
2	8	1101

续表

错误纠正等级	纠正码数	可存数据量（位）
3	16	1092
4	32	1072
5	64	1024
6	128	957
7	256	804
8	512	496

综合来说，PDF417的特性如表3-2所示。

表3-2 PDF417的特性

项　目	特　性
可编码字符集	8位二进制数据，多达811800种不同的字符集或解释
类型	连续型，多层
字符自我检查	有
尺寸	可变，高3～90层，宽1～30栏
读码方式	双向可读
错误纠正字码数	2～512个
最大数据容量	安全等级为0，每个符号可表示1108个位

　　PDF417作为一种新的信息存储和传递技术，现已广泛地应用在国防、公共安全、交通运输、医疗保健、工业、商业、金融、海关及政府管理等领域。据不完全统计，在身份证或驾驶证上采用PDF417二维条码的国家已达40多个，中国对香港地区恢复行使主权后，香港居民新发放的特区护照上采用的就是PDF417二维条码技术。除了证件上的使用，在工业生产、国防、金融、医药卫生、商业、交通运输等领域，二维条码同样得到了广泛的应用。由于二维条码具有成本低，信息可随载体移动，不依赖于数据库和计算机网络、保密防伪性能强等优点，由于中国人口多、底子薄、计算机网络投资难度较大，对证件的可机读及防伪等方面的需要，PDF417被广泛地应用在护照、身份证、驾驶证、暂住证、行车证、军人证、健康证、保险卡等任何需要唯一识别个人身份的证件上。海关报关单、税务报表、保险登记表等任何需重复录入或禁止伪造、删改的表格，都可以将表中填写的信息编在PDF417条码中，以解决表格的自动录入和防止篡改表中内容等问题。机电产品的生产和组配线，如汽车总装线、电子产品总装线，皆可采用二维条码并通过二维条码实现数据的自动交换。行包、货物的运输和邮递等概莫能外，因而二维条码在中国有着广阔的应用前景。

2. QR 码

QR 码是由日本 Denso 公司于 1994 年 9 月研制的一种矩阵二维码符号，QR 码除具有一维条码及其他二维条码所具有的信息容量大、可靠性高、可表示汉字及图像多种文字信息、保密防伪性强等优点外，QR 码还具有如下主要特点。

普通的一维条码只能在横向位置存有字母或数字信息，无纠错功能，使用时需要后台数据库的支持，而 QR 二维条码在横向纵向上都存有信息，可以放入字母、数字、汉字、照片、指纹等大量信息，相当于一个可移动的数据库。如果用一维条码与二维条码表示同样的信息，则 QR 二维码占用的空间只是条码面积的 1/11。

QR 码与其他二维码相比，具有识读速度快、数据密度大、占用空间小的优势。QR 码的三个角上有三个寻像图形，使用 CCD 识读设备来探测码的位置、大小、倾斜角度，并加以解码，实现 360 度高速识读。每秒可以识读 30 个含有 100 个字符的 QR 码。QR 码容量密度大，可以放入 1817 个汉字、7089 个数字、4200 个英文字母。QR 码用数据压缩方式表示汉字，仅用 13 bit 即可表示一个汉字，比其他二维条码表示汉字的效率提高了 20%。QR 码具有 4 个等级的纠错功能，即使破损也能够正确识读。QR 码抗弯曲的性能强，QR 码中每隔一定的间隔配置有校正图形，从码的外形并通过推测校正图形中心点与实际校正图形中心点的误差来修正各个模块的中心距离，即使将 QR 码贴在弯曲的物品上也能够快速识读。1 个 QR 码可以分割成 16 个 QR 码，可以一次性识读数个分割码，适合于印刷面积有限及细长空间印刷的需要。此外，微型 QR 码可以在 1 厘米的空间内放入 35 个数字（或 9 个汉字，或 21 个英文字母），适合于对小型电路板对 ID 号码进行采集的需要。

图 3-13 显示的是"智能物流实验室"的 QR 码的结构。

图 3-13　QR 码的结构

三、二维码特点

(1) 高密度编码，信息容量大。可容纳多达 1850 个大写字母（或 2710 个数字，或 1108 个字节，或 500 多个汉字），比普通条码信息容量约高几十倍。

(2) 编码范围广。该条码可以把图片、声音、文字、签字、指纹等可以数字化的信息进行编码，用条码表示出来；可以表示多种语言文字；可表示图像数据。

(3)容错能力强,具有纠错功能。这使得二维条码因穿孔、污损等引起局部损坏时,照样可以正确得到识读,损毁面积达50%仍可恢复信息。

(4)译码可靠性高。它比普通条码译码错误率百万分之二要低得多,误码率不超过千万分之一。

(5)可引入加密措施。保密性、防伪性好。

(6)成本低,易制作,经久耐用。

(7)条码符号形状、尺寸的大小比例可变。

(8)二维条码可以使用激光或CCD阅读器识读。

四、二维条码与一维条码的比较

1. 一维条码与二维条码应用处理的比较

虽然一维和二维条码的原理都是用符号(Symbology)来携带数据,达成信息的自动辨识。但一维条码与二维条码应用还是存在差异的,如图3-14所示。

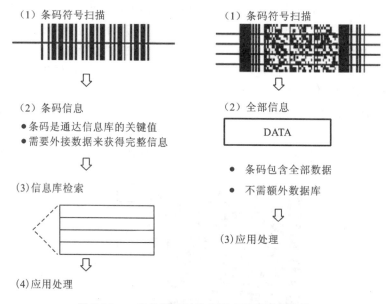

图3-14 一维条码与二维条码应用处理的比较

从应用的观点来看,一维条码偏重于识别商品,而二维条码则偏重于描述商品。因此相较于一维条码,二维条码(2D)不仅只存入关键值,还可将商品的基本数据编入二维条码中,获得数据库随着产品走的效益,进一步提供许多一维条码无法达成的应用。

例如一维条码必须搭配计算机数据库才能读取产品的详细信息,若为新产品则必须再重新登录,对产品特性为多样少量的行业构成应用上的困扰。此外,一维条码稍有磨损即会影响条码阅读效果,故不适用于工厂型行业。除了这些数据重复登录与条码磨损等问题外,二维条码还可有效解决许多一维条码所面临的问题,让企业充分享受数据自动输入、无键输入的好处,给企业与整体产业带来利益,也拓宽了条码的应用领域。

一维条码与二维条码的差异可以从数据容量与密度、错误侦测能力及错误纠正能力、主要用途、数据库依赖性、识读设备等来看出,二者的比较如表3-3所示。

表3-3 一维条码与二维条码之比较

条码类型 项目	一维条码	二维条码
数据密度与容量	密度低,容量小	高密度编码,信息容量大
错误侦测及 自我纠正能力	可以用检查码进行错误侦测,但没有错误纠正能力	容错能力强,具有纠错功能。并可根据实际应用设置不同的安全等级
垂直方向的数据	不储存数据,垂直方向高度是为了识读方便,并弥补印刷缺陷或局部损坏	携带数据,对印刷缺陷或局部损坏等可以通过错误纠正机制恢复数据
主要用途	主要用于对物品的识别	用于对物品的描述
数据库与 网络依赖性	多数场合须依赖数据库及通信网络的存在	可不依赖数据库及通信网络的存在而单独应用
识读设备	可用线性扫描器识读,如光笔、线性CCD、激光枪	对于堆叠式可用线性扫描器扫描,或可用图像扫描仪识读;矩阵式则仅能用图像扫描仪识读

五、二维条码的应用范围

尽管二维码应用渐趋广泛,但与日韩等国相比,我国的二维码发展还远远不够。制约因素除了运营商的支持度外,还有技术、终端适配、盈利模式等方面问题。炒得很火热的是二维码与O2O(Online To Offline)模式的结合,即利用二维码的读取将线上的用户引流给线下的商家。腾讯很看好这个模式,马化腾称"二维码是线上线下的一个关键入口"。

虽然有些人不看好二维码的应用,但不可否认,二维条码具有储存量大、保密性高、追踪性高、抗损性强、成本低等特性,这些特性可以广泛应用于各个行业。只要培养了足够多的用户群,再结合良好的商业模式,二维码将成为桥接现实与虚拟最得力的工具之一。

(1)物流应用。二维码技术物流领域应用主要是生产制造业、销售业、物流配送业、仓储、邮电等领域。物流管理,其实是对物品在内部、外部两个环境中的管理和控制。不但可以有效避免人工输入可能出现的失误,大大提高入库、出库、制单、验货、盘点的效率,而且兼有配送识别、保修识别等功能,还可以在不便联机的情况下实现脱机管理。

(2)生产制造。二维码在制造业中是针对生产过程中的"物料"和"在制品"信息进行精确采集、整合、集成、分析和共享,为企业生产物资管理、工序管理和产品生命周期管理提供了基础信息解决方案,是车间制造管理系统的核心内容。系统的应用和ERP、SAP、SCM、MRP、MES、WMS、CRM等管理系统形成良好的互补,尤其是在解决ERP软件无法与车间现场制造相连的问题上,为ERP提供基础数据支持。二维码是实现工厂或生产型企业整体信息化的枢纽信息系统。

(3) 质量追溯。二维码在客服追踪、维修记录追踪、危险物品追踪、后勤补给追踪、医疗体检追踪、农副产品质量追溯等应用上也深受好评。利用二维码进行跟踪,可及时发现问题,保障产品质量。

(4) 电子票务。目前我们最常见的电影票、汽车票、景区门票、演唱会门票等在很多城市都已经实现了二维码电子票,由此减少了传统人工传递的费用,以及约定票毁约风险。

(5) 精准营销。二维码在优惠券、打折卡、会员卡、提货券等的应用上应该是二维码最好的体现,二维码不但可以节约促销成本,还可以进行数据分析,从而达到精准营销效果。

(6) 拍码上网。图书、新闻、广告使用二维码,用户只要用手机一拍即可快速地实现上网或者拨打联系电话,从而打破了传统阅读的单一方式,实现了媒体和读者的互动。

(7) 证照应用。护照、身份证、挂号证、驾驶证、借书证等资料的登记、自动输入、随时读取。行驶证、驾驶证、车辆的年审文件、车辆违章处罚单等若印制有二维码,则可将有关车辆上的基本信息,包括车驾号、发动机号、车型、颜色等车辆的基本信息,转化保存在二维码中,其信息的隐含性将起到防伪的作用,而且信息的数字化便于管理部门的管理网络进行实时监控。

(8) 表单传输。应用于公文表单、商业表单、进出口报单、舱单等资料之传送交换,从而减少人工重复输入表单资料,避免人为错误,降低人力成本。

(9) 资料保密。便于商业情报、经济情报、政治情报、军事情报、私人情报等机密资料之加密及传递。

(10) 电子商务应用。二维码将成为移动互联网和O2O的关键入口。随着电子商务企业越来越多地进行线上线下并行的互动,二维码已经成为电子商务企业落地的重要营销载体。二维码在电商领域的广泛应用,结合O2O的概念,带给消费者更便捷和快速的消费体验,成为电商平台连接线上与线下的一个新通路,对于产品信息的延展、横向的价格对比等都有帮助。

学习任务三　射频识别技术

知识目标

1. 了解射频识别技术兴起的历史。
2. 掌握RFID系统工作原理、RFID标准及分类。
3. 掌握RFID应用领域特点。

能力目标

1. 能够将RFID技术在国民经济的各个领域广泛推广用途。
2. 能够自觉应用RFID技术解决实际物流问题。

射频识别技术是20世纪90年代开始兴起的一种自动识别技术,RFID技术利用无线射频方式在阅读器和射频卡之间进行非接触双向数据传输,以达到目标识别和数据交换的目的。

一、RFID 技术概述

RFID是射频识别的英文 Radio Frequency Identification 的缩写。射频识别技术的基本原理是电磁理论,它由标签专用芯片和标签天线组成。其主要核心部件是一个直径仅为2毫米不到的电子标签,通过相距几厘米到几米距离内传感器发射的无线电波,可以读取电子标签内储存的信息,识别电子标签代表的物品、人和器具的身份。RFID的存储容量是2的96次方以上,理论上看,世界上每一件商品都可以唯一的代码表示。以往使用条形码,由于长度的限制,人们只能给每一类产品定义一个类码,从而无法通过代码获得每一件具体产品的信息。智能标签彻底消除了这种限制,使每一件商品都可以享受独一无二的ID。况且,贴上这种电子标签之后的商品,从它在工厂的流水线上开始,到被摆上商场的货架,再到消费者购买后结账,甚至到标签最后被回收的整个过程都能够被追踪管理。

与目前广泛使用的自动识别技术(例如摄像、条码、磁卡、IC卡等)相比,射频识别技术具有很多突出的优点:第一,非接触操作,长距离大范围的识别(几厘米至几十米),因此完成识别工作时无须人工干预,应用便利;第二,无机械磨损,寿命长,并可工作于各种油渍、灰尘污染等恶劣的环境;第三,可识别高速运动物体并可同时识别多个电子标签;第四,读写器具有不直接对最终用户开放的物理接口,保证其自身的安全性;第五,数据安全方面除电子标签的密码保护外,数据部分可用一些算法实现安全管理;第六,读写器与标签之间存在相互认证的过程,实现安全通信和存储。

目前,RFID技术在国民经济的各个领域具有广泛的用途。在安全防护领域,RFID技术可以用于门禁保安、汽车防盗、电子物品监控;在商品生产销售领域,RFID技术可以用于生产线自动化、仓储管理、产品防伪、收费,在管理与数据统计领域,RFID技术可以用于畜牧管理、运动计时;在交通运输领域,RFID技术可以用于高速公路自动收费及交通管理、火车和货运集装箱的识别等。

总之,射频识别技术在未来的发展中结合其他高新技术,如GPS、生物识别等技术,由单一识别向多功能识别方向发展的同时,将结合现代通信及计算机技术,实现跨地区、跨行业应用。

二、RFID 系统工作原理

RFID系统的基本工作流程是:阅读器通过发射天线发送一定频率的射频信号,当射频卡进入发射天线工作区域时产生感应电流,射频卡获得能量被激活;射频卡将自身编码等信息通过卡内置发送天线发送出去;系统接收天线接收到从射频卡发送来的载波信号,经天线调节器传送到阅读器,阅读器对接收的信号进行解调和解码,然后送到后台主系统进行相关处理;主系统根据逻辑运算判断该卡的合法性,针对不同的设定做出相应的处理和控制,发出指令信号,控制执行机构动作。

RFID 系统的工作原理如下：阅读器将要发送的信息经编码后，加载在某一频率的载波信号上，经天线向外发送，进入阅读器工作区域的电子标签接收此脉冲信号，卡内芯片中的相关电路对此信号进行调制、解码、解密，然后对命令请求、密码、权限等进行判断。若为读命令，控制逻辑电路则从存储器中读取有关信息，经加密、编码、调制后通过卡内天线再发送给阅读器，阅读器对接收到的信号进行解调、解码、解密后送至中央信息系统进行有关数据处理；若为修改信息的写命令，有关控制逻辑引起的内部电荷泵提升工作电压，提供擦写 EEPROM 中的内容进行改写，若经判断其对应的密码和权限不符，则返回出错信息。RFID 基本原理框图如图 3-15 所示。

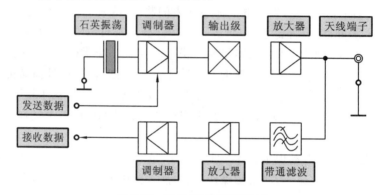

图 3-15　射频识别系统的组成

在 RFID 系统中，阅读器必须在可阅读的距离范围内产生一个合适的能量场以激励电子标签。在当前有关的射频约束下，欧洲的大部分地区各向同性有效辐射功率限制在 500 mW，这样的辐射功率在频率为 870 MHz 时，可近似达到 0.7 米。美国、加拿大以及其他一些国家，无须授权的辐射约束为各向同性辐射功率 4 W，这样的功率将达到 2 米的阅读距离，在获得授权的情况下，在美国发射 30 W 的功率将使阅读区增大到 5.5 米左右。

三、射频识别(RFID)系统的优点

1. 非接触阅读

RFID 标签可以透过非金属材料阅读，RFID 阅读机能透过泥浆、污垢、油漆涂料、油污、木材、水泥、塑料、水和蒸汽阅读标签，而且不需要与标签直接接触，因此这使得它成为肮脏、潮湿环境下的理想选择。

2. 数据存储容量大

RFID 标签的数据存储容量大，标签数据可更新，特别适合于储存大量数据或物品上所储存的数据需要经常改变的情况下使用。一维条码的容量是 50 Bytes，二维条码最大的容量可储存两三千字符，RFID 最大的容量则达数 Mega Bytes。随着记忆载体的发展，数据容量也有不断扩大的趋势。未来物品所需携带的资料量会越来越大，对卷标所能扩充容量的需求也相应增加。

3. 读写速度快

RFID 技术可识别高速运动物体并可同时识别多个标签，操作快捷方便。例如，用在

工厂的流水线上跟踪部件或产品,长距离射频产品还可用于自动收费或识别车辆身份等交通运输管理上,识别距离远达几十米。

4. 体积小,易封装

射频电子标签能隐藏在大多数材料或产品内,同时可使被标记的货品更加美观。电子标签外形多样化,如卡形、环形、纽扣形、笔形等,由于其具有超薄及大小不一的外形,使之能封装在纸张、塑胶制品上,使用非常方便。

5. 无磨损,使用寿命长

由于无机械磨损,因而射频电子标签的使用寿命可长达 10 年以上,读写次数达 10 万次之多。RFID 技术是革命性的,有人称其为"在线革命",它可以将所有物品通过无线通信连接到网络上。在可以预见的时间内,RFID 标签将得到高速发展。目前,RFID 标签和条码适用于不同的场合,条码适合售价极低的商品,而 RFID 适合于价格较高或多目标同时识别的场合。当 RFID 标签的价格进一步降低后,RFID 标签将是零售业中条码的终结者。

6. 动态实时通信

标签以每秒 50~100 次的频率与解读器进行通信,所以只要 RFID 标签所附着的物体出现在解读器的有效识别范围内,就可以对其位置进行动态追踪和监控。

7. 安全性能高

由于 RFID 承载的是电子式信息,其数据内容可经由密码保护,使其内容不易被伪造及篡改,具有较高的安全性。近年来,RFID 因其所具备的远距离读取、高储存量等特性而备受瞩目。它不仅可以帮助一个企业大幅提高货物、信息管理的效率,还可以让销售企业和制造企业互联,从而更加准确地接收反馈信息,控制需求信息,优化整个供应链。

四、RFID 的标准及分类

目前生产射频识别产品的很多公司都采用自己的标准,国际上还没有统一的标准。目前,可供射频卡使用的几种标准有:ISO 10536、ISO 14443、ISO 15693 和 ISO 18000。应用最多的是 ISO 14443 和 ISO15693,这两个标准都由物理特性、射频功率和信号接口、初始化和反碰撞以及传输协议等部分组成。

按照不同的方式,射频卡有以下几种分类。

(1) 按供电方式分为有源卡和无源卡。有源是指卡内有电池提供电源,其作用距离较远,但寿命有限、体积较大、成本高,且不适合在恶劣环境下工作;无源是指卡内无电池,它利用波束供电技术将接收到的射频能量转化为直流电源为卡内电路供电,其作用距离相对有源卡短,但寿命长且对工作环境要求不高。

(2) 按载波频率分为:低频射频卡、中频射频卡和高频射频卡。低频射频卡主要有 125 kHz 和 134.2 kHz 两种;中频射频卡频率主要为 13.56 MHz;高频射频卡主要为 433 MHz、915 MHz、2.45 GHz、5.8 GHz 等。低频系统主要用于短距离、低成本的应用中,如多数的门禁控制、校园卡、动物监管、货物跟踪等。中频系统用于门禁控制和需传送大量数据的应用系统;高频系统应用于需要较长的读写距离和高读写速度的场合,其天线波束方向较窄且价格较高,主要在火车监控、高速公路收费等系统中应用。

(3) 按调制方式的不同可分为:主动式和被动式。主动式射频卡用自身的射频能量主动地发送数据给读写器;被动式射频卡使用调制散射方式发射数据,它必须利用读写器的载波来调制自己的信号,该类技术适合用在门禁或交通管理中,因为读写器可以确保只激活一定范围之内的射频卡。在有障碍物的情况下,用调制散射方式,读写器的能量必须来回穿过障碍物两次。而主动方式的射频卡发射的信号仅穿过障碍物一次,因此主动方式工作的射频卡主要用于有障碍物的场合和情形,距离更远(可达 30 m)。

(4) 按作用距离可分为:密耦合卡(作用距离小于 1 cm)、近耦合卡(作用距离 1~5 cm)、疏耦合卡(作用距离约 1 m)和远距离卡(作用距离 1~10 m,甚至更远)。

(5) 按芯片分为:只读卡、读写卡和 CPU 卡。只读卡中的内容是用专门的写设备一次性写入的,以后不能改写,因此,对于商品的全程跟踪有其特殊作用。读写卡是可以重复更新内容的射频卡。CPU 卡是集成了微处理器的射频卡,具有一定的运算处理功能。

五、RFID 应用领域

随着大规模集成电路技术的进步以及生产规模的不断扩大,RFID 产品的成本也不断降低,更由于射频识别技术的自身优势及特点,其应用越来越广泛,目前,射频识别主要有以下几方面应用:

1. 火车和货运集装箱的自动识别

在火车运营中,RPID 因其出色的识别能力已取代早期依靠超声波和雷达测距的条码技术。在具体应用中,通常将射频卡安装在车顶,读写器安装在铁路沿线,从而得到火车的实时信息及车厢内物品信息。使用 RPID 系统的优势体现为:火车按既定路线运行,当通过设定的读写器安装地点,可读取数据,从而确认火车的身份、监控火车的完整性,防止遗留在铁轨上的车厢与之发生撞车事故,同时能在车站将车厢重新编组。目前,射频自动识别系统的安装遍布全国 14 个铁路局,铁道部门亦正式联网启用车次车号自动识别系统,为自备车企业、合资铁路和地方铁路实现信息化智能运输管理提供便利。

2. 高速公路自动收费(AVI)及交通管理

高速公路自动收费系统是 RFID 技术最成功的应用之一,它充分体现了非接触识别优势。在车辆高速通过收费站的同时自动完成缴费,解决交通瓶颈问题,避免拥堵,提高收费结算效率。如:1996 年,广东省佛山市即应用 RFID 系统用于自动收取路桥费,装有电子标签的车辆通过装有射频扫描器的专用隧道、停车场或高速公路路口时,无需停车缴费,大大提高了车辆通过效率,有效缓解公路瓶颈。车辆可以在 250 公里的时速下用少于 0.5 毫秒的时间被识别,并且正确率达 100%。而在城市交通控制方面,交通的状况日趋拥挤,加强交通的指挥、控制、疏导,提高道路的利用率已显得尤为重要,而基于 RFID 技术的实时交通督导和最佳线路电子地图很快将成为现实。RFID 技术使交通的指挥自动化、法制化,将有助于改善交通状况。

3. 停车场智能化管理

停车场智能化管理系统采用射频读卡技术,用户持特定的感应卡进出停车场,通过读卡器采集信息来分辨停车场的用户。停车场收费、月租卡的发售及临时卡的授权均由收费电脑完成,系统可自动调用每一车辆进场时存入的数据及出场时存入的数据,并自动计算出所需停车费金额,从而实现真正的智能化管理。而且系统采用视窗操作,中文菜单显示,使用者能轻易掌握此系统的操作。驾驶员无须停车,系统自动识别车辆,完成放行/禁止、记录等管理功能。系统能节约车辆进出场的时间,提高工作效率,杜绝管理费的流失。

4. 电子钱包、电子票证

用射频识别卡替代各种"卡",如电话卡、会员收费卡、储蓄卡、地铁票及汽车月票等,实现所谓非现金结算,解决了以往的各种磁卡、IC 卡受机械磨损及外界强电磁场干扰等问题,并成为射频识别技术应用的主要方面。日本从 1999 年着手开始用射频卡换掉原有的电话磁卡,日本经营地铁、游戏机的相关公司也都投入大量资金,取消原有磁卡设备,代之以非接触识别卡。1996 年 1 月韩国在汉城(现改名为首尔)的 600 辆公共汽车上安装 RFID 系统以用于电子月票,德国汉莎航空公司试用非接触的射频卡作为飞机票,改变了传统的机票购销方式,简化了机场登机、通关的手续。我国的上海、深圳、北京等地区的部分公交线路也采用了射频识别卡方式的电子月票。

5. 货物的跟踪、管理及监控

射频识别为货物的跟踪、管理及监控提供了快捷、准确、自动化的技术手段。例如:澳大利亚将它的 RFID 产品用于机场旅客行李管理中并发挥了出色的作用;英国的希思罗机场采用射频识别技术完成机场行李的分拣,大大提高了效率,减少了差错。欧共体(欧盟的前身)宣布 1997 年开始生产的新车型必须具有基于 RFID 技术的防盗系统。

射频识别目前在仓储、配送等物流环节也有许多成功的应用。对于大型仓储中心来说,管理中心实时了解货物位置,货物存储情况,对提高仓储效率、反馈产品信息、指导生产都有极其重要的意义。另外,货物集装箱运输过程中,利用射频标签结合 GPS 系统,可实现对货物进行有效跟踪,成为全球范围最大的货物跟踪管理应用。因此,随着射频识别在开放的物流环节统一标准的研究开发,物流业将成为射频识别最大的受益行业之一。

6. 生产线的自动化及过程控制

射频识别因其抗恶劣环境能力强、可非接触识别等特点,在生产过程控制中有许多应用。如:德国宝马公司在汽车装配流水线上应用 RFID 技术实现了用户定制的生产方式;在流水线上安装有 RFID 系统,使用可重复使用的 RFID 标签,标签上带有详细的汽车定制要求,在流水线每一个工作点设有读写器,以保证汽车在流水线各位置处毫不出错地完成装配任务。

MOTOROLA、SGSTHOMSON 等集成电路制造商采用加入了 RFID 技术的自动识别工序控制系统,无人工介入,满足了半导体生产对于超净环境的特殊要求,同时提高了效率。

7. 动物的跟踪及管理

电子识别系统在牛的饲养业中已经应用了将近 20 年了,在欧洲已成为了技术的展示。除了企业内部在饲料的自动配给和产量统计方面的应用之外,还产生了另外一个应用领域,即跨企业的动物识别、瘟疫及质量控制以及追踪动物的品种。例如,新加坡利用

RFID技术研究鱼的回游特性等。近年来，食品安全问题受到全球普遍关注，许多发达国家利用RFID技术高效、自动化地管理牲畜，通过对牲畜个体识别，保证疾病爆发期间对感染者的有效跟踪及对未感染者的隔离控制。部分国家和地区还将RFID技术用于信鸽比赛、赛马识别等，以准确测定到达时间。

8. 在仓库管理中应用

仓库管理系统（WMS）具有对企业物流系统运作管理中仓储环节物品进货、出货、库存控制等管理功能，并可依托互联网进行客户订单和查询管理。由于各企业的仓库类型不同，仓库的服务对象以及服务内容也各有不同，不同企业的仓库管理系统实现的功能也不同。仓库管理系统的主要功能包括：入库管理、库存管理、退货管理以及动态信息传递等。

"零库存"也就是指物料（包括原材料、半成品和产成品等）在采购、生产、销售、配送等一个或几个经营环节中，不以仓库存储的形式存在，而是处于周转的状态。"不以库存形式存在"就可以免去仓库存货的一系列问题，如仓库建设、管理费用，存货的维护、保管、装卸、搬运等费用以及存货占用流动资金和库存物的老化、损失、变质等问题。如果企业能够在不同的环节实施零库存管理的话，其效益是显而易见的。例如：库存占用资金的减少；优化应收和应付账款，加快资金周转；库存管理成本的降低；以及规避市场变化和产品升级换代而产生的降价、滞销的风险等。

将RFID技术应用于智能仓库货物管理，不仅增加了一天内处理货物的件数，还能监测这些货物的一切信息，即实现了仓库里与货物流动有关信息的智能化管理。在具体应用中，仓库管理系统将射频卡贴在货物所通过的仓库大门边上，读写器和天线都放在叉车上，每个货物都贴有条码，所有条码信息都被存储在仓库的中心计算机里，所有货物的相关信息都能在计算机里查到。当货物被装走运往别地时，由另一个读写器识别并告知计算机中心货物被放在哪个拖车上，这样管理中心可以实时地了解到已经生产了多少产品和发送了多少产品，并可自动识别货物，确定货物的位置。

学习任务四　电子数据交换技术

知识目标

1. 了解EDI基本概念。
2. 掌握EDI的构成、标准及工作原理。
3. 掌握EDI的核心技术。
4. 掌握EDI系统的组成。

能力目标

1. 能够充分利用EDI技术特点，将EDI和企业内部EDP系统有机结合起来，提高经济效益。
2. 能够根据企业自身的需求，循序渐进地引入EDI各种作业所需的报文，以逐步提高管理技术、降低管理成本。

一、EDI基本概念

（一）EDI定义

电子数据交换（Electronic Data Interchange，简称EDI）是指标准化的商业文件在计算机之间从应用到应用的传送。许多企业选择EDI作为一种快速、低费用和安全的方式来传送订购单、发票、运货通知和其他常用的商业文件。

EDI是信息进行交换和处理的网络化、智能化、自动化系统，是将远程通信、计算机及数据库三者有机结合在一个系统中，实现数据交换、数据资源共享的一种信息系统。这个系统也可以作为管理信息系统（MIS）和决策支持系统（DSS）的重要组成部分。

EDI是20世纪70年代发展起来的一种新颖的电子化贸易工具，是计算机、通信与现代化管理相结合的产物。EDI的应用领域很广泛，涵盖工业、商业、外贸、金融、医疗保险、运输、政府机关等等，这些领域的应用一般是相互联系的、交叉的，理想的状况是各行各业均通过互通的EDI网络联系在一起。目前，EDI在欧美等发达国家已得到了普遍应用，而在我国的发展还处在起步阶段。据统计，在全球前1000家大型跨国企业中，有95%的企业使用EDI与客户和供应商联系。

EDI的定义至今没有一个统一的规范。但有三个方面的内容是相同的。

(1) 资料用统一标准。

(2) 利用电信号传递信息。

(3) 计算机系统之间的连接。

联合国欧洲经济委员会贸易程序简化工作组从技术上给出EDI的定义：EDI是一种用商定的标准来处理信息所涉及交易式电子数据的结构，商业或行政交易事项从计算机到计算机的电子传递。

（二）EDI的构成及标准

1. EDI的构成

一般来说，EDI系统由以下四个方面构成：关于信息传送方式的规定，关于信息表示方式的规定，关于系统动作操作的规定，全球交易业务的规定。这些规定（或称为议定书），是利用EDI系统的各方达成的共识，这些规定实际上是对这四个方面涉及的内容进行标准化工作，其中最重要的标准化是信息传送方式的标准化和信息表示方式的标准化。

信息传送方式标准化是指为了在不同的计算机之间传送信息对通信线路的类型以及传送控制方式等方面进行决策。具体的内容包括：通信速度、数据格式、数据长度、检查方法等方面的标准化，信息传送方式标准化工作还包括应用系统界面与数据格式之间相互转换方式的标准化。信息表示方式的标准化是指对应EDI网络传送的业务类型，确定对该业务信息内容的表示方式并使之标准化。具体内容包括数据代码、信息的格式等方面的标准化。

2. EDI 标准

EDI 是国际范围的计算机与计算机之间的通信，核心是被处理业务数据格式的国际统一标准。以商业贸易方面的 EDI 为例，EDI 传递的都是电子单证，为了使不同商业用户的计算机能识别和处理这些电子单证，必须制定一种各贸易伙伴都能理解和使用的协议标准。EDI 的标准应该遵循以下两条基本原则。

（1）提供一种发送数据及接收数据的各方都可以使用的语言，这种语言所使用的语句是无二义性的。

（2）这种标准不受计算机型的影响，既适用于计算机间的数据交流，又独立于计算机之外。

目前国际上存在两大标准体系，一个是流行于欧洲、亚洲的，由联合国欧洲经济委员制定的 UN/EDIFACT 标准；另一个是流行于北美的，由美国国家标准协会制定的 ANSIX.12 标准。此外，现行的行业标准还有 CIDX（化工）、VICX（百货）、TDCC（运输业）等，它们是专门应用于某一部门的。

3. EDI 的工作原理

EDI 系统工作原理的实现过程就是用户将相关数据从自己的计算机信息系统传送到有关交易方的计算机信息系统的过程。如图 3-16 所示。

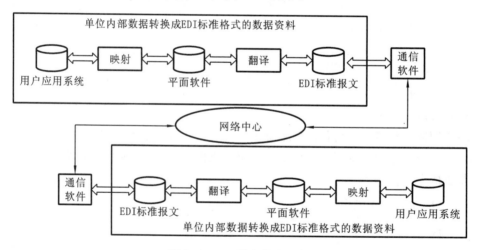

图 3-16　EDI 的工作原理图

其中，EDI 由标准报文、数据元素、数据段称为 EDI 标准的三要素。

（1）标准报文。一份标准报文可分成三个部分：部首、详细部分和摘要部分，报文以 UNH 数据段开始，以 UNT 数据段结束。一份公司格式的商业单据必须转换成一份 EDI 标准报文才能进行信息交换，其转换步骤如下。

① 将公司格式的商业单据转换成平面文件。

② 将平面文件翻译成 EDI 标准报文。

（2）数据元素。数据元素可分为基本数据元素和复合数据元素。基本数据元素是基本信息单元，用于表示某种有特定含义的信息，相当于自然语言中的字。复合数据元素是由一组基本数据元素组成，相当于自然语言中的词。

(3) 数据段。数据段是标准报文中的一个信息行,有逻辑相关的数据元素构成。这些数据元素在数据段中有相应的固定形式、定义和顺序。

(三) EDI 的核心技术

EDI 涉及的技术十分广泛。概括来讲,实现 EDI 的技术主要有三方面,即数据通信网络技术、标准化和计算机应用技术。

1. 数据通信网络技术

一个计算机数据通信系统可由计算机终端、主计算机、数据传输和数据交换装置四部分组成,它们通过通信线路连接成一个广域网络。计算机及其各类终端作为用户端点出现在网络之中,它们可以访问网上的任一其他节点,以达到共享网上硬件和软件资源的目的。计算机及其终端既是资源子网,也是整个计算机网络的端点。而这些节点之间完成通信线路的连接,并在通信线路中完成信息的交换。实现 EDI 的通信功能,受到通信技术的制约,随着通信技术与通信条件的多样化而呈现出多样化的特点,但它最终必然要统一于国际标准。目前最重要的通信协议标准为 ISO — OSI (International Standards Organization — Open System Interconnection,国际标准化组织开放系统互联参考模型)。EDI 的增值通信网络如图 3-17 所示。

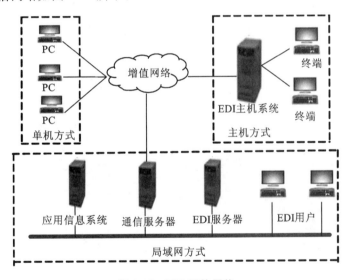

图 3-17 EDI 通信网络

2. 数据标准化技术

技术的标准化,是现代工业高度发达的一个重要保证,是衡量一个国家工业化水平的重要标志,其意义有时甚至超过技术本身。

为了避免产生复杂和混乱的电子网络,满足错综复杂的电子数据交换,必须制定一套大家都共同遵守的 EDI 标准。各个使用计算机的机构必须在通信中建立统一的标准化的电信线路、传送速度。通信中认可的固定程序(如协议、数据格式化和汇总),各种传递的语言规则、标准的通信协议等,从而便利参与贸易的各文种均能对传递的数据进行接收、认可、处理、复制、提取、再生和服务,实现整个环节的自动化。这是因为 EDI 的实现要在不同的国家和地区、不同的行业内开展,并且要应用的信息系统和通信手段各不相同。统一的国际标准和行业标准是必不可少的。标准是实现 EDI 的保证,也是 EDI 的语言。

标准化是实现 EDI 互通互联的前提和基础,要实现信息在不同的电子数据处理(Electronic Date Process,简称 EDP)系统、不同计算机平台上的交换,就必须制定统一的 EDI 标准。我国的有关部门和专家确定采用 UN/EDIFACT 标准。

3. 计算机综合应用

有了标准和通信网络,就可以开展 EDI 工作,但 EDI 应用的成功,还需取决于单位、行业乃至整个社会的计算机综合应用水平。必须把 EDI 和办公自动化、管理自动化、各种 MIS 和 EDP 系统、数据库系统以及计算机辅助设计(CAD)、计算机信息管理系统(CIMS)等结合起来,才能更好地应用 EDI,发挥其巨大作用。单项的 EDI 应用,往往是被迫进行的。例如 EDI 报关系统,或订单接收系统,这是受到外界压力的结果,原来的一套人工工作程序仍然保留。应用单位增加了设备和人力投资,使 EDI 的优势无从体现。应该把 EDI 和企业内部 EDP 系统结合起来,提高经济效益。

二、EDI 系统

(一) EDI 系统的组成

1. 三层结构模型

企业之间通过 EDI 系统传递单证,进行贸易往来。EDI 系统中从系统功能的角度可分成三个层次:EDI 交换层、EDI 代理服务层、EDI 应用层。如图 3-18 所示。

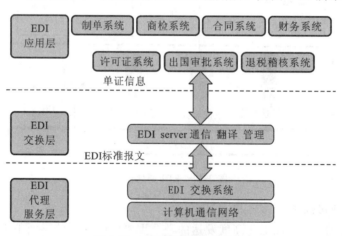

图 3-18　EDI 系统层次结构图

2. 各层的功能

(1) EDI 应用层。EDI 应用层是由各个面向不同应用的系统所组成,以满足应用需求为目标。它与 EDI 代理服务层通过文件或信息方式交流单证信息,面向最终的具体应用业务。

(2) EDI 代理服务层。EDI 代理服务层的主要功能是翻译、通信、管理、协调,即将

EDI 应用层提供的单证信息翻译成标准的 EDI 单证,并发送到 EDI 交换系统,或者从 EDI 交换系统中接收 EDI 单证,将其翻译成单证信息并分发提供给 EDI 应用层中的系统,协调各系统 EDI 单证的传递;集中管理发送或接收的 EDI 单证,用以日后查证。

(3) EDI 交换层。EDI 交换层包含计算机通信网络和 EDI 交换系统两部分。

EDI 通信网络是 EDI 单证传输的公共平台,通信网络可以是公用电话网 PSTN、数字数据网 DDN、分组交换网 X.25、Internet 等。当两个团体决定采用 EDI 来传送信息时,除了软件、硬件和标准之外,还要决定采用什么方式连接,连接方式可分成直接和间接方式两种。

① 直接方式是 EDI 的双方通过数据专线或电话拨号线连接,直接相互传递 EDI 信息。这种方式又称为点对点 PTP 方式。双方除了通信协议、传输速率等必须相同之外,所采用的信息传输标准也必须一致,同时要求对方开机才能建立连接。

② 间接方式指利用增值网络的电子信箱、公告板系统、远程登录、文件传送等方式,相互传递 EDI 信息。

EDI 交换系统的主要功能是收发 EDI 报文,并通过存储转发的方式传输各 EDI 应用系统的 EDI 报文。收发 EDI 报文以采用电子信箱的方式最为普遍。

第一层、第二层构成 EDI 应用系统,第三层也称 EDI 传输系统。EDI 应用系统从技术上讲就是将公司单证转换成 EDI 标准报文的计算机信息系统。

第二层及 EDI 交换系统构成 EDI 中心。EDI 中心由政府或大型企业投资建设。

三、EDI 在物流中的应用

(一) EDI 适用范围

企业间往来的单证都属于商业 EDI 报文所能适用的范围。目前各行业所制定的单证都已转换成商业 EDI 报文标准。商业 EDI-VAN 系统是为了协助流通业在相关作业上运用这些报文,所覆盖的范围包括零售商、批发商、制造商、配送中心及运输商,相关作业包括订购、进货、接单、出货、送货、配送、对账及转账作业,如图 3-19 所示。

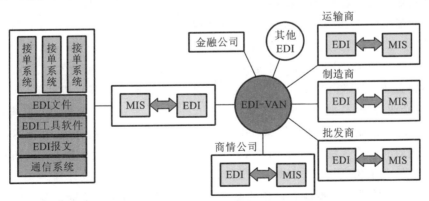

图 3-19 商业 EDI-VAN 系统结构图

具体来说,其应用范围为:

1. 零售商

零售商与其交易伙伴间的商业行为大致可分为订购、进货、对账及付款等四种作业,其间往来的单据包括订购单、进货验收单、对账单及付款凭证等。

2. 批发商

批发商与其交易伙伴间的商业行为大致可分为订购、进货、接单、出货、对账及收付款作业,其间往来的单据包括采购进货单、出货单、催款对账单及付款凭证等。由于批发商兼具买方与卖方的职能,因而同时具有买方与卖方的作业流程。

3. 制造商

制造商与其交易伙伴间的商业行为大致可分为接单、出货、催款及收款等四种作业,其间往来的单据包括采购进货单、出货单、催款对账单及付款凭证等。

4. 配送中心

配送中心与其交易伙伴间的商业行为大致可分为接单、配送、催款及收款等四种作业。其间往来的单据包括出货单、催款对账单及付款凭证等。

5. 运输商

运输商接受托运人的委托,将货物送到收货人处,其与托运人及收货人间的作业流程包括托运、收货、送货及回报作业等。

EDI是电子商务过程中很重要的环节,企业只有先实现EDI,才具备与其他企业沟通的条件,才能使各种商业交易行为实现电子化。企业要实现电子商务,需按照其经济规模设定阶段性的目标。各企业可根据自身的需求,循序渐进地引入各种作业所需的报文,以逐步提高管理技术、降低管理成本。

(二)EDI在物流中应用的流程分析

EDI最初由美国企业应用在企业间的订货业务活动中,其后,EDI的应用范围从订货业务向其他的业务扩展,如POS销售信息传送业务、库存管理业务、发货送货信息和支付信息的传送业务等。近年EDI在物流中广泛应用,被称为物流的EDI。

所谓物流EDI是指货主、承运业主以及其他相关的单位之间,通过EDI系统进行物流交换,并以此为基础实施物流产业活动的方法。物流EDI的参与单位有货主(如生产厂家、贸易商、批发商、零售商等)、承运业主(如独立的物流承运企业家)、实际运送货主的交通运输企业(铁路企业、水运企业、航空企业、公路运输企业等)、协助单位(政府有关部门、金融企业等)和其他的物流相关单位(如仓库业者、专业报关业者等),其流程如下。

(1)发送货物业主(如生产厂家)在接到订货后制订货物运送计划,并把运送货物的清单及运送时间安排等信息通过EDI发送给物流运输业主和接收货物业主(如零售商),以便物流运输业主预先制订车辆调配计划和接收货物业主制订接收计划。

(2)发送货物业主依据顾客订货的要求和货物运送计划下达发货指令、分拣配货、打印出物流条形码的货物标签(Shipping Carton Marking,简称SCM)并粘贴在货物包装箱上,同时把运送货物品种、数量、包装等信息通过EDI发送给物流运输业主和接收货物业主(如零售商),向物流运输业发出运送请求信息,物流运输业依据请求下达车辆调配指令。

(3)物流运输业主在向发送物业主取运货物时,利用车载扫描仪读取取货时的货物标签条形码,并与先前收到的货物运输数据进行核对,确认运送货物。

(4)物流运输业主在物流中心对货物进行整理、集装、制成送货清单并通过EDI向收货业主发出送货信息。在货物运送的同时进行货物跟踪管理。并在货物交给收货业主之后,通过EDI向发货物业主发送完成运送业务信息和运费请示信息。

(5)收货业主在货物到达时,利用扫描仪读取货物标签的物流条形码,并与先前收到的货物运输数据进行核对确认,开出收货发票,货物入库,同时,通过EDI向物流运输业主和发送货物业主发送收货确认信息。

物流EDI的优点在于供应链组成各方基于标准化的信息格式和处理方法通过EDI共同分享信息、提高流通的效率、降低物流成本。例如,对零售商来说,应用EDI系统可以大大降低进货作业的出错率,节省进货商品检验的时间和成本,能迅速核对订货与到货的数据,易于发现差错。

应用传统的EDI成本较高。一是因为通过VAN进行通信的成本高,二是制定和满足EDI标准较为困难,因此过去仅仅大企业因得益于规模经济效益才能从利用EDI中得到利益。近年来,互联网的迅速普及,为物流信息活动提供了快速、简便、廉价的通信方式,从这个意义上说互联网将为企业进行有效的物流活动提供坚实的基础。

(三)EDI在物流配送中的应用

在企业物流配送供应链管理体系中,每天都要发生数以万计、百万计的交易。传统的手工处理方法,以及相对落后的计算机信息处理方法,已经远远不能满足日益增长的业务需要。因此,迫切需要利用现代信息技术进行精确、可靠及快速的采集和传送。EDI技术应用于物流配送中有以下优点。①节约时间、降低成本。由于单证在贸易伙伴之间的传递是完全自动的,所以不再需要重复输入传真和电话通知等重复性的工作。从而可以极大地提高企业的工作效率并降低运作成本,使沟通更快更准。②提高管理和服务质量。将EDI技术与企业内部的仓储管理系统、自动补货系统、订单处理系统等企业管理信息系统(Management Information System,MIS)集成使用后,可以实现商业单证快速交换和自动处理,简化采购程序、减低营运资金及存货量、改善现金流动情况等,也使企业可以更快地对客户的需求进行响应。

(四)EDI在供应链风险预警系统中的应用

随着供应链管理理论及其在企业实践中的不断深入和发展,供应链风险管理越来越受到实业界和学术界的广泛关注。运用EDI系统实现供应链风险预警,不仅能降低风险事件给供应链造成的影响,而且还促进了供应链企业间的相互合作,增强供应链企业间的相互信任,为进一步的合作提供有力保障,形成供应链企业的多赢局面。

复习思考题

一、单项选择

1. EAN-13 条码属于（　　）。
   A. 一维条码　　B. 二维条码　　C. 复合码　　D. 矩阵码

2. 条码扫描译码过程是（　　）。
   A. 光信号→数字信号→模拟电信号　　B. 光信号→模拟电信号→数字信号
   C. 模拟电信号→光信号→数字信号　　D. 数字信号→光信号→模拟电信号

3. RFID 系统通常由三部分组成，它们是识读器、计算机网络系统和（　　）。
   A. 芯片　　B. 射频标签　　C. 时钟　　D. 天线

4. 标签和识读器之间利用无线电波进行非接触式识读的自动识别技术是（　　）。
   A. 射频识别技术　　　　　　　　　　B. 条码技术
   C. 语音识别技术　　　　　　　　　　D. 光字符识别技术

5. 识读距离最远的自动识别技术是（　　）。
   A. 条码识别　　B. 射频识别　　C. 光字符识别　　D. 卡识别

二、不定项选择

1. 条码自动识别技术是运用条码进行自动数据采集的技术，主要包括（　　）等。
   A. 编码技术　　　　　　B. 符号表示技术　　　　　　C. 识读技术
   D. 生成与印制技术　　　E. 应用系统设计

2. RFID 系统（即射频识别系统）通常由（　　）几部分组成。
   A. 射频标签　　　　　　B. 识读器　　　　　　　　　C. 计算机网络
   D. 人员　　　　　　　　E. 网线

3. 下列（　　）属于物流信息。
   A. 订单信息　　　　　　B. 库存量　　　　　　　　　C. 企业人员总数
   D. 市场信息　　　　　　E. 人均工资

4. 物流信息的特点包括（　　）。
   A. 模块化　　B. 实时化　　C. 网络化　　D. 智能化　　E. 实用化

5. 物流信息系统是把各种物流活动与某个一体化过程连接在一起的通道，物流信息系统的基本功能有（　　）。
   A. 信息输入、输出　　　　　　　　　B. 信息处理
   C. 信息传输　　　　　　　　　　　　D. 信息存储

三、简答题

1. 二维条码有何优点？其应用在哪些方面？
2. 与条码技术相比较，RFID 有哪些优点？

项目四 物流信息系统典型技术

问题引入

在全球供应链管理趋势下,及时掌握货物的动态信息和品质信息已成为企业赢利的关键因素。但是由于受到自然、天气、通信、技术、法规等方面的影响,信息的采集,货物的跟踪、遥感定位,信息的安全技术的发展一直受到很大制约,远远不能满足现代物流发展的需求。借助新的科技手段,完善物流动态信息采集技术,成为物流领域下一个技术突破点。

任务导读

物流信息技术是现代信息技术在物流各个作业环节中的综合应用,是现代物流区别传统物流的根本标志,也是物流技术中发展最快的领域。尤其是计算机网络技术的广泛应用,使物流信息技术达到了较高的应用水平。

案例导入

中国北斗导航卫星发射大事记

2007年2月3日,我国在西昌成功发射一颗北斗导航试验卫星,卫星准确入轨。北斗导航示意图如图4-1所示。

2007年4月14日4时11分,我国在西昌卫星发射中心用"长征三号甲"运载火箭,成功将一颗北斗导航卫星送入太空。发射的北斗导航卫星(COMPASS—M1),是中国北斗导航系统(COMPASS)建设计划中的一颗卫星,飞行在高度为21500 km的中圆轨道。这颗卫星的发射成功,标志着我国自行研制的北斗卫星导航系统进入新的发展建设阶段。

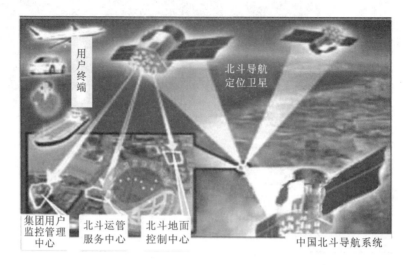

图 4-1　北斗卫星导航系统示意图

这次发射的卫星和用于发射的"长征三号甲"运载火箭分别由中国航天科技集团公司所属中国空间技术研究院和中国运载火箭技术研究院研制。

2009年4月15日0时16分,我国在西昌卫星发射中心用"长征三号丙"运载火箭,成功将第二颗北斗导航卫星送入预定轨道。这次发射的北斗导航卫星(COMPASS—G2),是中国北斗卫星导航系统建设计划中的第二颗组网卫星,是地球同步静止轨道卫星。这颗卫星的成功发射,对于北斗卫星导航系统建设具有十分重要的意义。

2010年1月17日0时12分,我国在西昌卫星发射中心用"长征三号丙"运载火箭成功发射第三颗北斗导航卫星。这标志着北斗卫星导航系统工程建设又迈出重要一步,卫星组网正按计划稳步推进。

2010年6月2日23时53分,我国在西昌卫星发射中心用"长征三号丙"运载火箭,成功将第四颗北斗导航卫星送入太空预定轨道,这标志着北斗卫星导航系统组网建设又迈出重要一步。

2010年8月1日5时30分,我国在西昌卫星发射中心用"长征三号甲"运载火箭,成功发射第五颗北斗导航卫星,并将卫星送入太空预定转移轨道。这是一颗倾斜地球同步轨道卫星,是我国2010年连续发射的第三颗北斗导航系统组网卫星。

2010年11月1日0时26分,我国在西昌卫星发射中心用"长征三号丙"运载火箭成功将第六颗北斗导航卫星送入太空。这是我国2010年连续发射的第四颗北斗导航系统组网卫星。在这次发射中,中国卫星导航系统管理办公室首次在运载火箭上使用了北斗卫星导航系统标志。

2010年12月18日4时20分,我国在西昌卫星发射中心使用"长征三号甲"运载火箭,成功将第七颗北斗导航卫星送入太空预定转移轨道。至此,2010年我国共进行了15次航天发射,全部获得成功。

2011年4月10日4时47分,我国在西昌卫星发射中心用"长征三号甲"运载火箭,成功将第八颗北斗导航卫星送入太空预定转移轨道。这是一颗倾斜地球同步轨道卫星。这次发射是2011年北斗导航系统组网卫星的第一次发射,也是我国"十二五"期间的首次航天发射。这次北斗导航卫星的成功发射,标志着北斗区域卫星导航系统的基本系统建设完成,我国自主卫星导航系统建设进入新的发展阶段。

2011年7月27日5时44分,我国在西昌卫星发射中心用"长征三号甲"运载火箭,成功将第九颗北斗导航卫星送入太空预定转移轨道。这是北斗导航系统组网的第四颗倾斜地球同步轨道卫星。这次北斗导航卫星的成功发射,标志着我国北斗区域卫星导航系统建设又迈出了坚实一步。

2011年12月2日5时7分,我国在西昌卫星发射中心用"长征三号甲"运载火箭,成功将第十颗北斗导航卫星送入太空预定转移轨道。这是北斗导航系统组网的第五颗倾斜地球同步轨道卫星。这次成功发射,标志着我国北斗区域卫星导航系统建设又迈出了重要一步。

2012年2月25日0时12分,我国在西昌卫星发射中心用"长征三号丙"运载火箭,成功将第十一颗北斗导航卫星送入太空预定转移轨道。这是我国2012年发射的首颗北斗导航系统组网卫星。这次北斗导航卫星的成功发射,标志着我国北斗卫星导航系统建设继续迈出坚实一步。

2012年4月30日4时50分,我国在西昌卫星发射中心用"长征三号乙"运载火箭,成功发射第十二、第十三颗北斗导航卫星,卫星顺利进入预定转移轨道。这是我国北斗卫星导航系统首次采用"一箭双星"方式发射导航卫星,也是我国首次采用"一箭双星"方式发射两颗地球中高轨道卫星。

2012年9月19日3时10分,我国在西昌卫星发射中心用"长征三号乙"运载火箭,采用一箭双星方式,成功将第十四颗和第十五颗北斗导航卫星发射升空并送入预定转移轨道。这是我国第二次采用一箭双星方式发射北斗导航卫星。此次北斗导航卫星的成功发射,标志着我国北斗卫星导航系统快速组网技术日臻成熟。发射的北斗导航卫星和使用的"长征三号乙"运载火箭,分别由中国航天科技集团公司所属中国空间技术研究院和中国运载火箭技术研究院研制。

2012年10月25日23时33分,我国在西昌卫星发射中心用"长征三号丙"运载火箭,成功将第十六颗北斗导航卫星发射升空并送入预定转移轨道。这是一颗地球静止轨道卫星,将与先期发射的15颗北斗导航卫星组网运行,形成区域服务能力。根据计划,北斗卫星导航系统将于2013年初向亚太大部分地区提供正式服务。这次发射的北斗导航卫星和"长征三号丙"运载火箭,分别由中国航天科技集团公司所属中国空间技术研究院和中国运载火箭技术研究院研制。

(资料来源:新华网,http://news.Xinhua net.com)

问题与思考:

1. 目前,应用范围最广的导航系统是什么系统?
2. 中国北斗导航系统的建设目前处于什么状态?

知识探究

学习任务一　全球定位系统

知识目标

1. 了解全球四大卫星导航定位系统的特点和应用。
2. 掌握卫星导航定位系统的含义。
3. 了解北斗卫星定位系统的工作原理和功能特性。
4. 掌握 GPS 系统的组成、工作原理，以及 GPS 的物流功能和在物流中的应用。

能力目标

1. 能够知道如何应用 3S 技术解决在实际工作和生活中遇见的问题。
2. 能够区分 GPS、GLONASS、BDS 和 Galilean 的功能差异。

空间信息技术(Spatial Information Technology)是 20 世纪 60 年代兴起的一门新兴技术，70 年代中期以后在我国得到迅速发展。主要包括 3S(卫星定位系统、地理信息系统和遥感)等的理论与技术，同时结合计算机技术和通信技术，进行空间数据的采集、量测、分析、存储、管理、显示、传播和应用等。

空间信息技术在广义上也被称为"地球空间信息科学"，在国外被称为 Geoinformatics。3S 是全球定位系统(Global Positioning System，GPS)、地理信息系统(Geographic Information System，GIS)和遥感(Remote Sensing，RS)的简称。

GPS 是由空间星座、地面控制和用户设备等三部分构成的。GPS 是美国从 20 世纪 70 年代开始研制，于 1994 年全面建成，具有海、陆、空全方位实时三维导航与定位能力的新一代卫星导航与定位系统。中国自主研发的北斗卫星导航系统[BeiDou(COMPASS) Navigation Satellite System]，与美国的 GPS、俄罗斯的格洛纳斯、欧盟的伽利略系统，并称全球四大卫星导航系统。截至 2012 年年底，中国已成功发射 4 颗北斗导航试验卫星和 16 颗北斗导航卫星(其中，北斗-1A 已经结束任务)，将在系统组网和试验基础上，逐步扩展为全球卫星导航系统。

GIS 就是一个专门管理地理信息的计算机软件系统，它不但能分门别类、分级分层地去管理各种地理信息，而且能将它们进行各种组合、分析、再组合、再分析，还能查询、检索、修改、输出、更新等。地理信息系统还有一个特殊的"可视化"功能，就是通过计算机屏幕把所有的信息逼真地再现到地图上，成为信息可视化工具，清晰直观地表现出信息的规律和分析结果，同时还能在屏幕上动态地监测"信息"的变化。

RS 是指从高空或外层空间接收来自地球表层各类地物的电磁波信息，并通过对这些信息进行扫描、摄影、传输和处理,从而对地表各类地物和现象进行远距离探测和识别的现代综合技术。RS 是空间信息采集和分析技术,为 GIS 等应用提供支持,物流领域应用较少,本章只做简单介绍。

一、卫星导航定位系统概述

20 世纪 90 年代以来,全球卫星定位系统作为物流动态跟踪技术在物流领域得到了越来越广泛的应用,卫星导航系统已成为数字地球、数字城市的空间信息基础设施。

1. GPS 的概念

GPS(Global Positioning System)即全球定位系统,它是利用卫星星座(通信卫星)、地面控制部分和信号接收机对对象进行动态定位的系统。目前世界上广泛采用的卫星定位系统是由美国军方研制并发射的 GPS 定位系统。从第一颗试验卫星于 1978 年 2 月发射以来,已有数十年的发展历程。由于 GPS 能对静态、动态对象进行动态空间信息的获取,能快速、准确反馈空间信息,因此,GPS 广泛应用于船舶和飞机导航、地面目标的精确定位、地面及空中交通管制、空间与地面灾害监测等。

2. GPS 的特点

GPS 系统与其他导航系统相比,具有以下的一些特点。

(1) 定位精度高。应用实践已经证明,GPS 相对定位精度在 50 公里以内可达 10~6 米,100~500 公里内可达 10~7 米,1 000 公里内可达 10~9 米。

(2) 观测时间短。随着 GPS 系统的不断完善,软件的不断更新,目前,20 公里以内相对静态定位仅需 15~20 分钟。

(3) 操作简便。随着 GPS 接收机不断改进,自动化程度越来越高,有的已达"傻瓜化"的程度;接收机的体积越来越小,重量越来越轻,极大地减轻了测量工作者的工作紧张程度和劳动强度,使野外工作变得轻松愉快。

(4) 全天候作业。目前 GPS 观测可在任何时间内进行,不受阴天黑夜、大雾狂风、下雨下雪等不良气候条件的影响。

(5) 抗干扰性能好,保密性强。由于 GPS 系统采用伪码扩频技术,因而 GPS 卫星所发送的信号具有良好的抗干扰性和保密性。

(6) 功能多,应用广。GPS 系统不仅可用于测量、导航,还可用于测速、测时。测速的精度可达 0.1 米/秒,测时的精度可达几十毫微秒。其应用领域不断扩大。当初设计 GPS 系统的主要目的是用于军用定位和导航、搜集情报等军事目的。但是,后来的应用开发表明,GPS 系统不仅能够达到上述目的,而且用 GPS 卫星发来的导航定位信号能够进行厘米级甚至毫米级精度的静态相对定位、米级至亚米级精度的动态定位、亚米级至厘米级精度的速度测量和毫微秒级精度的时间测量。因此,GPS 系统展现了极其广阔的应用前景。

3. GPS 的功能

(1) 车辆、船舶跟踪。为了随时掌握车辆和船舶的动态,可以通过地面计算机终端,实时显示出车辆、船舶的实际位置。

(2) 信息传递和查询。利用GPS,一方面管理中心可以向车辆、船舶提供相关的气象、交通、指挥等信息;另一方面,也可以将运行中的车辆、船舶的信息传递给管理中心,实现信息的双向交流。

(3) 及时报警。利用GPS,及时掌握运输装备的异常情况,接收求助信息和报警信息,并迅速传递到管理中心,从而实施紧急救援。

(4) 管理支持。通过GPS提供的信息,可以实施运输指挥、实时监控、规划和选择路线、向用户发出到货预报等,有效地支持大跨度物流系统管理。

卫星导航定位系统的出现,解决了大范围、全球性以及高精度快速定位的问题。最早应用于军用定位和导航,为车、船、飞机等机动工具提供了导航定位信息及精确制导,为救援人员指引方向等。随着技术的发展与完善,其应用范围逐步从军用扩展到民用,渗透至国民经济各部门,包括渔业、土建工程、考古、石油开发等,现代生活中应用较多的包括个人移动电话定位和交通管理等。

二、美国GPS

1. GPS背景

美国卫星导航定位系统(GPS)是继"阿波罗"登月计划后的又一庞大的空间计划。世界上最早的卫星导航系统是1964年开始运行的美国子午仪导航系统。该系统由4颗卫星组成导航网,采用多普勒定位原理,主要服务对象是美国海军,到1967年开始正式向民用开放。

美国政府在GPS设计中,计划提供两种服务。一种为标准定位服务SPS,利用粗码(C/A码)定位,精度约为100 m,提供给民间用户使用;另一种为精密定位服务PPS,利用精码(P码)定位,精度可达到10 m,提供给军方和得到特许的民间用户使用。在GPS试验卫星应用阶段,多次试验表明,实际定位精度远高于上述设计值,如利用最简单的C/A码定位精度可达到14 m,利用P码定位精度可达到3 m。这一现实和计划相冲突,于是美国政府采用了SA(Selective Availability)政策,对精度进行了人为限制,如在星历数据中加干扰,卫星时钟加抖动或使时间系统不稳定,加密P码(精码)等,人为地将误差引入卫星时钟和卫星数据中,有意降低GPS的定位精度,以防止未经许可的用户把GPS用于军事目的。采用SA政策,规定水平定位精度为100 m(2Drms),垂直测量精度为157 m(2Drms)。

在美国子午卫星定位系统建立的同时,苏联也于1965年开始建立了一个CICADA卫星导航系统。但子午仪导航系统提供全天候的全球导航覆盖和周期性二维(经纬度)定位能力,使全球用户统一于地心坐标系进行高精度定位,既导航又定位,使整个导航技术产生了革命性的突破。总之,子午仪导航系统开创了海空导航的新时代,揭开了卫星大地测量学的新篇章。

"子午仪"和"CICADA"都存在着定位实时性差、受气候影响大等缺陷,无法满足高精度、高动态用户的要求。不过,2003年3月20日伊拉克战争爆发,大批轰炸机、战斗机扑向伊拉克首都巴格达,用炸弹准确地将一座座建筑和军事设施彻底摧毁。这些炸弹之所以能够精确地击中目标,正是因为采用了美国GPS提供的定位服务。

GPS最初投入应用时,美国曾承诺10年免费使用,但由于GPS的广泛应用,并且计划在10年的时间里逐步取消SA政策,以赢得更多的用户,美国已表态在可以预见的将来延长免费服务期限。美国国防部常年对SA政策进行检测,承诺根据形势需要对部分或全部卫星取消SA政策。随着GPS精度的提高、可靠性的加强,GPS的应用必将越来越广泛。

2. GPS的组成

GPS由空间星座、地面控制和用户接收机三部分组成。空间星座由高悬在2万公里空中的24颗卫星(21颗工作卫星和3颗备用卫星)组成,卫星由火箭发射入轨后,靠太阳能电池和镉镍蓄电池供电运行。卫星分布在6个轨道平面上,各轨道平面相对于赤道平面的倾角为55°,轨道平面间距为60°。在每一轨道平面内,各卫星相交距差90°,任一轨道上的卫星比西边相邻轨道上的对应卫星超前30°。每颗卫星每隔12 h沿近圆形轨道围绕地球旋转一周,使得地球任何地方同时可看到7~9颗卫层。GPS工作卫星组网保障全球任一时刻、任一地点都可利用4颗以上的卫星进行观测。如图4-2所示。

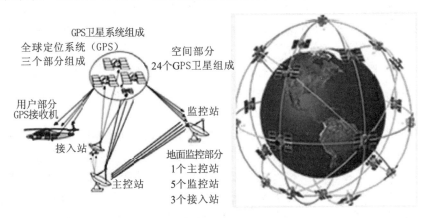

图4-2 全球定位系统卫星分布

卫星上配置的高精度原子钟控制无线电发射机在低噪声窗口附近发射L1、L2两种载波,向全球的用户接收系统连续地播发GPS导航信号,实现连续、实时的导航和定位。

(1) 空间星座。有21颗工作卫星和3颗备用卫星。工作卫星分布在6个椭圆轨道上,长半轴26600 km,高度20200 km。每个轨道面内分布有3~4颗卫星,卫星轨道相对于地球赤道面的倾角为55°,轨道平均高度为20200 km。卫星运行周期为11 h 58 min。因此,在同一测站每天出现的卫星布局大致相同,只是每天提前4 min。每颗卫星每天约有5 h在地平线以上,同时位于地平线以上的卫星数目随时间和地点而异,最少4颗,最多11颗。这样布局可以保证地球上任何时间、任何地点至少可以同时观测到4颗以上的卫星。加之卫星信号的传播和接收不受天气的影响,因此GPS是一个全球性、全天候的连续实时的导航和定位系统。

GPS卫星上安装有轻便的原子钟、微处理器、电文存储和信号发射设备,由太阳能电池提供电源,卫星上备有少量燃料,用来调节卫星轨道和姿态,并可在地面监控站的指令下,启动备用卫星。GPS卫星的基本功能有如下几种:

① 执行地面监控站的控制指令,接收和储存由地面监控站发来的导航信息;

② 向 GPS 用户发送导航电文和定位信息;

③ 通过高精度原子钟(铷钟和铯钟)向用户提供精密的时间标准,各卫星只有依靠统一的高精度时间标准,才能在既定轨道中预定时间点高速运行在预定的位置,从而保证定位精度。

GPS 卫星上设有微处理机,可进行必要的数据处理工作,并可根据地面监控站指令,调整卫星姿态,启动备用卫星。

(2) 地面控制。GPS 地面监控系统由分布在全球的 5 个地面站组成。其中 1 个主控站位于美国科罗拉多(Colorado Springs)的联合空间执行中心(CSOC),3 个注入站分别设在印度洋的迭哥加西亚(Diego Garcia)南、大西洋的阿松森岛(Ascension)和南太平洋的卡瓦加兰(Kwajalein)。5 个监控站均为数据自动采集中心,配有双频 GPS 接收机、高精度原子钟、环境数据传感器和计算设备,并为主控站提供各种观测数据。

主控站为系统管理和数据处理中心,其主要内容是利用本站和其他监控站的观测数据推算各卫星的星历、卫星钟差和大气延迟修正参数,提供全球定位系统的时间基准,并将这些参数传入注入站,调整偏离轨道的卫星至预定轨道,启用备用卫星代替失效卫星等。

注入站将主控站推算和编制的卫星星历、卫星钟差、导航电文和其他控制指令等注入相应卫星的存储系统,并监测注入信息的正确性。除了主控站外,整个 GPS 地面监控系统无人值守,各项工作高度自动化和标准化。

(3) 用户接收机。GPS 的用户必须配备 GPS 接收机才能使用 GPS 系统。用户设备由 GPS 接收机主机、天线、电源和数据处理软件组成。主机的核心为微电脑、石英振荡器,还有相应的输入、输出接口和设备。在专用软件控制下,主机进行作业卫星选择、数据采集、数据处理和存储,对整个设备的系统状态进行检查、报警和部分非瘫痪性故障的排除,承担整个接收系统的自动管理。天线通常采用全方位型的,以便采集来自各个方位、任意非负高度角的卫星信号。由于卫星信号微弱,在天线基座中有一个前置放大器,将信号放大后,再用同轴电缆输入主机。电源部分为主机和天线供电,可使用经过整流稳压后的市电,也可以使用蓄电池。

3. GPS 的主要用途

GPS 问世以后,即迅速在导航、定位领域得到广泛应用,是继计算机革命之后的又一场革命。GPS 同时测定三维坐标的方法将测量定位技术扩展到海洋和外层空间,同时从定点扩展到区域,从静态扩展到动态,定位精度也不断提高,从而大大拓宽了应用范围,在地球物理学、气象、海洋、交通等领域获得了广泛运用,已被作为导航定位通用设备越来越多地应用于科研和民用领域,GPS 已经像汽车、无线电通信等行业一样形成了产业化市场。

(1) GPS 在导航中的应用。主要是为船舶、汽车、飞机等运动物体进行定位导航。包括飞机导航、航空遥感控制、低轨卫星定轨、导弹制导、航空救援和载人航天器防护探测等。例如:船舶远洋导航和进港引水;飞机航路引导和进场降落;车辆/轮船自主导航;车辆/轮船跟踪和城市智能交通管理;紧急救生;个人旅游及野外探险;个人通信终端(与手机、PDA、电子地图/海图等集成一体)。

(2) GPS 在授时校频中的应用。包括准确时间的授人、准确频率的授人,如电力、邮电、通信等网络系统的时间同步。

(3) GPS 在高精度测量中的应用。包括各种等级的大地测量、控制测量,道路和各种线路放样,水下地形测量,地壳形变测量,大坝和大型建筑物变形监测等。

(4) GPS 和 GIS 的结合应用。GPS 为 GIS 提供动态实时多维数据,包括大气物理观测、地球物理资源勘探、变形监测、水文地质测量、地壳运动监测、海洋平台定位、海平面升降监测、市政规划控制等。

三、俄罗斯的 GLONASS 卫星导航系统

1. GLONASS 概述

GLONASS 是 Global Navigation Satellite System(全球导航卫星系统)的字头缩写,是苏联从 20 世纪 80 年代初开始建设的与美国 GPS 系统相类似的卫星定位系统,也由卫星星座、地面监测控制站和用户设备三部分组成。现由俄罗斯空间局管理。

GLONASS 系统的卫星星座由 24 颗卫星组成,均匀分布在 3 个近圆形的轨道平面上,每个轨道面 8 颗卫星,轨道高度 19100 公里,运行周期 11 小时 15 分,轨道倾角 64.8°,如图 4-3 所示。

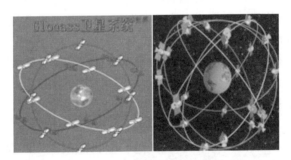

图 4-3 GLONASS 系统卫星分布

2. GLONASS 工作机制

与美国的 GPS 系统不同的是 GLONASS 系统采用频分多址(FDMA)方式,根据载波频率来区分不同卫星(GPS 是码分多址(CDMA),根据调制码来区分卫星)。每颗 GLONASS 卫星发播的两种载波的频率分别为 $L_1=1602+0.5625k$(MHz)和 $L_2=1246+0.4375k$(MHz),其中 $k=1\sim24$ 为每颗卫星的频率编号。所有 GPS 卫星的载波的频率是相同的,均为 $L_1=1575.42$ MHz 和 $L_2=1227.6$ MHz。

GLONASS 卫星的载波上也调制了两种伪随机噪声码:S 码和 P 码。俄罗斯对 GLONASS 系统采用了军民合用、不加密的开放政策。

GLONASS 系统单点定位精度水平方向为 16 m,垂直方向为 25 m。

GLONASS 卫星由质子号运载火箭一箭三星发射入轨,卫星采用三轴稳定体制,整体质量 1400 kg,设计轨道寿命 5 年。所有 GLONASS 卫星均使用精密铯钟作为其频率基准。第一颗 GLONASS 卫星于 1982 年 10 月 12 日发射升空。到目前为止,共发射了 80

余颗GLONASS卫星,仅2000年10月13日就发射了三颗卫星。截至2001年1月10日为止尚有10颗GLONASS卫星仍在运行。

为进一步提高GLONASS系统的定位能力,开拓广阔的民用市场,俄政府计划用4年时间将其更新为GLONASS-M系统。内容有:改进一些地面测控站设施;延长卫星的在轨寿命到8年;实现系统高的定位精度(位置精度提高到10～15 m,定时精度提高到20～30 ns,速度精度达到0.01 m/s)。

另外,俄计划将系统发播频率改为GPS的频率,并得到美罗克威尔公司的技术支援。GLONASS系统的主要用途是导航定位,与GPS系统一样,也可以广泛应用于各种等级和种类的测量应用、GIS应用和时频应用等。

3. GLONASS运行历史与现状

起初,当时的苏联计划用20年时间发射76颗GLONASS卫星。到1995年,俄罗斯只完成24颗中高度圆轨道卫星加1颗备用卫星组网,耗资30多亿美元,此卫星网由俄罗斯国防部控制。GLONASS应用普及情况远不及GPS。前一时期由于经济困难无力补网,加上原来在轨卫星陆续退役,轨道上只有6颗星可用,不能独立组网,只能与GPS联合使用。

全球导航卫星系统是从1982年10月2日开始启动的。1993年9月拥有12颗卫星的这一系统正式运行。2005年该系统卫星集群的卫星从2004年的14颗增加到17颗。随后几年,卫星集群由使用寿命为7年的新一代"全球导航卫星系统-M"型卫星和使用寿命为10年的"全球导航卫星系统-K"型卫星扩充。

在联邦航天项目框架内,到2012年年底俄罗斯全球导航卫星系统将卫星集群的卫星数量增至24颗。

俄联邦太空署信息中心提供的资料显示,GLONASS提供全球、全天候免费服务卫星信号,覆盖全球范围。

同时,从衡量定位精度的几何精度因子(PDOP)快照截图可以看出,世界上大多数国家的PDOP值小于3(黄色标志),表现出良好的能见度和GLONASS星座有利的几何位置精度。数值越小,精度越高。

4. GLONASS用户设备

GLONASS用户端设备为用户接收机。用户通过GLONASS用户接收机同步、追踪4颗及以上卫星,将接收的信号计算出导航者位置坐标值、时间等。实际应用中一般设计为能同时接收GLONASS、GPS卫星信号。用户接收机可以单独使用GLONASS卫星信号定位,也可与GPS组合使用定位。结合GPS与GLONASS,对提升精度或整体性改善程度是一个很好的选择。

四、中国北斗卫星导航系统

1. 中国北斗卫星导航系统概述

中国北斗卫星导航系统是中国自行研制的全球卫星导航系统。北斗卫星导航系统由空间段、地面段和用户段三部分组成,如图4-4所示。

图 4-4　中国北斗导航系统

北斗卫星导航系统可在全球范围内全天候、全天时为各类用户提供高精度、高可靠定位、导航、授时服务,并具短报文通信能力,已经初步具备区域导航、定位和授时能力,定位精度 10 米,测速精度 0.2 米/秒,授时精度 10 纳秒。

2014 年 11 月 23 日,国际海事组织海上安全委员会审议通过了对北斗卫星导航系统给予认可的航行安全通函,这标志着北斗卫星导航系统正式成为全球无线电导航系统的组成部分,取得面向海事应用的国际合法地位。中国的卫星导航系统已获得国际海事组织的认可。

2. 中国北斗卫星导航系统特点

我国的北斗卫星导航定位系统具有五大特点:

(1) 具备定位与通信双重功能,不需要其他通信系统支持,具备的短信通信功能是 GPS 和 GLONASS 所不具备的;

(2) 覆盖范围大,没有通信盲区,不仅可为中国,也可为周边国家和地区服务;

(3) 特别适合于集团用户大范围监控管理和数据采集用户数据传输应用;

(4) 融合北斗导航定位系统和卫星增强系统两大资源,因此也可利用 GPS 使之应用更加丰富;

(5) 自主系统,安全、可靠、稳定,保密性强,适合于关键部门应用。

3. 中国北斗卫星导航系统民用功能

(1) 个人位置服务。当你进入不熟悉的地方时,你可以使用装有北斗卫星导航接收芯片的手机或车载卫星导航装置找到你要走的路线。

(2) 气象应用。北斗导航卫星气象应用的开发,可以促进中国天气分析和数值天气预报、气候变化监测和预测,也可以提高空间天气预警业务水平,提升中国气象防灾减灾的能力。除此之外,北斗导航卫星系统的气象应用对推动北斗导航卫星创新应用和产业拓展也具有重要的影响。

(3) 道路交通管理。卫星导航将有利于减缓交通阻塞,提升道路交通管理水平。通过在车辆上安装卫星导航接收机和数据发射机,车辆的位置信息就能在几秒钟内自动转发到中心站。这些位置信息可用于道路交通管理。

(4) 铁路智能交通。卫星导航将促进传统运输方式实现升级与转型。例如,在铁路运输领域,通过安装卫星导航终端设备,可极大缩短列车行驶间隔时间,降低运输成本,有效提高运输效率。未来,北斗卫星导航系统将提供北斗卫星导航系统高可靠、高精度的定位、测速、授时服务,促进铁路交通的现代化,实现传统调度向智能交通管理的转型。

(5) 海运和水运。海运和水运是全世界最广泛的运输方式之一,也是卫星导航最早应用的领域之一。在世界各大洋和江河湖泊行驶的各类船舶大多都安装了卫星导航终端设备,使海上和水路运输更为高效和安全。北斗卫星导航系统将在任何天气条件下,为水上航行船舶提供导航定位和安全保障。同时,北斗卫星导航系统特有的短报文通信功能将支持各种新型服务的开发。

(6) 航空运输。当飞机在机场跑道着陆时,最基本的要求是确保飞机相互间的安全距离。利用卫星导航精确定位与测速的优势,可实时确定飞机的瞬时位置,有效减小飞机之间的安全距离,甚至在大雾天气情况下,可以实现自动盲降,极大提高飞行安全和机场运营效率。通过将北斗卫星导航系统与其他系统的有效结合,将为航空运输提供更多的安全保障。

(7) 北斗卫星导航系统应急救援。卫星导航已广泛用于沙漠、山区、海洋等人烟稀少地区的搜索救援。在发生地震、洪灾等重大灾害时,救援成功的关键在于及时了解灾情并迅速到达救援地点。北斗卫星导航系统除导航定位外,还具备短报文通信功能,通过卫星导航终端设备可及时报告所处位置和受灾情况,有效缩短救援搜寻时间,提高抢险救灾时效,大大减少人民生命财产损失。

(8) 指导放牧。2014年10月,北斗系统开始在青海省牧区试点建设北斗卫星放牧信息化指导系统,主要依靠牧区放牧智能指导系统管理平台、牧民专用北斗智能终端和牧场数据采集自动站,实现数据信息传输,并通过北斗地面站及北斗星群中转、中继处理,实现草场牧草、牛羊的动态监控。2015年夏季,试点牧区的牧民就能使用专用北斗智能终端设备来指导放牧。

五、欧洲的伽利略卫星导航系统

伽利略卫星导航系统(Galileo Satellite Navigation System),是由欧盟研制和建立的全球卫星导航定位系统,该计划于1999年2月由欧洲委员会公布,欧洲委员会和欧空局共同负责。系统由轨道高度为23616 km的30颗卫星组成,其中27颗工作星,3颗备用星。卫星轨道高度约2.4万公里,位于3个倾角为56°的轨道平面内。

早在冷战时期,美苏两国就展开了军事卫星竞赛。到1990年,全球发射的军事卫星就已超过一百颗。与之相比,属于欧洲的军事卫星少之又少,在科索沃战争中使用的50多颗北约卫星中,属于欧洲的只有一颗。2000年6月初,法国总统希拉克和德国总理施罗德在德国会晤,决定开发一个独立的联合军事卫星系统(以德国的全天候SAR-LUPE卫星系统和法国的太阳神2号红外光学卫星系统为基础)和类似于美国GPS的欧洲全球导航卫星系统,也就是"伽利略"系统,如图4-5所示。

目前全世界使用的导航定位系统主要是美国的GPS系统,欧洲人认为这并不安全。为了建立欧洲自己控制的民用全球卫星导航系统,欧洲人决定实施伽利略计划。伽利略系统的构建计划最早在1999年欧盟委员会的一份报告中提出,经过多方论证后,于2002年3月正式启动。系统建成的最初计划是2008年,但由于技术等问题,系统建成计划延长到了2011年。2010年初,欧盟委员会再次宣布,伽利略系统将推迟到2014年投入

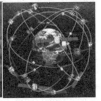

图 4-5　欧洲的伽利略卫星导航系统

运营。

与美国的 GPS 系统相比,伽利略系统更先进,也更可靠。美国 GPS 向别国提供的卫星信号,只能发现地面大约 10 米长的物体,而伽利略的卫星则能发现 1 米长的目标。一位军事专家形象地比喻说,GPS 系统只能找到街道,而伽利略则可找到家门。

伽利略计划对欧盟具有关键意义,它不仅能使人们的生活更加方便,还将为欧盟的工业和商业带来可观的经济效益。更重要的是,欧盟将从此拥有自己的全球卫星导航系统,有助于打破美国 GPS 导航系统的垄断地位,从而在全球高科技竞争浪潮中获取有利位置,并为将来建设欧洲独立防务创造条件。

2014 年 8 月,伽利略全球卫星导航系统第二批的一颗卫星成功发射升空,太空中已有 6 颗正式的伽利略系统卫星,可以组成网络。为初步发挥地面精确定位的功能,2015 年 3 月 30 日,欧洲发射两颗伽利略导航卫星,欲抗衡 GPS。

作为欧盟主导项目,伽利略并没有排斥外国的参与,中国、韩国、日本、阿根廷、澳大利亚、俄罗斯等国也在参与该计划,并向其提供资金和技术支持。伽利略卫星导航系统建成后,将和美国 GPS、俄罗斯 GLONASS、中国 BDS 共同构成全球四大卫星导航系统,为用户提供更加高效和精确的服务。

六、卫星导航定位系统在物流中的应用

1. 卫星导航定位系统的物流功能

(1) 实时监控功能。可在任意时刻通过发出指令查询运输工具所在的地理位置(经度、纬度、速度等信息),并在电子地图上直观地显示出来。

(2) 双向通信功能。物流运输企业的计划调度中心与车辆之间的双向通话通过卫星通信进行。物流运输企业的计划调度中心发出的装货指令通过公共通信线路或专业通信线路传送到卫星控制中心,由卫星控制中心把信号传送给通信卫星,再由通信卫星把信号传送给运输车辆。而运输车辆通过卫星导航定位系统确定车辆所在的准确位置,找到到达目的地的最佳线路,同时通过车载的通信卫星接送天线、通信联络控制装置和输入输出装置,将车辆所在位置和状况等信息通过卫星传回到企业计划调度中心,调度中心就可做出最佳调度。

(3) 动态调度功能。调度人员能在任意时刻通过调度中心发出文字调度指令,并得到确认信息。操作人员通过在途信息的反馈,可提前下达运输任务,进行运输工具待命计划管理,运输工具归队前即可做好待命计划,减少等待时间,加快运输工具周转速度。同时进行运能管理,将运输工具的运能信息、维修记录信息、车辆运行状况登记处、司机人员

信息、运输工具的在途信息等多种信息提供给调度部门决策,以提高重车率,尽量减少空车时间和空车距离,充分利用运输工具的运能。

(4) 数据处理功能。对企业物流信息记录在数据库中,进行查询、分析处理。通过显示运输工具的运行状态,了解运输工具是否需要较大的修理,预先做好修理计划,计算运输工具平均差错时间,动态衡量该型号车辆的性能价格比。

① 通过路线规划及路线优化,事先规划车辆的运行路线、运行区域,何时应该到达什么地方等。

② 通过对物流信息的监控可进行服务质量跟踪,能随时传送并响应客户索取的信息,有该权限的用户能够在异地获取需要的信息。

③ 通过对物流数据的分析处理,可随时显示每台运输工具的工作资料,可以根据各管理部门的不同要求制作各种不同形式的报表,甚至可以支持交互式决策。

2. 卫星导航定位系统在物流领域的应用

(1) 用于汽车自定位、跟踪调度。汽车定位追踪器亦称汽车定位跟踪器,主要是车载防盗 GPS 定位产品。汽车定位追踪器的功能一般包括短信定位、定时定位、网络查询、远程监听和远程锁车等。目前我国车载系统市场尚处于开发启动阶段,据丰田汽车公司的统计和预测,全世界在车辆导航上的投资平均每年增长 60.8%,因此,车辆导航将成为未来全球卫星定位系统应用的主要领域之一。我国已有数十家公司在开发和销售车载导航系统。

(2) 用于铁路运输管理。我国铁路开发的基于卫星导航定位系统的计算机管理信息系统,可以通过 GPS 和计算机网络实时收集全路列车、机车、车辆、集装箱及所运货物的动态信息,可实现列车、货物追踪管理。只要知道货车的车种、车型、车号,就可以立即从近 10 万公里的铁路网上流动着的几十万辆货车中找到该货车,还能得知这辆货车现在何处运行或停在何处,以及所有的车载货物发货信息。铁路部门运用这项技术可大大提高其路网及其运营的透明度,为货主提供更高质量的服务。

在运输管理中使用 GPS 系统,能够做到:①货物能通过最佳路径、最优安排被准确及时送运,或是及时组织货源,灵活配货,做到合理配送,降低运输成本;②对车辆进行实时定位、追踪、选择最佳行车路线,实现对车辆的远程管理,有效避免空载现象,实现了运载能力的最优化;③运输企业或货主能够方便、快速地查询、追踪货物或运输车辆,查询货物在运输过程中的实时情况,获悉车辆的具体位置,了解货物运输的全过程;④GPS 通过移动计算机与中央调度系统相连,可提前将车辆载货情况及交付时间、地点通知下游物流环节,有利于下游环节安排作业,配置资源,提高运营效率,节约物流成本。

(3) 用于军事物流。全球卫星导航定位系统首先是因为军事目的而建立的,在军事物流中,如后勤装备的保障等方面,应用相当普遍。美军在 20 世纪末的地区冲突中依靠 GPS,提供了强有力的、可视化的后勤保障。目前,我国军事部门也在运用卫星导航定位系统。

项目四　物流信息系统典型技术

学习任务二　地理信息系统

● 知识目标

1. 了解GIS的基本含义、特点。
2. 掌握GIS的功能、组成。
3. 掌握GIS在物流管理信息系统中的应用特征。
4. 了解GIS的数据组织和管理、GIS的开发和应用趋势。

● 能力目标

1. 能够熟练应用GIS五项基本功能,即数据输入、数据编辑、数据存储与管理、空间查询与空间分析、可视化表达与输出,为经济建设服务。
2. 能够利用GIS强大的地理数据处理功能和可视化表达方式将物流数据进行有效的搜集、存储、更新、处理、分析,为决策提供可靠的依据。

地理信息系统萌芽于20世纪60年代。1962年,加拿大的Roger F. Tomlinson提出利用数字计算机处理和分析大量的土地利用的地理数据,并建议加拿大土地调查局建立加拿大地理信息系统(CGIS),以实现专题地图的叠加、面积测算、自然资源的管理和规划等。GIS正式产生于20世纪70年代,经过四十多年的发展,如今已成为一门集测绘、计算机、几何学、地理学等为一体的新型交叉学科。

目前,GIS的应用在走向区域化和全球化的同时,已渗透到各行各业,涉及千家万户,成为人们生产、生活、学习和工作中不可缺少的工具和助手。与此同时,GIS也从单机、二维、封闭向网络(包括WebGIS)、多维、开放的方向发展。

根据GIS应用领域的不同,可将GIS分为各类应用系统,例如土地信息系统、城市信息系统、规划信息系统、空间决策支持系统等。

一、GIS概述

1. GIS的定义

地理信息系统(Geographic Information System, GIS)是以地理空间数据为基础,采用地理模型分析方法,提供多种空间和动态的地理信息,为地理研究和地理决策服务的计算机技术系统。地理信息系统是一个能用于进行有效的搜集、存储、更新、处理、分析和显示所有形式地理信息的计算机硬件、软件、地理数据和有关人员(用户)的有机集合,如图4-6所示。

GIS集工具、资源、服务、技术和科学等特性于一体,具有如下特点。

(1) GIS是管理和研究空间数据的新兴技术。GIS以地理空间数据为基础,将多种地理数据以不同层次联系的地图、图形或数据形式表示现实世界模型,具有强大的空间数据管理、地理分析和空间分析的功能。

图 4-6　地理信息系统示意图

（2）GIS 是一组用来采集、存储、查询、变换和显示空间数据的工具的集合。GIS 把各种资源信息和环境参数按空间分布或地理坐标，以一定格式和分类编码采集、存储、编辑、显示、转换、分析、表达及输出地理实体的图形及语义信息。

（3）GIS 是人-机交互管理系统。GIS 是由计算机硬件、软件和不同方法组成的系统，以人-机交互方式解决复杂的地理规划和管理问题，支持用户的应用分析与决策。

（4）GIS 具有空间数据分析处理的独特性能。GIS 的技术优势在于它的空间分析能力。GIS 数据库系统的数据有空间次序，并且提供一个对数据进行操作的操作集合，用来回答对数据库中空间实体的查询。GIS 独特的地理空间分析能力、快速的空间定位搜索和复杂的查询功能、强大的图形处理和表达、空间模拟和空间决策支持等，可产生常规方法难以获得的重要信息，是 GIS 区别于其他信息系统的根本标志。

（5）GIS 运用地理信息科学方法。地理学为 GIS 提供有关空间分析的基本观点和方法，测绘学为 GIS 提供各种定位数据，其理论和算法可直接用于空间数据的变换和处理。

2．GIS 的功能

GIS 具备五项基本功能：数据输入、数据编辑、数据存储与管理、空间查询与空间分析、可视化表达与输出。GIS 显示范围可以从洲际地图到非常详细的街区地图，如物流 GIS 中有客户地理位置和客户基本信息、销售情况、运输线路等内容。

GIS 的基本功能实现如图 4-7 所示。

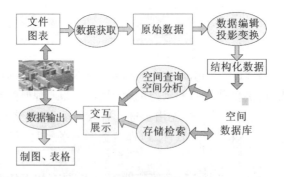

图 4-7　GIS 的基本功能实现图

（1）数据输入。数据输入功能是指将地图数据、遥感数据、统计数据和文字报告等输入转换成计算机可处理的数字形式的各种功能。对多种形式、多种来源的信息，可实现多种方式的数据输入,如图形数据输入、栅格数据输入、GPS测量数据输入、属性数据输入等。用于地理信息系统空间数据采集的主要技术有两类,即使用数字化仪的手扶跟踪数字化技术和使用扫描仪的扫描技术。

(2) 数据编辑与处理。数据编辑主要包括图形编辑和属性编辑。属性编辑主要与数据库管理结合在一起完成,图形编辑主要包括拓扑关系建立、图形编辑、图形修饰、图幅拼接、图形变换、投影变换、误差校正等功能。

(3) 数据的存储与管理。数据的有效组织与管理是GIS系统应用成功与否的关键。主要提供空间与非空间数据的存储、查询检索、修改和更新的能力。矢量数据结构、栅格数据结构、矢栅一体化数据结构是GIS的主要数据结构。数据结构的选择在相当程度上决定了系统所能执行的功能。数据结构确定后,在空间数据的存储与管理中,关键是确定应用系统空间与属性数据库的结构以及空间与属性数据的连接。

(4) 空间查询与分析。空间查询与分析是GIS的核心,是GIS最重要和最具有魅力的功能,也是GIS有别于其他信息系统的本质特征。GIS提供最简单的点击式查询(IDENTIFY)和思维查询,通过各种假设分析来模拟区域空间规律和发展趋势。地理信息系统的空间分析可分为以下三个层次的内容。

①空间检索。空间检索包括从空间位置检索空间对象及其属性、从属性条件检索空间对象。如物流中心规划中查询物流中心50 km内的企业和居民分布情况,总水管附近100 m内有多少房屋。

②空间拓扑叠加分析。通过空间要素(点、线、面或图像)的相交、切割、合并运算,以及特征属性在空间上的连接,实现不同地理层面间的物理叠加,可获取和派生重要的空间决策信息。

③空间模型分析。包括数字地形高程分析、BUFFER分析、网络分析、图像分析、三维模型分析、多要素综合分析及面向专业应用的各种特殊模型分析等。

(5) 可视化表达与输出。GIS的操作结果可通过可视化的地图、影像、多媒体方式加以直观表达,通常以人-机交互方式来选择显示的对象与形式。对于图形数据,可以根据客户的需要输出全要素地图、各种专题图、统计图以及图片和数据等,还可根据要素的信息密集程度,可选择放大或缩小显示。

GIS除上述五大功能外,还有用户接口模块,用于接收用户的指令、程序或数据,是用户和系统交互的工具,主要包括用户接口、程序接口与数据接口。由于地理信息系统功能复杂,且用户又往往为非计算机专业人员,用户接口是地理信息系统应用的重要组成部分,使地理信息系统成为人-机交互的开放式系统。

二、GIS的组成

GIS的应用系统由五个主要部分构成,即硬件、软件、数据、人员和方法。

1. 硬件

硬件是指操作GIS所需的一切计算机资源。目前的GIS软件可以在很多类型的硬件上运行,从中央计算机服务器到桌面计算机,从单机到网络环境。一个典型的GIS硬件系统除计算机外,还包括数字化仪、扫描仪、绘图仪、磁带机等外部设备。根据硬件配置规模的不同,可分为简单型、基本型、网络型。

2. 软件

软件是指 GIS 运行所必需的各种程序。主要包括计算机系统软件和地理信息系统软件两部分。地理信息系统软件提供存储、分析和显示地理信息的功能和工具。主要的软件部件有:输入和处理地理信息的工具,数据库管理系统工具,支持地理查询、分析和可视化显示的工具,容易使用这些工具的图形用户接口(GUI)。

3. 数据

数据是一个 GIS 应用系统的最基础的组成部分。一个 GIS 应用系统必须建立在准确合理的地理数据基础上。数据来源包括室内数字化和野外采集,以及从其他数据的转换。数据包括空间数据和属性数据,空间数据的表达可以采用栅格和矢量两种形式。空间数据表现了地理空间实体的位置、大小、形状、方向以及几何拓扑关系。

4. 人员

人是地理信息系统中重要的构成要素,GIS 不同于一幅地图,它是一个动态的地理模型,仅有系统软硬件和数据还不能构成完整的地理信息系统,需要人来进行系统组织、管理、维护和数据更新、系统扩充完善以及应用程序开发,并采用空间分析模型提取多种信息。因此,GIS 应用的关键是掌握用 GIS 来解决现实问题的人员素质。这些人员既包括从事设计、开发和维护 GIS 系统的技术专家,也包括那些使用该系统并解决专业领域任务的领域专家。一个 GIS 系统的运行应有项目负责人、信息技术专家、应用专业领域技术专家、若干程序员和操作员组成。

5. 方法

方法主要是指空间信息的综合分析方法,即常说的应用模型。它是在对专业领域的具体对象与过程进行大量研究的基础上总结出的规律的表达。GIS 应用就是利用这些模型对大量空间数据进行分析和综合来解决实际问题,如基于 GIS 的土地利用评价模型、生态环境评价模型等。

三、GIS 技术的应用

地理信息系统在最近的 30 多年里取得了惊人的发展,它被广泛应用于资料调查、环境评估、灾害预测、国土管理、城市规划、邮电通信、交通运输、军事、公安、水利电力、公共设施管理、农林牧业、统计、商业金融等许多领域。

1. GIS 在物流管理信息系统中的应用

GIS 应用于物流管理信息系统,可通过客户邮编和详细地址字符串,自动确定客户的地理位置(经纬度)和客户所在的中心站和分站。通过基于 GIS 查询、地图表达的辅助决策,实现对物流配送、投递路线的合理调度和安排客户投递排序。用地图符号在地图上表示客户的地理位置,不同类型的客户(如 A、B、C 类客户等)采用不同的标志。通过 GIS,能点击地图上的客户符号,显示客户的属性信息(如位置等)。通过业务系统调用 GIS,以图形的方式显示业务系统的各种相关操作结果的数据信息。

GIS 应用的另一个重要领域是客户端应用。它能够实现可视化功能,如地图或图表显示,还可实现查询和分析功能。例如,当用户运行一个查询操作时,客户端应利用 SQL 将其写入,并传递给数据库以执行查询过程。数据库将查询结果发送回客户端,客户端还可以执行分析功能,如计算两点之间的距离等。

物流地理信息系统主要应用包括以下几个功能:客户地址定位、机构区域划分、站点选址、投递排序和投递路线编辑。其中客户地址定位和机构区域划分为系统核心功能实现模块。地理信息系统的数据形式分为地图数据和非空间数据两种。地图数据的分层和非空间数据表的结构由开发人员根据实际需要确定。

(1) 客户地址定位。地址定位就是由一个地理点的地址字符串确定其他地理位置,包括自动定位、交互定位两类。

① 自动定位。自动定位由业务系统调用,通过业务系统传来的业务点的地址字符串确定其地理位置,并传回"业务系统"。地理信息系统通过接口由业务系统提供的客户邮编和详细地址字符串,自动确定客户的地理位置(经纬度)和客户所在的区站、分站和投递段,再通过接口将定位结果传回业务系统。自动定位主要用于用户(调度)非实时地处理大量客户的地址。自动的结果是获得客户的地理位置(经纬度)和客户所在的区站、分站和投递段。

② 交互定位。交互定位是指通过地理信息系统交互,在地图漫游查找,直到确定地理位置(经纬度)为止。首先由业务系统调用此功能,用户先在业务系统录入界面上点击按键,启动交互定位地图界面,找到地址后,再通过接口将定位结果传回业务系统录入界面。用户输入由客户提供的粗略地址,通过地理信息系统交互,在地图上漫游查找,直到确定客户准确的地理位置(经纬度)和客户所在的区站、分站和投递段后,再通过接口将定位结果传回业务系统。

(2) 机构区域划分。用户基于综合评估模型和地理信息系统的查询、地图表达,实现对机构区域编辑。先在地图上对要编辑的区域进行临时编辑,然后提交由综合评估模型给出编辑后的区域评估值,并可对编辑后的区域进行查询和地图的表达,判断编辑结果是否满意,若不满意则运行临时编辑,若满意(正确)则正式提交为编辑方案存档。当业务需要进行编辑时,则从编辑方案存档中选择一种方案执行。当编辑区域时,首先需要对其下属的分站进行编辑,先执行编辑投递段,再编辑分站,最后执行编辑区站。

(3) 站点选址。由用户基于分站综合评估模型和地理信息系统的查询、地图表达,实现对机构的站点选址。先在地图上标出要选择的几个分站站点候选方案,然后提交由综合评估模型给出各分站站点评估值,并可对站点选址后的分站进行查询和地图表达。选择最优的站址正式提交为站点选址方案,并存档生效。

(4) 投递排序和路线编辑。通过地理信息系统的地图表达,实现对送货投递路线的合理编辑(如创建、删除、修改)和安排客户投递顺序。

2. GIS 和 GPS 及 GSM 的结合应用

GIS 与 GPS 的结合,可以直接用 GPS 方法采集数据来对 GIS 作实时数据更新,这是最为实用、简便、低廉的集成方法。也可以利用 GIS 中的电子地图和 GPS 接收机的实时差分定位技术,组成"GPS+GIS"的各种电子导航系统,用于交通、公安侦破、车船自动驾驶。GIS 与 GPS 的集成模式有如下几种。

（1）GPS单机定位加栅格式电子地图模式。该集成系统可以实时地显示移动物体（如车、船、飞机）所在位置，从而辅助导航。其优点是价格便宜，不需要实时通信，缺点是精度不高，自动化程度也不高。

（2）GPS单机定位加矢量电子地图模式。该集成系统可根据目标位置（工作时输入）和车船现在位置（由GPS测定）自动计算和显示最佳路径，引导驾驶员最快地到达目的地，并可用多媒体方式向驾驶员提示，但矢量地图（交通图）数据库建设需要较大成本的投入。GPS测定误差可设法加以补偿和改正。

（3）GPS差分定位＋矢量/栅格电子地图。该集成系统通过固定站与移动车船之间两台GPS的伪距差分技术，可使定位精度达到1～3 m。此时需要通信联系，可以是单向的，也可以是双向的。即：GIS系统可以放在固定站上，构成车、船现状监视系统，也可以放在车、船上构成自动导航系统。若双方均有GIS和通信系统，则可构成交通指挥、导航、监测网络。

全球移动通信系统（Global System for Mobile Communications，GSM，俗称"全球通"）提供多种电信服务，包括语音、电文、图像、传真、计算机文件、消息等。GPS＋GSM＋GIS系统是将全球定位系统与移动通信网相结合，通过建立和应用GSM短信息中心为GPS系统建立通信链路和数据信息传输系统的技术系统。即借助于覆盖全国的移动通信网，使调度中心能及时与移动的车辆建立联系；同时借助于定位系统，使调度中心能随时监控车辆或货物的位置，保证整个运输活动的正常运转。GPS＋GSM＋GIS具有以下特征：

① GPS、GSM、GIS和计算机网络通信技术，构成通信与定位相结合的指挥调度、监控报警的强大管理网；

② 全国、全球性GSM网的建立，企业无须花费太多即可建立通信网络，从而在GSM网覆盖区内实现对移动目标的实时精密定位及监控；

③ 在GSM/GPRS短消息服务的许可下，可容纳极大数量（容量）移动用户、监控目标；

④ 速度快，不掉线，费用低；

⑤ 设备体积小，操作简单，安全性好，不易破坏。

利用GSM移动电话网作为通信媒介，利用GPS定位技术及计算机技术等手段，运用矢量化地理信息电子地图软件平台，实现对车辆的位置监视、报警求助、信息服务、防盗报警、部分遥控操作及车辆工作状态监测等功能。在物流作业中，根据传送数据的优先程度，可以选用不同的方式：传送普通监控数据和调度信息时，采用GSM的短信息通道；传送报警数据时，则无条件地从语音通道走。既保证重要数据的实时传送，又节约运营费用。

3. GIS技术在物流中的应用

GIS技术在物流中的应用，主要是指利用GIS强大的地理数据处理功能和可视化表达方式来完善物流数据处理技术。如通过客户邮编和详细地址字符串，以直观、方便、互动的可视化方式自动确定客户的地理位置（经纬度），实现数据信息的快速查询、计算、分析和辅助决策。

以物流运输管理为例，GIS可以实现如下功能。

（1）企业可根据地理地图信息，结合自身实际，划分为若干个责任管辖区域；各区域的地图地理信息中具有地理坐标，可最终确定新客户的地理位置定位或者修改老客户的地理位置，达到客户定位的目的，便于企业基于属性数据和图形数据的结合对分区进行科学、规范的管理。

（2）可以根据具体管理的要求建立某个具体区域的电子地图，准确地反映出街道、道路等情况，从而使企业能精确地确定配送点和客户的位置。

（3）企业可根据服务特点和客户要求，划分工作组，明确责任范围，并根据客户分布和实际的需求量分布合理安排运送路线和配送顺序，优化车辆与人员的调度，最大限度地利用人力、物力资源。

（4）不同的客户对产品的需求、等待服务的时间点和时间段各不相同，企业可以较某一标准区分需求优先级，对不同的客户分配不同的优先级，使客户满意程度最大化。

（5）对已经按地理位置分区的多个工作组，可根据具体情况，动态地分配其服务区，特别是交叉地段，从而协调各组的工作量和服务质量。

（6）对客户而言，客户端应用能够实现可视化功能，如地图或图表显示，还可实现查询和分析功能。

与GSM低速和按时间计费相比，通用无线分组业务（Gerneral Packer Radio Service，GPRS）具有接入迅速、永远在线、按流量计费等特点，在远程突发性数据实时传输中有不可比拟的优势，特别适合于频发小数据量的实时传输，因而GPRS在物流中会得到更广泛的应用。

学习任务三　遥感及无线定位技术

● 知识目标

1. 掌握遥感（Remote Sensing，RS）概念、特点和不同的类型。
2. 掌握遥感信息的获取、传输、处理以及分析判读和应用全过程的技术系统。
3. 掌握无线定位技术的不同类别及定位原理。
4. 熟悉LBS技术在不同领域的应用。

● 能力目标

1. 能够在当今信息多变时代，利用遥感多时相、周期短的特点，可以迅速为环境监测、评价和预报提供可靠依据。
2. 能够应用遥感技术探测危险品，提取这些物体的信息，完成远距离识别物体。
3. 能够应用遥感技术发现病虫害、洪水、污染、火山爆发和地震等自然灾害发生的前兆，为灾情的预报和抗灾救灾工作提供可靠的科学依据和资料。

一、RS 概述

1. RS 的概念

遥感（Remote Sensing，RS）顾名思义就是从遥远处感知。地球上的每一个物体都在不停地吸收、发射和反射信息和能量，其中的一种形式即电磁波早已被人们所认识和利用。人们发现不同物体的电磁波特性是不同的，遥感就是根据这个原理来探测地表物体对电磁波的反射及其发射的电磁波，从而提取这些物体的信息，完成远距离识别物体。因此，遥感可定义为：不直接接触物体本身，从远处通过仪器（传感器）探测和接收来自目标物体的信息（如电场、磁场、电磁波、振动波等信息），经过信息的传输及其处理分析，识别物体的属性及其分布等特征的技术。

2. RS 的特点

遥感经过几十年时间，迅速发展成为一种应用范围极广的综合性的探测技术，其根本原因在于它所提供的信息大大扩展了人们的视野范围和感知能力。具体来讲，遥感有如下主要特点。

（1）感测范围广，具有综合性、宏观性。遥感从飞机上或人造地球卫星上，居高临下获取的航空相片或卫星图像，比在地面上观察视域范围大得多，又不受地形地物阻隔的影响，景观一览无余，为人们研究地面各种自然、社会现象及其分布规律提供了便利的条件。例如，航空相片可提供不同比例尺的地面连续景观实况，并进行立体观测。图像清晰逼真，信息丰富。一张比例尺 1：35000 的 23 cm×23 cm 的航空相片，可展示出地面 60 余平方公里范围的地面景观实况，并且可将连续的相片镶嵌成更大区域的相片图，以便总观全区进行分析和研究。卫星图像的感测范围更大，一幅陆地卫星 TM 图像可反映出 34225 平方公里（即 185 km×185 km）的景观实况。我国全境仅需 500 余张这种图像，就可拼接成全国卫星影像图。因此，遥感技术为宏观研究各种现象及其相互关系，诸如区域地质构造和全球环境等问题，提供了有利条件。

（2）信息量大，手段多，技术先进。遥感是现代科技的产物，它不仅能获得地物可见光波段的信息，而且可以获得紫外、红外、微波等波段的信息；不但能用摄影方式获得信息，而且还可以用扫描方式获得信息。遥感所获得的信息量远远超过了用常规传统方法所获得的信息量。这无疑扩大了人们的观测范围和感知领域，加深了对事物和现象的认识。例如，微波具有穿透云层、冰层和植被的能力，红外线则能探测地表温度的变化等。因而遥感使人们对地球的监测和对地物的观测达到多方位和全天候。

（3）获取信息快，更新周期短，具有动态监测特点。遥感通常为瞬时成像，可获得同一瞬间大面积区域的景观实况，现实性好。由于卫星围绕地球运转，从而能及时获取所经地区的各种自然现象的最新资料，以便更新原有资料，或将不同时相取得的资料及相片进行对比、分析，研究地物动态变化的情况，为环境监测以及研究分析地物发展演化规律提供了基础，这是人工实地测量和航空摄影测量所无法比拟的。例如，陆地卫星每 16 天即可对全球陆地表面成像一遍，气象卫星甚至可每天覆盖地球一遍。因此，可及时地发现病虫害、洪水、污染、火山爆发和地震等自然灾害发生的前兆，为灾情的预报和抗灾救灾工作提供可靠的科学依据和资料。

（4）获取信息受条件限制少。在地球上有很多地方，自然条件极为恶劣，人类难以涉足，如沙漠、沼泽、高山峻岭等。采用不受地面条件限制的遥感技术，特别是航天遥感可方便及时地获取各种宝贵资料。

3. RS 的分类

根据不同的分类标准，RS 可以分成不同的类型。

（1）按遥感平台的高度分类，大体上可分为航天遥感、航空遥感和地面遥感。

①航天遥感又称太空遥感（Space Remote Sensing），泛指利用各种太空飞行器为平台的遥感技术系统，以人造地球卫星为主体，包括载人飞船、航天飞机和太空站，有时也把各种行星探测器包括在内。

②卫星遥感（Satellite Remote Sensing）是航天遥感的组成部分，以人造地球卫星作为遥感平台，主要利用卫星对地球和低层大气进行光学和电子观测。航空遥感是泛指从飞机、飞艇、气球等空中平台对地观测的遥感技术系统。

③地面遥感主要是指以高塔、车、船为平台的遥感技术系统，地物波谱仪或传感器安装在这些地面平台上，可进行各种地物波谱测量。

（2）按所利用的电磁波的光谱段分类，可分为：可见光反射红外遥感、热红外遥感、微波遥感。

①可见光反射红外遥感主要是指利用可见光（0.4～0.7 微米）和近红外（0.7～2.5 微米）波段的遥感技术统称，前者是人眼可见的波段，后者即是反射红外波段，人眼虽不能直接看见，但其信息能被特殊遥感器所接收。它们的共同的特点是，其辐射源是太阳，在这两个波段上只反映地物对太阳辐射的反射，根据地物反射率的差异，就可以获得有关目标物的信息，它们都可以用摄影方式和扫描方式成像。

②热红外遥感是指通过红外敏感元件探测物体的热辐射能量，显示目标的辐射温度或热场图像的遥感技术的统称，测量波段范围为 8～14 微米。地物在常温（约 300K）下热辐射的绝大部分能量位于此波段，在此波段地物的热辐射能量大于太阳的反射能量。热红外遥感具有昼夜工作的能力。

③微波遥感是指利用波长 1～1 000 毫米电磁波遥感的统称。通过接收地面物体发射的微波辐射能量，或接收遥感仪器本身发出的电磁波束的回波信号，对物体进行探测、识别和分析。微波遥感的特点是对云层、地表植被、松散沙层和干燥冰雪具有一定的穿透能力，能夜以继日地全天候工作。

（3）按研究对象分类，可分为资源遥感与环境遥感两大类。

①资源遥感是以地球资源作为调查研究对象的遥感方法。调查自然资源状况和监测再生资源的动态变化，是遥感技术应用的主要领域之一。利用遥感信息勘测地球资源，成本低、速度快，有利于克服自然界恶劣环境的限制，减少勘测投资的盲目性。

②环境遥感是利用各种遥感技术，对自然和社会环境的动态变化进行监测或做出评价与预报的统称。由于人口的增长与资源的开发、利用，自然和社会环境随时都在发生变化，利用遥感多时相、周期短的特点，可以迅速为环境监测、评价和预报提供可靠依据。

（4）按应用空间尺度分类，可分为全球遥感、区域遥感和城市遥感。

①全球遥感是全面系统地研究全球性资源与环境问题的遥感的统称。

②区域遥感是以区域资源开发和环境保护为目的的遥感信息工程,它通常按行政区域(全国、省区等)和自然区域(如流域)或经济区域进行。

③城市遥感是以城市环境、生态作为主要调查研究对象的遥感工程。

(5) 按照感测目标的能源作用分类,可分为主动式遥感技术和被动式遥感技术。

①主动式遥感技术是指传感器带有能发射信号(电磁波)的辐射源,工作时向目标物发射,同时接收目标物反射或散射回来的电磁波,以此所进行的探测技术。如雷达和激光雷达的测量方法就属于主动遥感技术。

②被动式遥感技术是利用传感器直接接收来自地物反射自然辐射源(如太阳)的电磁辐射或自身发出的电磁辐射而进行的探测技术。如获得可见光、近红外(NIR)和热红外(TIR)能量图像的传统航空摄影技术和卫星遥感技术等,均属于被动遥感技术。

二、RS过程及技术系统

1. RS过程

遥感过程是指遥感信息的获取、传输、处理以及分析判读和应用的全过程,如图4-8所示。它包括遥感信息源(或地物)的物理性质、分布及其运动状态,环境背景及电磁波光谱特性,大气的干扰和大气窗口,传感器的分辨能力、性能和信噪比,图像处理及识别,以及人们的视觉生理和心理及其专业素质等。因此,遥感过程不但涉及遥感本身的技术过程以及地物景观和现象的自然发展演变过程,还涉及人们的认识过程。

图4-8 遥感过程图

2. RS技术系统

遥感过程实施的技术保证依赖于遥感技术系统。遥感技术系统是一个从地面到空中直至空间,从信息收集、存储、传输处理到分析判读、应用的完整技术体系。它主要包括以下四部分。

(1) 遥感试验。其主要工作是对地物电磁辐射特性(光谱特性)以及信息的获取、传输及其处理分析等技术手段的试验研究。遥感试验是整个遥感技术系统的基础,遥感探测前需要遥感试验提供地物的光谱特性,以便选择传感器的类型和工作波段,在遥感探测中以及处理时,又需要遥感试验提供各种校正所需的有关信息和数据。遥感试验也可为判读、应用提供基础。遥感试验在整个遥感过程中起着承上启下的重要作用。

(2) 遥感信息获取。遥感信息获取是遥感技术系统的中心工作。遥感工作平台以及传感器是确保遥感信息获取的物质保证。

遥感工作平台是指装载传感器进行遥感探测的运载工具,如飞机、人造地球卫星、宇宙飞船等。按其飞行高度的不同可分为近地(面)工作平台、航空平台和航天平台。这三种平台各有不同的特点和用途,根据需要可单独使用,也可配合使用,组成多层次立体观测系统。

项目四　物流信息系统典型技术

传感器是指收集和记录地物电磁辐射（反射或发射）能量信息的装置，如航空摄影机（航摄仪）、全景摄影机、多光谱摄影机、多光谱扫描仪等。它是信息获取的核心部件，在遥感平台上装载传感器，按照确定的飞行路线飞行或运转并进行探测，即可获得所需的遥感信息。

（3）遥感信息处理。遥感信息处理是指通过各种技术手段对遥感探测所获得的信息进行的各种处理。例如，为了消除探测中的各种干扰和影响，使其信息更准确可靠而进行的各种校正（辐射校正、几何校正等）处理；为了使所获遥感图像更清晰，以便于识别和判读，提取信息而进行的各种增强处理等。为了确保遥感信息应用时的质量和精度，充分发挥遥感信息的应用潜力，遥感信息处理是必不可少的。

（4）遥感信息应用。遥感信息应用是遥感的最终目的。遥感应用则应根据专业目标的需要，选择适宜的遥感信息及工作方法进行，以取得较好的社会效益和经济效益。

三、无线定位技术 LBS

移动电话的普及，已经对人们的日常生活产生了革命性的影响。无论是移动电话还是掌上电脑，作为移动终端，它们的便携性使得人们可以在任意时间任意地点以网上冲浪、娱乐、查询等各种方式获取所需要的服务。GPS 技术的发展，移动服务基站的建设，加上强劲的用户需求催生了新的服务——基于位置的服务（Location-Based Service，LBS）。

LBS 融合了当前诸多的信息技术，可以及时为用户提供方便的位置信息。LBS 在人们生活中扮演着重要的角色。在物流运输中，物流车辆、货物、驾驶员、配送员等位置在运输过程中时刻发生着变化，无论是为了制订合理的物流运输计划或对计划作出调整，调度人员都需要掌握物流车辆的实时信息。物流活动过程中无论是委托方还是最终货物使用者，为了了解货物运输进度和对物流作业进行监督，都需要了解物流活动的及时信息。

1. LBS 的定义

基于位置的服务（Location-Based Services，LBS）指的是任何通过因特网或者无线网络向终端用户提供空间信息的服务。只要是基于位置的信息服务，均属于位置的服务。基于位置的服务中，有些业务可能与用户本身的位置无关，例如公交汽车的报站系统，固定地点的天气等。但在移动通信网中，应用最多的是与终端持有者位置紧密相关的业务，诸如汽车的导航系统、手机地图服务等。

2. LBS 的结构

一个完整的 LBS 由定位系统、移动服务中心、通信网络、移动智能终端四部分组成，如图 4-9 所示。

定位系统由全球卫星定位系统和基站定位系统两个部分组成。服务中心通过与移动智能终端和不同分中心的网络连接，完成对信息的分类、存储和转发并对整个网络业务进行监控，是 LBS 的核心部分。通信网络是连接用户和服务中心的媒介，要求可以实时准确地进行信息传递，通常可选 GSM、CDMA、GPRS 和 CDPDD 等手段，有时甚至可以接入 Internet 进行数据的传输与下载。作为用户唯一接触的部分，LBS 用户终端对设备的图

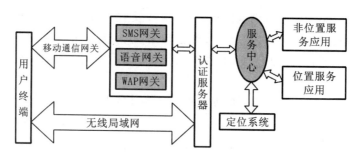

图 4-9 LBS 的结构示意图

形显示、通信能力及输入方式的要求比较高,因此部分智能手机和掌上电脑会成为较理想的移动终端设备。

四、LBS 中的定位技术

LBS 通过移动终端和无线网络的协调确定用户位置的相关信息。LBS 定位的过程大致包括测量和计算两个方面。根据测量和计算的实体不同,定位技术可以分为基于网络的定位技术和基于移动终端的定位技术。

1. 基于网络的定位技术

基于网络的定位技术位置解算主要由网络实现。使用的定位技术主要有起源蜂窝小区(Cell of Origin,COO)、到达时间(Time of Arrival,TOA)、到达时间差分(Time Difference of Arrival,TDOA)、增强观测时间差分(Enhanced Observed Time Difference,E-OTD)等。

COO 技术是最简单的一种定位技术。该技术根据移动台所处的蜂窝小区编号(Cell-ID)确定用户位置。与其他技术相比,COO 技术的投资较少,定位精度也低。

TOA 技术通过测量移动终端信号到达多个基站的传播时间来确定移动用户的位置。TOA 技术依赖于基站的地理位置,容易受到所处环境的影响,同时 TOA 技术要求基站准确的参考时间,需要对网络进行时间同步,因此定位精度并不理想。与 COO 相比,TOA 对技术投入的要求更高,投入成本也更大。

TDOA 克服了对到达绝对时间的要求(即时间同步),通过测量信号到达两个基站的时间差进行定位,通过三个不同的基站可以测得两个不同的 TDOA,用户位置即在两个 TDOA 决定的双曲线的交点上。

TDOA 方法的测量误差主要是由于功率控制的影响,使得离基站近的终端发射的功率小,造成其他基站接收的功率更小,导致测量出现误差。

E-OTD 方法是通过在分布较广的区域的许多站点上放置参考点来实现的,这些具有精确定时源的参考点作为位置测量单元(Location Measurement Unit,LMU)以覆盖无线网络。当具有 E-OTD 功能的手机和位置测量单元接收到来自至少三个基站的信号时,从每个基站到达手机和位置测量单元的时间差将被计算出来,通过这些差值产生的交叉双曲线,估计出手机的位置。E-OTD 提供的定位服务精度较高,但由于该技术的响应速度慢,需要对手机软件进行改进,并增加位置测量单元,从而限制了 E-OTD 技术的发展。

2. 基于移动终端的定位技术

这种定位系统中,用户通过接收机接收空中卫星导航信号,并通过接收机内置的位置解算软件实现定位解算,这个过程主要在移动终端实现,不需要网络的作用。该定位方案特别适合导航应用,最常用的是辅助 GPS 定位技术。

GPS 定位技术具有较高的可靠性和定位精度,可以满足对精度要求较高的用户的需求。但 GPS 技术也有其固有的一些缺点,比如传统 GPS 接收机由于获取导航电文需要较长的时间,从开机到初始定位的启动时间较长;在室内或者市区不能探测到卫星信号;长时间的信号搜索和获取而造成的高耗电量等。这些缺点大大限制了 GPS 技术在 LBS 业务中的应用,但 A-GPS(Assisted Global Positioning Systems)技术可以大大改善传统 GPS 技术的这些不足。

A-GPS 手机首先通过网络向位置服务器传输自身的基站地址,位置服务器再根据这个大概位置向手机传输与该位置相关的 GPS 辅助信息,如包含 GPS 的星历和方位俯仰角等。接下来,手机的 A-GPS 模块根据辅助信息接收 GPS 原始信号,这个过程可以加快手机的启动过程;手机在接收到 GPS 原始信号后解调信号,计算手机与卫星之间的伪距,并利用网络将有关信息传递至位置服务器;位置服务器对 GPS 信息进行处理,估算该手机的位置,并将该手机的位置通过网络传输到定位网关或应用平台。

在辅助 GPS 定位过程中,可以将传统 GPS 接收机的大部分功能移植到网络处理器,而只需要给手机增加一个天线和射频部分及数字信号处理器,用来产生码序列并完成与接收到的 GPS 信号的相关运算。也可以为手机内置一个功能很全的 GPS 接收机,直接通过手机计算星座和手机自己的位置。

辅助 GPS 和通用的基于网络的定位技术相结合将是 LBS 系统中定位技术的主流。一方面,网络定位技术弥补了 GPS 可用性的不足,在 GPS 信号微弱的地方,比如说室内或者市区,基于网络定位成为主要手段;另一方面,在移动通信网络中引进 GPS 参考网络,可以保证基站之间精确的时间同步,从而提高网络定位的精度。

3. 手机定位技术

曾经,我们从电影电视里面看到主角被后面的一个黑衣人跟踪。而现在,这个黑衣人下岗了。因为我们发明了更加先进、更加简便的方式来追踪一个人(如果我们想这么做的话)。

运用 GPS 技术和遥感技术能够很轻易地进行个人定位追踪。举一个例子说明。A 如果想了解 B 的行踪。A 只需要在 B 的身上安置一个微型 GPS 接收机,再配以相应的软件,然后就可以通过手机或者电脑查看 B 身在何方。而对这一切,B 一无所知。虽然采用的是微型接收机,其定位精度也可达到大约 10 米。也就是说 B 在哪一间房间都可以确定。或者更加简单,A 可以在 B 的手机上植入一个小软件,利用现在智能手机自带的 GPS 接收芯片确定 B 位置的同时还可以利用手机的通信芯片传递位置信息。

而事实上,使用智能手机的用户都可以体会到,现在有许许多多的软件,哪怕是一个词典,一个手电筒软件,都在向你申请位置信息。我们不知道这些软件为什么要获取我们的位置,甚至我们无法理解他们有什么理由要获得我们的位置。目前,比较成熟的手机定位方式有以下几种。

(1) 角度定位(Angie of Arrival, AOA)

AOA 系统通过测量手机信号到达至少两个基站的不同角度来确定信号的发射位置。因此,这种定位也被称为方向定位。这种方法要求至少两个基站接收到手机的信号,应用多个基站接收到的信号参与定位将有助于减少误差。为了确定信号方面,需要在基站天线上面加装定向天线,这将带来巨额的成本,因此在实践中很少被采用。

(2) 时距定位(Time of Arrival, TOA)

TOA 系统基于手机到基站的距离定位。这个距离由手机信号在空中传输的时间唯一确定,其定位原理和 GPS 定位相似,只不过后者是在三维空间定位。在平面上,两个基站可以确定两点,而三个基站则可以确定唯一一点。这种定位方式的误差主要来源于基站时钟和手机时钟的不同步,1 μs 的误差可以导致约 300 m 的定位误差。

(3) 时差定位(Time Difference of Arrival, TDOA)

TDOA 系统利用三边测量原理定位。与 TOA 直接利用绝对时间不同,TDOA 测量手机信号到达两个不同基站的时差,将手机定位在一条到两个基站距离差恒定的双曲线上。两组这样的基站就可以唯一确定手机的位置。这个系统克服了手机时钟和基站时钟不同步所带来的误差,其误差主要来自于对基站地理位置测量的误差。

(4) GPS 辅助定位(Assisted GPS)

随着 GPS 技术的发展,GPS 接收机的尺寸越来越小,精度逐渐提高,从而使得在手机上集成 GPS 定位系统成为可能。系统在城市中建立一些基站,发现并检测 GPS 定位所需的可见卫星,进行时钟纠正,多普勒效应修正,剔除噪声伪码相位,帮助手机上的 GPS 仪快速捕捉卫星信号,并将定位信息发送到附近基站上。

(5) 小区和交接区定位

近来由以色列 Estimotion 公司开发的手机定位技术采取在手机基站和呼叫中心之间加装采集卡(Probe Card),提取手机的服务小区和交接区位置信息的做法进一步降低了定位成本。这种定位方法在城区的误差为 500 m 左右,需要配合地理信息和车辆历史轨迹分析等定位技术进一步确定位置,因此,被称为模糊定位。但是,在较好的定位算法配合下,这种定位能够得到很好的车辆轨迹,并且这种方法不占用无线通信带宽,且可以根据需要确定采样,目前发展很快。

使用遥感技术来追踪一个人的话,技术水平还无法达到,目前卫星影像最高精度是每像素代表地面 0.6 m×0.6 m 的地方,这样人在卫星影像上基本无法辨认。但是大规模的行动则完全暴露在全世界的监视之下。以前说天知地知,你知我知。而事实上,只要天知(露天),你就有可能被航拍。过去几年摄影技术的进步让我们完全有理由相信在不久的将来卫星影像的分辨率会成百上千倍地提高。看看手机、照相机的变化就知道,从几万像素到现在的 4100 万像素只用了约十年时间。不久的将来,所有露天的场地都将有一只天眼时刻记录着我们所做的一切。

五、RS 及 LBS 的应用

未来定位技术的发展包含两方面,首先毫无疑问的是现有技术的提升。比如 GPS 定位精度、遥感的精度提高。而且现在智能手机、智能电脑,以及目前非常火热的智能穿戴设备,这一切会使我们的生活更加"智能化",更加信息化,同时也使得我们日益"透明化"。

通过确定移动设备的位置,并提供各种与位置有关的服务,移动通信技术和地理信息系统(Geographic Information System,GIS)的同步发展促成了各种移动定位服务应用的快速发展。LBS业务具有极其广泛的用途,作为定位业务最终消费者的移动用户,依据定位业务的不同用途而归于不同的用户群体,可以是行业用户,也可以是个人用户。用户可以通过手机、PDA或可携式导航机(PND)等各种终端设备享受到各种便捷的位置应用服务。

1. 物流配送

货物配送过程是实物的空间位置转移过程,为了充分利用现有资源,在降低消耗的同时提高经营效益,物流企业需要对物流活动中的仓储、装卸、运输、配送等环节涉及的诸如路线选择、车辆调度、车辆监管等各种活动进行有效的管理。

在物流配送过程中,LBS业务很好地集成了空间信息技术与移动通信技术,可以提供精确的空间定位、路线规划以及车辆监控等各种方便的位置服务;可以在达成配送要求的同时更有效率地进行资源利用。

2. 便捷服务

随着人类社会的发展,人们的活动范围越来越大,人们的行踪越来越难确定,这也增加了人们出行的安全隐患,尤其对老年人和小孩,安全问题显得尤为重要。在这种情形下,LBS业务所提供的紧急救援服务可以很好地解决这种由于位置不确定性而造成的安全忧虑。

对商务人员而言,可以在一个陌生的地方确定自己的位置,以及该位置指定范围内的餐馆、宾馆等各种有价值的信息。在商业应用中,LBS业务也同样发挥着重要的作用,LBS定位平台可以在用户许可的情况下,根据移动用户所处的位置发送附近商业企业的广告及各种有价值的服务信息。也可以根据互联网提供的信息,选出用户所在地的相关信息供用户查询。

3. 公安应用

LBS业务在指挥交通、预防和打击犯罪以及维护社会治安方面具有重要的作用。通过将跟踪定位、报警、监控、指挥协调融为一体,形成系统化、动态化的通信指挥系统以提高公安部门快速反应和协同作战的能力,提高公安部门的战斗力。

公安干警将相关位置信息标注在地图上,手持终端可以通过计算选择最优路径并显示出来。控制中心可以将报警信息发送到干警的车载设备上,方便干警直观地了解事发地点的信息,可以有效提高出警效率。在突发情况下,干警也可以通过手持终端快速查询、了解周围警力信息,并与其他干警进行快速有效的信息沟通。

4. 城市交通数字化

LBS系统将采集到的不同道路和服务信息传递到交通管理中心进行集中处理。交通运输系统内不同用户根据自身需求获取相应信息满足自身需要。出行者可以实时进行路线规划或者路线选择;交通管理部门可以利用LBS信息快速而有效地进行交通疏导和事故处理；运输部门可以实现对运输车辆的实时监控、调度和救援。LBS用在交通运输领域可以有效发挥交通路网的通行能力，提高运输系统的效率和机动性、安全性。

LBS技术可以应用于对外勤人员或者物流车辆以及有关运输、计程车、救护车等的调度、管理、导航的跟踪服务；旅游路线规划、路况通知等导航服务；对老年人、小孩的监护工作；紧急救援、紧急报警的救援服务；加油站、银行、餐厅等位置查询以及LBS的黄页应用等。

空间技术的发展拉近了空间信息与人们生活的距离，在充分利用无线移动的方便性、灵活性的基础上，LBS服务将在人们的日常生活中发挥出重要作用。

学习任务四 人工智能专家系统与信息安全技术

■ 知识目标

1. 掌握人工智能、专家系统的概念。
2. 掌握人工智能的基本方法和应用领域。
3. 专家系统的特点、分类。
4. 信息安全概念、信息安全技术及物流管理信息系统的安全体系组成。

■ 能力目标

1. 能够在物流领域中熟练应用人工智能与专家系统解决实际问题。
2. 在企业突发事件发生时，能够应用信息安全技术确保系统的正常运行和数据的安全。

在全球经济一体化的环境中，信息的重要性得到广泛认可，网络与信息系统的基础性、全局性作用日益增强，信息技术在提高企业服务水平、促进业务创新、提升核心竞争力等方面发挥了重要作用。企业对信息系统不断增强的依赖性，以及业务应用系统带来的风险、收益和机会，使得信息安全成为经营管理的关键一环。

一、人工智能专家系统

（一）人工智能

1. 人工智能的概念

所谓人工智能（Artificial Intelligence，AI），又称为智能模拟，是计算机技术的一个分支，它研究如何利用计算机来完成用人的智慧才能完成的工作。

人工智能包括若干相互关联的领域，如专家系统、神经网络、感知系统、学习、机器人、AI硬件和自然语言处理等。

2. 人工智能的基本方法

人工智能的基本方法有以下几种。

（1）启发式搜索。人们解决问题的基本方法是方案-试验法，对各种可能的方案进行试验，直至找到正确的方案。搜索策略有盲目搜索、启发式搜索之分。盲目搜索是对可能方案进行顺序的试验；启发式搜索是依照经验或某种启发式信息，摒弃希望不大的搜索方向。启发式搜索大大加快了搜索过程，使得人们处理问题的效率得到提高。

（2）规划。人们待解决的问题一般可以分解转化为若干小问题，对于每个小问题还可以进行分解。由于解决小问题的搜索时间大为减少，使得原问题的复杂度降低，问题的解决得到简化。规划要依靠启发式信息，成功与否，很大程度上取决于启发信息的可靠程度。

（3）知识的表达技术。知识在计算机内的表达方式是用计算机模拟人类智能必须解决的重要问题。问题解决的关键是如何把各类知识进行编码、存储，如何快速寻找需要的知识，如何对知识进行运算、推理，如何对知识进行更新、修改。

3. 人工智能的研究和应用领域

人工智能的研究和应用领域概括起来有以下八个。

（1）问题求解。通过对人们求解问题的一般规律和求解问题的思路的研究，编制一个智能程序，依照人们解决问题的方法与步骤去解决问题。

（2）自然语言处理。自然语言处理是研究计算机如何运用已有的词法和语法规则，正确理解人们的自然语言，以方便用户的使用与表达。

（3）模式识别。模式识别是研究如何从庞大的信息中提取特征，根据特征识别不同事物的基本原理。

（4）智能数据库。智能数据库是研究利用人的推理、想象、记忆原理，实现对数据库的存储、搜索和修改。智能数据库通过有效的组织，能够满足人们快速检索和修改数据库的要求。

（5）智能机器人。智能机器人能够对外部环境具有一定的适应能力，根据实际的环境信息进行综合处理，并做出正确的响应。这种机器人广泛用于航天、军事、工业制造等领域。

（6）博弈。博弈是研究使自己取胜、战胜对手的策略。在决策过程中要对形势做出恰当的估计，搜寻各种可能的策略组合，通过对比分析确定对自己最有利的策略。这其中就运用到问题求解、模式识别等方法。

（7）程序自动设计。程序自动化是为了设计一种算法。该算法是分层结构的，先提出一些规定，形成最高一级的预算法，并提出下一层算法的规定，然后按照这些规定形成下一级的算法和再下一级的规定，最后完成整个程序。程序自动化把较多的研究工作放在了自动程序验证方面，即让计算机自动查找程序中的错误。

（8）定理的自动证明。计算机通过模仿人的推理和演绎过程，从最基本的公理出发，证明定理的正确性。

（二）专家系统

1. 专家系统的概念

专家系统（Expert System，ES）就是一种在特定领域内具有专家水平解决问题能力的程序系统。它能够有效地运用专家多年积累的有效经验和专门知识,通过模拟专家的思维过程,解决需要专家才能解决的问题。

专家系统属于人工智能的一个发展分支,自1968年费根鲍姆等人研制成功第一个专家系统 DENDRAL 以来,专家系统获得了飞速的发展,并且运用于医疗、军事、地质勘探、教学、化工等领域,产生了巨大的经济效益和社会效益。现在,专家系统已成为人工智能领域中最活跃、最受重视的领域。

2. 专家系统的特点

专家系统具有以下特点:
(1) 具有专家水平的专门知识和经验;
(2) 能够进行有效的逻辑推理运算;
(3) 具有获取知识的特点,能够不断扩充知识范围;
(4) 对用户是透明的,即用户无须知道系统的内部结构也可操作;
(5) 具有交互性和灵活性。

3. 专家系统的分类

用于某一特定领域内的专家系统,可以划分为以下几类。

(1) 诊断型专家系统:根据对症状的观察分析,推导出产生症状的原因以及消除症状(排除故障)的方法的一类系统,如医疗、机械、经济等。

(2) 解释型专家系统:根据表层信息解释深层结构或内部情况的一类系统,如地质结构分析、物质化学结构分析等。

(3) 预测型专家系统:根据现状预测未来情况的一类系统,如气象预报、人口预测、水文预报、经济形势预测等。

(4) 设计型专家系统:根据给定的产品要求设计产品的一类系统,如建筑设计、机械产品设计等。

(5) 决策型专家系统:对可行方案进行综合评判并优选的一类专家系统。

(6) 规划型专家系统:用于制定行动规划的一类专家系统,如自动程序设计、军事计划的制订等。

(7) 教学型专家系统:能够辅助教学的一类专家系统。

(8) 数学专家系统:用于自动求解某些数学问题的一类专家系统。

(9) 监视型专家系统:对某类行为进行监测并在必要时进行干预的一类专家系统,如机场监视、森林监视等。

4. 人工智能与专家系统在物流领域中的应用

专家系统/人工智能所关注的是,把数据和信息转换成可使用知识的能力,吸取和分享专家意见,并且把知识管理变成一种至关重要的竞争资源。虽然人工智能和专家系统在物流方面的应用还很有限,但是已显示出提高物流生产率和物流质量的能力。

二、信息安全技术概述

1. 信息安全的概念

目前,国际上没有一个权威、公认的关于信息安全内涵的标准定义。随着信息网络化的发展,信息安全的概念和实践不断深化、延拓,从二战后军方、政府专享的通信保密,发展到20世纪70年代的数据保护,再到20世纪90年代的信息安全直至当今的信息保障,安全的概念已经不局限于信息的保护,人们需要的是对整个信息安全的保护和防御,包括对信息的保护、检测、反应和恢复能力(PDRR)等,以利于安全的信息化社会的发展。

我国官方关于信息安全概念及内涵的界定是在1994年颁布的《中华人民共和国计算机信息系统安全保护条例》中提出的。其中指出,计算机信息系统安全保护是指:保障计算机及相关配套设施(含网络)安全,运行环境安全,信息安全,计算机功能正常发挥,以维护计算机信息系统的安全运行。而国际标准化组织(ISO)则将信息安全定义为:"为数据处理系统建立和采取的技术和管理的安全保护,保护计算机硬件、软件和数据不因偶然和恶意的原因而遭到破坏、更改和显露。

2. 信息安全的威胁

威胁是敌人滥用、危害信息或系统的任何能力、意图和攻击方法,它可以细分为两类:被动型,即监控但不破坏数据;主动型,即故意破坏数据。威胁到信息系统的安全运行的负面影响称为威胁后果。以下是四种常见的威胁后果的定义。

(1) 泄密:信息或数据被透露给未经授权的人(机密性的破坏)。

(2) 欺骗:公司的信息以未经授权的方式被更改(违背了系统或数据的完整性)。

(3) 破坏:使公司的资源不能使用或不能为授权用户使用(拒绝使用)。

(4) 篡改:公司的资源被未经授权地滥用(违反了授权机制)。

威胁行为和威胁后果是因果关系,比如,渗入系统安全区域的入侵者可能造成私有信息的泄密,在这种情况下,渗入就代表一种可能导致泄密这种威胁后果的威胁行为。

3. 信息安全的目标

基于上述信息安全的威胁,信息安全应达到以下几方面的目标。

(1) 保密性。防止系统内信息的非法泄露。

(2) 完整性。防止系统内软件(程序)与数据被非法删改和破坏。

(3) 有效性。要求信息和系统资源可以持续有效,而且授权用户可以随时随地以其喜爱的格式存取资源。

一个安全的计算机信息系统对这三个目标都给予支持。换句话说,一个安全的计算机信息系统保护它的信息和计算资源不被未授权者访问、删改等。

三、信息安全技术

信息安全技术是一门综合性学科,它涉及信息论、计算机科学和密码学等多方面知识,它的主要任务是研究计算机系统和通信网络内信息的保护方法以实现系统内信息的安全、保密、真实和完整。信息安全技术及应用技术非常多,主要包括信息加密技术、认证技术、密钥管理与分配技术、访问控制与网络隔离技术、数据库的安全技术、信息系统安全检测技术、计算机病毒及防范技术、Internet的数据安全技术、防火墙技术和虚拟专用网络技术等。

这里主要介绍信息加密技术、防火墙技术、计算机病毒防护技术、物理隔离技术和虚拟专用网络技术。

1. 信息加密技术

信息安全的核心是密码技术。在计算机上实现的数据加密,其加密或解密变换是由密钥控制实现的。密钥(Keyword)由用户按照一种密码体制随机选取,它通常是一随机字符串,是控制明文和密文变换的唯一参数。密码技术除了提供信息的加密解密外,还提供对信息来源的鉴别、保证信息的完整和不可否认等功能,而这三种功能都是通过数字签名实现的。

数字签名的原理是将要传送的明文通过一种函数运算(Hash)转换成报文摘要(不同的明文对应不同的报文摘要),报文摘要加密后与明文一起传送给接收方。接收方将接收的明文产生新的报文摘要与发送方的发来报文摘要解密比较,比较结果一致表示明文未被改动,如果不一致时则表示明文已被篡改。

根据密钥类型不同将现代密码技术分为两类:一类是对称加密(秘密钥匙加密)系统,另一类是公开密钥加密(非对称加密)系统。对称钥匙加密系统加密和解密均采用同一把秘密钥匙,而且通信双方都必须获得这把钥匙,并保持钥匙的秘密。公开密钥加密系统采用的加密钥匙(公钥)和解密钥匙(私钥)是不同的。在实际应用中可利用二者的各自优点,采用对称加密系统加密文件,采用公开密钥加密系统加密"加密文件"的密钥(会话密钥),这就是混合加密系统,它较好地解决了运算速度问题和密钥分配管理问题。因此,公钥密码体制通常被用来加密关键性的、核心的机密数据,而对称密码体制通常被用来加密大量的数据。

2. 防火墙技术

防火墙技术是建立在现代通信网络技术和信息安全技术基础上的应用性安全技术,越来越多地应用于专用网络与公用网络的互联环境之中,尤其以接入 Internet 网络为最甚。"防火墙"是一种形象的说法,其实它是一种计算机硬件和软件的组合,使互联网与内部网之间建立起一个安全网关(Security Gateway),从而保护内部网免受非法用户的侵入,它就是一个把互联网与内部网(通常称局域网或城域网)隔开的屏障。它是不同网络或网络安全域之间信息的唯一出入口,能根据企业的安全政策控制(允许、拒绝、监测)出入网络的信息流,且本身具有较强的抗攻击能力。它是提供信息安全服务,实现网络和信息安全的基础设施。

在逻辑上,防火墙是一个分离器,一个限制器,也是一个分析器,它有效地监控了内部网和 Internet 之间的所有活动,保证了内部网络的安全。防火墙逻辑位置示意图如图 4-10 所示。

防火墙的实现方式可以分为硬件防火墙和软件防火墙两类。硬件防火墙是指通过硬件和软件的结合来达到隔离内、外部网络的目的;软件防火墙是指通过纯软件的方式来达到,但这类防火墙只能通过一定的规则来达到限制一些非法用户访问内部网的目的。

图 4-10 防火墙逻辑位置示意图

使用防火墙的目的主要包括两个方面：①防止服务器受到来自 Internet 或其他外部网的攻击；②防止来自内部其他网段非授权用户对服务器的攻击。防火墙能控制网络内外的信息交流，提供接入控制和审查跟踪，是一种访问控制机制，用于确定哪些内部服务允许外部访问，以及允许哪些外部服务访问内部服务。

3. 计算机病毒防护技术

计算机病毒是指编制或者在计算机程序中插入的破坏计算机功能或者毁坏数据，影响计算机使用，并能自我复制的一组计算机指令或者程序代码。计算机病毒一般具有传染性、寄生性、隐蔽性、触发性和破坏性。目前病毒防护技术主要有主机防病毒和网关防病毒两种形式。主机防病毒主要是通过主机防病毒代理引擎，实时监测计算机的文件访问和网络交换，把文件与预存的病毒特征码相比对，发现病毒就通过删除病毒特征串实现解毒，或把文件隔离成非执行文件的方式，保护计算机主机不受侵害。网关防病毒是采取御毒于网门之外的原则，在网关位置对可能导致病毒进入的途径进行截留查杀，可以有效避免没有安装杀毒软件客户端或没有升级最新杀毒版本的计算机发生的中毒事故。但是网关防病毒主要是防范通过网关传播的病毒，对于网络内部通过 U 盘、软盘等移动存储介质，以及局域网文件共享等途径传播的病毒，是网关防病毒鞭长莫及的，必须通过主机防病毒才可以补充防范。

4. 物理隔离技术

物理隔离是一种确保组织信息网络系统内外网数据安全交换的有力方法。它主要是基于这样的思想：如果不存在与网络的物理连接，网络安全威胁便受到了真正的限制。因此，在为组织构建网站时，必须实行网络的内外网划分，及实现内外网的物理隔离。对物流组织内外网进行物理隔离，既要实现内外网物理隔离，又要完成内外网之间的数据交换。

5. 虚拟专用网络技术

虚拟专用网（VPN）被定义为通过一个公用网络（通常是因特网）建立一个临时的、安全的连接，是一条穿过混乱的公用网络的安全、稳定的隧道。VPN 是一种较新的网络应用技术，为我们提供了一种通过公用网络也能安全地对组织的信息网络系统内部专用网络进行远程访问的连接方式。VPN 通过公众网络建立了私有数据传输通道，将远程的分支办公室、商业伙伴、移动办公人员等连接起来，减轻了企业的远程访问费用负担，节省电话费用开支，并且提供了安全的端到端的数据通信。

四、物流信息系统安全

物流信息系统是一个包括计算机软硬件、通信设施并与物流设施和组织高度集成的人-机系统，在对多层次的用户提供服务时，不可避免地面临着来自各方面的潜在威胁。其安全问题的涉及面要远远大于一般的电子系统、通信系统，或者计算机软、硬件系统。要确保物流信息系统的安全可靠，离不开信息安全技术的应用。一般来讲，物流管理信息系统的安全体系应包括实体安全、操作系统平台的安全、数据安全、物流信息系统访问控制的安全、管理制度的安全保护五方面。

1. 实体安全

实体安全不仅包括计算机系统实体和通信线路的安全，还应包括物流信息采集设备和一些物流设备所装的传感器的安全。一方面，应搞好机房设施的防火、防尘、防静电、防水，加强抗灾害能力，建立严格的上机操作规程，制订应急计划，从而保证计算机系统安全可靠运行，保证计算机硬件及辅助设备不致受到人为或自然因素等危害；另一方面，对于网络链路和其他在作业现场的实体信息设备，应制订定期检测计划，及时更换老化的超期设备，以确保设备的可靠性。而对于关键的实体设备，应有备用件，以防止突发事件发生时，确保系统的正常运行和数据的安全。

2. 操作系统平台的安全

作为物流信息软件的支撑部分，操作系统安全的内容包括保密性、可靠性和抗干扰性等几方面。一般来说，相应的操作系统安全应包括对存储器的存取和对象（如文件、目录等）两方面提供有效的保护服务。对存储器的保护包括栅栏保护、再定位保护、基本界限保护、标志位保护、分段保护等方面的服务。同时，操作系统还应该安装防火墙及病毒查杀程序，以提高整个信息系统的可靠性与安全性。

3. 数据安全

物流信息系统的数据安全性，除了一般由存和取的控制来保证外，还要加强对数据库的管理和对数据采取必要的加密等手段，以防止信息泄露。

4. 物流信息系统访问控制的安全

访问控制是物流信息系统安全机制的核心，它包含三个方面内容：保护被访问的客体；对用户存取访问权限的确定、授予、实施；在保证系统安全的前提下，最大限度地共享资源。其本质是通过物流信息系统软件对用户进行系统功能授权，即系统每一功能，只有被授权的用户才能使用，未被授权的用户无法使用。物流信息系统软件的用户是非常广泛的，从横向上讲，它不仅包括配送中心内部的员工，还包括物流供应链上下游的用户；从纵向上讲，它可以提供不同层次的服务，当然也要包括不同层次的用户。因此，在对横向和纵向的不同用户进行系统功能授权和客户端系统设计时，要考虑到以下三个问题。

（1）最小授权问题。系统中的每一个用户在完成其工作时，只应拥有最小的必要的系统功能。最小授权能恰好保证用户完成自己的工作，多余的功能则一个也不给，这样会使出错或蓄意破坏造成的危害的概率降到最低。

（2）用户唯一问题。为了授权的方便，一般会将用户分组。但为了系统安全，用户能且只能隶属于一个组别。

（3）功能屏蔽问题。物流信息系统的功能只对授权用户是可视的，对非授权用户是不可视的，这样可预防蓄意破坏的发生。

5. 管理制度的安全保护

管理制度的安全保护是指应在开发人员和使用人员中建立完善的安全制度，并使其充分认识计算机系统安全的重要性，自觉执行安全制度，从而形成对物流信息系统的一个管理保护层。同时，还要相应建立起配套的监督机制，层层监督，相互制约，以确保安全管理制度的有效实施，实现系统安全。

复习思考题

一、单项选择

1. 在物流信息技术中作为其他物流信息技术应用的基础的是（　　）。
   A. 射频识别技术　　　　　　　　　B. 分类编码技术
   C. 全球定位系统　　　　　　　　　D. 地理信息系统

2. 全球定位系统的简称是（　　）。
   A. GIS　　　B. GPS　　　C. POS　　　D. EDI

3. 物流信息的分类、研究和筛选等工作的难度比较大，这是由物流信息（　　）特点所决定的。
   A. 阶梯式传递　　　　　　　　　　B. 具有较高的时效性
   C. 量大、分布广、种类多　　　　　D. 具有"牛鞭效应"

4. （　　）是基于计算机通信网络技术，提供物流设备、技术、信息等资源共享服务的信息平台。
   A. 物流公共信息平台　　　　　　　B. 物流系统仿真
   C. 物流管理信息系统　　　　　　　D. 电子订货系统

5. GPS由三大子系统构成：空间卫星系统、地面监控系统、（　　）系统。
   A. 大数据　　B. 用户接收　　C. 空间观测　　D. 空间传输

二、不定项选择

1. 智能运输系统是指综合利用（　　）对传统的运输系统进行改造而形成的新型运输系统。
   A. 信息技术　　　　　　　　　　　B. 数据通信传输技术
   C. 电子控制技术　　　　　　　　　D. 计算机处理技术
   E. 运输技术

2. 货物跟踪系统是指利用（　　）等技术，获取货物动态信息的技术系统。
   A. 自动识别　　　　B. 全球定位系统　　　　C. 地理信息系统
   D. 货物装备系统　　E. 通信

3. 物流信息支持系统的基本功能有（　　）。
   A. 数据的收集与录入　　　　　　　B. 信息的存储
   C. 信息的传播　　　　　　　　　　D. 信息的处理
   E. 信息的输出

4. 物流信息技术是指物流各环节中应用的信息技术，包括（　　）等技术。
   A. 计算机、网络　　　　　　　　　B. 信息分类编码、自动识别
   C. 电子数据交换　　　　　　　　　D. 全球定位系统

E. 地理信息系统

5. 自动识别与数据采集对（　　）等记录数据的载体进行机器识别，自动获取被识别物品的相关信息，并提供给后台的计算机处理系统来完成相关后续处理的一种技术。

A. 字符　　　B. 报纸　　　C. 条码　　　D. 声音　　　E. 影像

三、简答题

1. 3S技术是哪三项技术？
2. 简述地理信息系统的特征。
3. 简述遥感技术体系的组成部分。
4. 简述信息安全技术的组成。

项目五 常用的物流信息系统

问题引入

如何有效地实现物流服务最优化、成本最低化、效益最大化，使物流做到迅速、准确、安全、经济，满足客户多样化、个性化、多频度、小数量和及时运达的需求，最大限度地降低成本，是困扰物流企业的一个问题。解决的办法，就是要加快运输、仓储、配送等的信息化建设，建成相应的信息系统，实现物流信息化。

任务导读

运输与仓储是物流的重要功能，它们创造了空间价值和时间价值，是现代物流活动过程中最主要的增值活动。随着运输与仓储技术的发展，大量、高速运输成为现实。但我国运输空载率极高，仓储利用率也不高，每年因运输和仓储问题造成的损失巨大，这些损失已成为物流成本中的主要费用。配送在现代物流活动中具有极其重要的地位和作用，它体现了现代物流的最终目的，直接为客户服务，满足客户的各种需要。配送的目的在于最大限度地压缩流通时间，降低流通费用，实现生产企业少库存甚至零库存，以降低社会生产的总成本。

案例导入

中海物流信息化进程

中海物流1995年注册成立时，只是一家传统的仓储企业，其业务也仅仅是将仓库租出去，收取租金。此时物流管理系统的建设对公司的业务并没有决定性的影响。

1996年，公司尝试着向配送业务转型，很快发现客户最为关心的并不是仓库和运输车辆的数量，而是了解其物流管理系统，关心的是能否及时了解整个物流服务过程，能否将所提供的信息与客户自身的信息系统实现对接。可以说，有无信息系统，是能否实现公司从传统物流向现代物流成功转型的关键。另外，公司在提供JIT配送业务过程中所涉及的料件已达上万种，没有信息系统的支撑，仅凭人工管理是根本无法实现的。因此，信息系统的实施成为中海物流业务运作的需要，是中海物流发展的必然选择。

中海物流信息系统的实施经历了三个阶段：第一个阶段为1996年至1997年实施的电子配送程序，以实现配送电子化为目标，功能比较单一；第二阶段为1998年至1999年实施的C/S结构的物流管理系统，实现了公司仓储、运输、配送等物流业务的网络化；第三阶段始于2000年，以基于Internet结构的物流电子商务化为目标，开发出了目前正在运行的中海物流管理信息系统，并专门成立了中海资讯科技公司进行该系统的商品化工作。

中海物流管理系统的总体结构由物流管理系统、物流业务系统、物流电子商务系统和客户服务系统4个部分组成。物流管理系统主要应用于物流公司的各个职能部门，实现对办公、人事、财务、合同、客户关系、统计分析等的管理；物流作业系统应用于物流操作层，主要功能有仓储、运输、货代、配送、报关等；电子商务系统使客户通过Internet实现网上数据的实时查询和网上下单；客户服务系统为客户提供优质的服务。

中海物流管理系统运行在Internet/Extranet/Intranet结构的网络系统上。整个网络系统分为外网、内网和中网。与国内外的众多物流软件产品相比，中海物流管理信息系统具有以下特点：集成化设计、流程化管理、组件式开发、数据库重构、跨平台运行、多币种结算、多语言查询、多技术集成（如条形码技术、GIS技术、GPS技术、动态规划技术、射频技术、自动补货技术、电子商务技术等）、多种方式的数据安全控制（身份识别、权限控制、数据库操作权限控制、建立在Java安全体系结构上的加密技术、认证和授权技术以及SSL技术）。

通过信息化的实施，中海物流在管理、业务范围、经营规模、服务能力、服务效率、经济效益等各方面均发生了巨大的变化，目前信息系统已成为中海物流的核心竞争力，对公司物流业务的发展起着支柱作用。

思考题：
1. 画出中海物流公司的物流管理系统的结构图。
2. 说明中海物流公司的网络结构。

项目五　常用的物流信息系统

学习任务一　仓储管理信息系统

知识目标

1. 了解物流仓储企业的收货、存货、取货和发货等环节的功能。
2. 掌握物流信息在物流仓储企业的整体业务流程。
3. 掌握仓储管理信息系统结构与功能。
4. 掌握仓储管理信息系统的操作流程。

能力目标

1. 能够通过理解，绘画出物流仓储企业物流的信息流动图。
2. 能够针对某个物流仓储企业设计出它的物流管理信息系统的解决方案。
3. 能够通过模拟软件优化物流仓储企业的物流管理信息系统流程。

仓储是物流重要功能之一。按现代物流管理理念，仓储不仅是一个存放保管货物的场所，而且是物流枢纽最重要的基础设施，是物流配送中心的仓库，是现代物流的"蓄水池"，起着储存、保管、调节的重要作用。现代仓储需要非常专业的物流仓储信息化平台保障其消除无效物流和冗余物流，尽量接近按需运送、零库存、短在途和无缝隙传送的理想物流状态。

一、仓储系统的功能

仓储系统是物流系统中的一个很重要的子系统。它是供应和消费之间的中间环节，起着缓冲和平衡的作用。仓储系统一般包括收货、存货、取货和发货等环节。

（1）收货。仓库收货时，需要站台或场地供铁路车厢或运输汽车停靠，需要升降平台作为站台和载货车辆之间的过桥，需要托盘搬运车或叉车等设备完成卸车作业。卸车后需要核对货物的品名和数量，检查货物是否完好无损，一般还需要把货物整齐地码放在仓库内部的托盘上或货箱内。在现代化仓库的收货处设有计算机终端，用来输入收货信息，有时需要计算机打印出标签或条形码贴在货物或托盘上，以便随后在储运过程中识别和跟踪。

（2）存货。存货即储存。储存要充分考虑最大限度地利用空间，最有效地利用人力和设备，最良好地保护和管理货物。一般常用的储存方法有以下几种。

① 分区储存或定位储存。在人工管理库存的情况下，为了便于查找和避免差错，通常采用分区储存或固定货位储存的原则，即每一种货品都有固定不变的一个或一组储存

位置。这种储存原则的优点是简单,缺点是即使位置空着,别的货品也不能占用,从而使货位的利用率降低。

② 随机储存。在计算机管理库存的情况下,可以采取随机储存的原则。所谓随机储存,即是每一种物品的储位不是固定的,而是随机产生的。这种方法的优点在于共同使用储位,可以最大限度地提高了储位的利用率。

③ 分类储存。所谓分类储存通常是按产品相关性、流动性、尺寸和重量的特性来分类储存。

储存在确定储位时,根据货物的特性和管理方面的要求,应遵循以下原则。

① 先进先出原则。这是通常采用的原则,它最适用于寿命期短的物品,如食品、药品等。

② 重量原则。重的物品放在地面或货架下层。轻的物品放在货架上层。

③ 周转率原则。按货物在仓库中周转率的高低安排储位,周转率高的应储存在入出库快的储位。

④ 就近出库原则。在仓库的保管环境下,有些货物不会因存放期长而变质,为了加快出库作业,离仓库出口近的货物先出库。

(3) 取货。取货是指根据用户的订单和取货申请单从仓库货位取出货物。自动化仓储系统根据计算机指令,自动完成取货任务。一般情况下由人机配合完成,通常分为两大类,即人至物的拣选和物至人的拣选。

(4) 发货。发货是仓库的最后一项任务,根据服务对象的不同,有些仓库只向单一的用户发货,有些则向多个用户发货。一般来讲,用户需要的是多种货物,因此在发货前需要配货和包装。向多个用户发货时,需要多个站台。在自动化程度较高的仓库内,拣出的货品通过运输机送到发货区。货品上或装着货品的容器上贴着计算机打印出的条形码和装箱单,自动识别装置在货品运动过程中,阅读条形码的内容,识别该货品属于哪一个用户,信息输入到计算机,计算机随即控制分选运输机的分岔机构把货品拨到相应的包装线上。包装人员按装箱单检查货品的品种和数量是否正确无误,确认后进行包装,然后通过码盘机码放成托盘单元,由叉车完成装车作业。

二、仓储管理业务流程

物流仓储信息是物流过程中仓储活动产生的信息,是伴随着仓储管理活动而产生的信息。这种信息常伴随着仓库订货、货物入库、货物管理、货物出库的发生而发生,主要包括货物入库信息、货物仓储管理信息、货物出库信息等。

1. 仓库管理整体业务流程

仓储系统可以采用立体化的模拟堆货架图,方便仓库堆位计划的安排,同时也大大减少了仓库装卸时间。货物入库时,计算机自动搜索货物堆放的相关库位。系统以货物出入库单为主线,涵盖了货物入库作业、货物出库作业、货物库存管理等仓作业的全功能。业务流程如图5-1所示。

2. 入库管理

在客户的货物验收完毕后,应立即入库,入库时应进行以下工作。

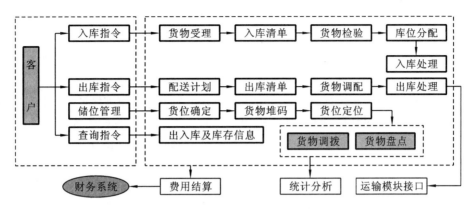

图 5-1 仓库管理业务流程图

(1) 复核。由复核员与保管员负责进行,主要复核:

① 货物验收记录及入库单和各项资料凭证是否移交清楚完整;

② 复核入库货物与上架、上垛货物是否相符,编号是否正确,件数是否准确,计量测试记录与实物批号是否符合,残损货物是否已另行堆放,并办理完手续,有无混杂在一起进入库内;

③ 错货或需退货的物品是否在搬运中又混在入库货物中进库;

④ 上垛、上架货物应挂上的货牌是否准确无误地到位,在输入电脑的建账数据是否已准确录入,账、牌、物三者是否相符;

⑤ 查验需要提出和说明的问题是否在入库单和验收单上均已明确列出,责任方需要出具并签字的证明是否均已收齐并准确无误,责任是否已完全明确。

(2) 登账。登录货物保管明细账,无论用计算机或手工生成,都应详细反映仓库货物进、出、结存的准确情况。主要内容有:

① 登录物品编号、存放位置、入库日期、车(船)号、品名规格、数量、单价、收入、支出、结存明细凭证的序号等;

② 登录或消除保管账必须以正式收发凭证为依据,账目不得任意涂改,必须修正时应加盖订正章。

账目应做到:

① 实记录入、出、结存数,账物相符;

② 笔笔有结算,日清月结,不做假账;

③ 手续齐全,账页清楚,数据准确;

④ 坚持会计记账规则,严格遵守;

⑤ 出现问题,经处理后,账面要明确反映,并如实说明。

(3) 建档。应建立库存货物档案,以备处理问题时待查,也便于总结提高仓储管理水平。为此要设立档案管理子系统以辅助档案管理工作。

① 将每份入库单所列的到货原始资料和凭证,验收资料及相关问题处理的资料、凭证,出、入库及存储期相关记录和资料等,分别装订成册建立档案,由各库区保管员统一保管。

② 档案要统一编号,并注明货位号,账册上应加注档案号。

3. 出库管理

在收到配送计划或者客户要求自行提货时,就要进行出库管理。程序及作业方法如下。

(1) 出库必须要凭配送计划单或者货主单位开出的出库单作为凭证,否则不能付货。

(2) 出库单内容包括收货单位(或提货单位)、日期、有效期、货物入库时的批号、品名、规格型号、数量(应分为预定数和实发数两栏,实发数付货完毕由保管员填写),货主单位负责人签字盖章,数量大或价格昂贵的货物除凭出库单外,还应电话与货主复核后方可付货。

(3) 核单。对出库单,业务会计要逐项进行核对,尤其是核对货主单位预先留下的出库单样张和预留印鉴,以及提货人的背书是否准确。还应核对数量、规格品种与库存是否有出入。凡遇有涂改痕迹或提货仓库名不符,均不可付货。如单据有涂改,应由货主单位办理更正手续并在更正处加盖公章后方可付货,否则应追究提货人责任。对出库单上的有效期也应审核,过期的必须去货主单位重办手续方可付货。

(4) 编号登记。经核对出库单无误,仓库业务会计要逐单统一编号、登记,再送交保管员付货。

(5) 理货。付货完毕由装卸工将货物转至备货区,并将出库单转交给理货员,理货员与保管员要办理交接手续。理货员接手后,应按货物地区代号分别堆放,然后进行核对、置喂、复核及待运装车。

(6) 复核。为提高发货工作质量,应实行专职复核、交叉复核和环节复核。

① 复核包括以下内容。

品喂数量:对照出库单检查所列品喂、细数,应与付货外包装标志相符,否则不许出库,总数也应准确。

货物质量:应付货物外观质量应复查,发现异状,应向保管员查询原因,必要时与货主单位联系,货主允许出库而提货单位又同意接收者,做完记录后方可出库。

包装完好性:包装应牢固、干燥。若有捆扎松散,应重新要求捆扎。凡包装破损货物,未经修复加固一律不准出库。无论是否仓库原因导致的破损,均应修复,防止破来破去。地喂标志应清楚,在修复包装时,更要注意地喂标志保持完好,受损的要重新置喂。

② 经复核确认无误,即可允许放行出库。

(7) 问题处理。

①提货数与实存数不符。属于入库时错账的,要用报出报进方法进行调整;属于仓库保管串发或错发的,要由仓库负责解决库存数与提单数间的差错,并承担损失;属于漏记账而多开库数的,应由货主单位负责调整账面,按实数处理。

② 串发或错发货。串发大多是串发规格。保管员要根据库存实情,如实向仓库领导和货主讲明串发货的名称、规格、数量及提货单位。仓库会同货主协商解决,若无经济损失,由货主单位重新按实际发货冲单(票)。有损失时,仓库应作相应的赔偿,按损失的单据冲转调整保管账。

错发货物时,若货物尚未离库,应立即更正,重新组织发货;已出库的,应立即通知提货单位追回货物,同时通知货主。错发货造成损失的,应由仓库负责赔偿,并相应调整账目。

三、仓储管理信息系统解决方案

传统的仓库操作流程的核心主要是内部操作管理,利用现代化信息手段以后,仓库操作各个环节就可以更好地与用户进行沟通,实现客户仓库之间的实时互动,而使客户可以参与操作流程的各个环节。

1. 仓储管理解决方案概述

随着批量生产的经济性变得越来越重要,客户化仓储的范围将变小;随着客户化功效越来越高,客户化仓储的范围将变大;随着仓储成本的降低,客户化仓储的范围将变小;随着客户化前置时间的增加,客户化仓储的范围也将缩小;而随着顾客前置时间减少,客户化仓储的范围也将变小。

随着以客户满意度为核心的物流理念的兴起,物流企业的仓储经营也逐步转向客户化仓储。客户化仓储的本质在于储存普通商品直到收到顾客订单,在这点上,仓库完成了按顾客需求将普通商品客户化的增值服务。

在仓储的增值服务的范围中包括了托盘化、包装、标签、产品配套、油漆、组配甚至是生产,客户化仓储的范围大小变得越来越重要。客户化仓储可以从事简单作业,如将成品转移到一个独立的托盘上;也可以复杂作业,如我们传统上认为的流通加工这一部分。客户化仓储的范围大小与以下几个因素有关:增值服务的成本,库存的成本,客户化产品所需前置时间与满足顾客需求前置时间的比较。

2. 仓储管理信息系统目标

理解客户化和客户化仓储在当前的地位,作为战略计划过程的底线,建立目标、优先权和价值评价标准,实现与公司领导层协商以建立短期、中期和长期的客户化仓储的目标;理解顾客服务、竞争威胁、弱点、力量与机遇、库存减少、容量限制及会影响到客户化仓储的战略方向的其他因素;理解用于可选水平质量分析中的价值评价标准和客户化仓储的方法。

(1) 系统目标可以对所有商业的市场预测和库存增长、生产计划、订单以及订单的确定等大致情况进行分析。

(2) 系统目标可以确认和记载可选择的客户化仓储战略,分析收集的数据,决定大多数产品的生产过程。建立客户化仓储将会是最有益而最不易引起混乱的,考察可选的客户化方法,包括设备、资料、人力、系统和需求的发展,在每种可选方案中,审视客户化过程以决定循环时间,并将其与目前的订单前置时间相比较,在此基础上,确定基本产品与成品库存的正确混合比,一旦此比例确定下来,就可以计划出合适的库存水平,定义每种选择的空间、设备及人员计划。

(3) 系统目标可以评估可选控制系统战略。评估能满足客户化仓储的所有功能,确保仓储管理系统或其他包装能组合一个产品的安排功能。

(4) 系统目标可以评估可选客户化仓储战略计划,确定每个计划的投资、安装和操作成本,完成一个税后经济分析和质量分析,在全部经济和质量分析的基础上选择最佳的客户化仓储战略计划。

(5) 系统目标可以制订一个行动计划,已选定的客户化仓储战略计划应该变成一个公司行动计划。行动计划必须是分阶段的,并且清楚描述了材料处理系统、存储系统、生产和包装系统及材料控制系统。以较短的前置时间提供给顾客各类产品而不增加成本,在某些情况下还能降低成本;模糊了生产与仓储的界线,并且商品能够以有效成本通过需求链进行流动。通过减少不现实的库存需求预测,从而减少生产与销售的冲突,将仓储定位于延展其核心能力,从提供时间和空间的有效性到在适当的时间和适当的地点提供适当的产品(按顾客需求客户化)。

四、仓储管理信息系统结构与功能

(一)仓储管理信息系统的结构

仓储信息系统由入库管理子系统、出库管理子系统、数据库管理子系统、系统管理子系统等多功能软件子系统组合构成。基本软件功能的构成如表5-1所示。

表5-1 基本软件功能的构成

仓储信息系统	入库管理子系统	1. 入库单数据处理(录入) 2. 条码打印及管理 3. 货物装盘及托盘数据登记(录入) 4. 货位分配及入库指令发出 5. 已占的货位重新分配 6. 入库成功确认 7. 入库单据打印	
	出库管理子系统	1. 出库单数据处理(录入) 2. 出库内容生成及出库指令发出 3. 错误货物或倒空的货位重新分配 4. 出库成功确认 5. 出库单据打印	
	数据库管理子系统	1.库存管理	(1) 货位管理查询 (2) 货位编码查询库存 (3) 入库时间查询库存 (4) 盘点作业
		2.数据管理	(1) 货位编码管理 (2) 安全库存量管理 (3) 供应商数据管理 (4) 使用部门数据管理 (5) 未被确认操作的查询和处理 (6) 数据库与实际不符记录的查询和处理

续表

仓储信息系统	系统管理子系统	1. 使用者及其权限设置 2. 数据库备份作业 3. 系统通信开始和结束 4. 系统的登录和退出

（二）仓储管理信息系统的功能

根据仓库的实际情况，通过对仓库系统背景分析，以客户为中心的新型操作流程，使用计算机自动生成三维立体仓库模型，提供后续的可视化操作，建立仓库管理系统功能结构图如图 5-2 所示。

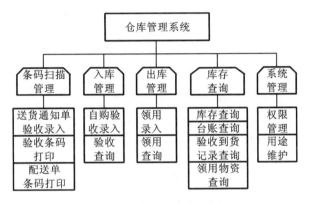

图 5-2　仓库管理系统功能结构图

依据系统确定的目标，我们设定系统的功能结构方案的功能模块。仓库管理解决方案功能结构图如图 5-3 所示。其特点是：可以自动实现仓库三维立体图与二维平面图之间自由切换，并在模拟位置上就可以查询相应的库存物品及物品的状态等属性。

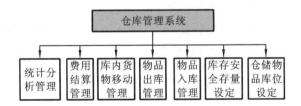

图 5-3　仓库管理解决方案功能结构图

1. 库位的安全库存和物品的最低存量

功能：对仓库的最大存量进行设置，以确保仓库最大化满足客户的要求；同时对客户的仓储物品的最低存量进行设置，以满足客户的生产需要，减少资金的积压。

特点：可以随时根据实际情况对安全存量进行设定。

2. 入库管理

功能：根据入库申请单对入库信息进行预录入，经过审核确认后进行库位的分配，从而完成实际入库操作。

特点：应用 RP 技术快速完成入库信息录入，并根据客户情况、物品的型号规格进行同类物品的自动归类。增加入库操作的审核，确保数据的准确。随时可以统计任意时段、任何客户的入库情况。

3. 出库管理

功能：根据客户的实际要求和客户的实际库存情况，提前做好出库准备。一旦确定出库后，以最快的速度完成出库，并对出库申请进行审核，以保证出库物品的正确。同时，对客户的库存物品的最低库存进行动态评估。

特点：根据出库申请单位、物品等属性，快速定位，并对出库进行登记、审核、待出库、实际出库等过程控制，动态管理库存量。

4. 库内移动

功能：对库存物品的存放合理性进行人工调整，使仓库的利用率最大化，节约仓储成本，降低客户的资金压力，有利于满足客户实际需要，同时提高物流企业的竞争力。

特点：快速实现库位的调整，同时对物品移动的轨迹进行跟踪。

5. 费用结算管理

功能：对发生的实际费用如仓储费、力资费等进行管理，并将有关费用数据自动转到具体费用处理部门，与客户进行费用结算。（参照国际货运代理费用结算模块）

特点：实时地登记各种费用，一旦费用经过客户确认后，不再可以修改和删除，确保整个资金流的安全。

6. 统计分析管理

功能：实现对入库和出库的数据进行统计，并随时可以掌握目前的库存动态；可以实现对客户的评测，以及对操作人员的工作成绩进行考评。

特点：根据入库和出库的数量和频繁程度，实现对重点客户的跟踪，以及对业务增长型的客户进行挖掘。

（三）仓储管理信息系统的操作流程

客户参与的全过程操作控制流程如图 5-4 所示。操作各个环节的详细情况客户都可以实时掌握，因此系统不但实现了内部过程控制，这个控制过程还可由客户远程实时参与。

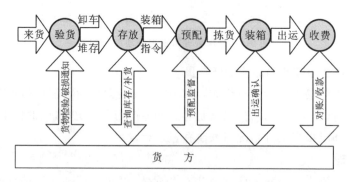

图 5-4　客户参与的全过程操作控制流程图

1. 到货

货物到达包括多种不同方式,有铁路专用线、公路、水路、集装箱等到货方式。不同的到货方式相应有不同的业务处理方式。在计算机处理中,主要表现在分类统计报表和计费中。

2. 验收入库

货物到达后,需要根据货物到达信息进行验收入库,验收入库后产生码单。系统允许某些货物有码单,而某些货物没有码单。验收入库后的货物才能发货或进行其他内部处理操作。对于某些储运企业对货物到达这部分业务不用计算机进行管理的,系统允许被设置成可直接进行验收入库操作。

3. 退货入库

发送出去的货物由于各种原因被退货,系统有专门的退货操作。与普通的入库不同,退货入库的货物与退货前货物相关联。

4. 过户

货物在仓库内被划转,从一个客户过户到另一个客户名下,系统中称之为过户。过户后货物假如需要移动货位,可以直接在过户操作中完成。可以同时过户多种货物,也可以仅过户某种货物中的一部分。

5. 移库

货物在仓库内需要搬移地方时,系统采用移库操作。移库操作可以仅移动某货物的一部分,并可重新生成码单。

6. 开箱加工

为满足客户要求,某些货物需要开箱或开包处理,系统采用开箱加工操作来完成。开箱后,原货物减少,同时新增了开箱后货物,开箱后货物可以出现新的数量及重量单位,也可以有自己的码单。开箱前后的货物可以完全不同,如开箱前是一个集装箱,开箱后变成了一百台电脑。

7. 差额调整

货物发生损益后,需要对货物库存余额进行调整。对于允许范围内产生的误差,也可以不用差额调整,而在清库时直接将库存余额作为损益。

8. 自提发货或代运发货

系统将发货方式分为自提发货和代运发货。与货物到达的处理类似,在计算机中,不同的发货方式主要表现在分类统计报表和计费中。发货操作支持货物实际多日多次发运完成。

9. 清库

当某货物完全发干净后,系统需要对其进行清库操作。清库操作时,货物库存余额未必为零,表明该货物出现了损益。清库操作后,货物库存余额自动作为损益数保存起来,并将体现在各报表的损益栏。

学习任务二　运输管理信息系统

■ 知识目标

1. 掌握运输企业整体业务流程和运输商的交易流程。
2. 掌握运输管理信息系统的内容及解决方案。
3. 掌握物流运输管理信息系统模块功能。

■ 能力目标

1. 能够利用运输管理信息化有效地运作物流运输,使运输服务达到最优化、利润最大化。
2. 能够针对某个物流运输企业设计出它的物流管理信息系统的解决方案。
3. 能够通过模拟软件的使用,保证运输信息准确、及时、畅通,合理使用各方资源。

国家统计局数据显示,2014 年全国货物运输总量达到 439.1 亿吨,比上年增长 7.1％;货物运输周转量达到 184619.2 亿吨公里,比上年增长 9.9％。2014 年铁路货物运输总量为 38.1 亿吨,比上年降低 3.9％;公路货运总量为 334.3 亿吨,比上年增加 8.7％。我国物流企业为运输、储存而支付的费用占成本的比重相当高,货运空载率更高,每年的损失巨大。

全国生产企业在物流运输环节支付费用占生产成本很高,占总成本的 30％～40％,货运空载率高达 60％,大量产品滞留在运输环节,每年造成的损失惊人。运输费用是物流成本的大头,如果运输能有效运作的话,会给企业节约大量的成本,同时也会给物流企业带来丰厚的利润。如何有效地运作物流运输,使运输服务达到最优化,利润最大化,保证运输信息准确、及时、畅通,合理使用各方资源,这是物流运输发展的基本要求。物流企业必须拥有一套运输信息系统进行日常运输工作的管理,实现运输管理信息化。

一、运输企业整体业务流程

运输企业以其强大的运输工具和遍布各地的营业点而在流通业中扮演了重要的角色。货运管理系统从客户服务中心接单开始,然后录入运输单并确认;调度部门针对已确认的运输单调度派车、打印派车单;接着,司机上门装货,并确认装车、签订运输合同、打印装车单;确认在途后,系统进行车辆跟踪,随时向客户提供车辆运行情况;运输完成后,进行回单确认,司机到财务结算运费;同时财务向客户收取运费。图 5-5 为运输企业的业务流程图,图 5-6 为运输商的交易流程图。

(1) 企业若为数据传输而引入 EDI,可选择低成本方式。可先引入托运单,接收托运人传来的 EDI 托运单报文,将其转换成企业内部的托运单格式,其优点是:

① 事先得知托运货物的详情,包括箱数、重量等,以便调配车辆;

② 不需要重新输入托运单数据,从而节省人力和时间,减少人为错误。

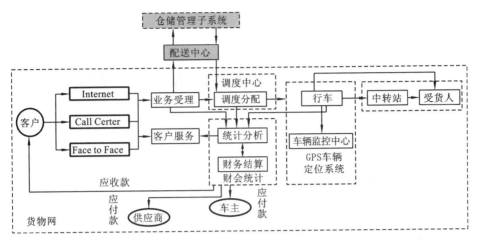

图 5-5 运输企业的业务流程图

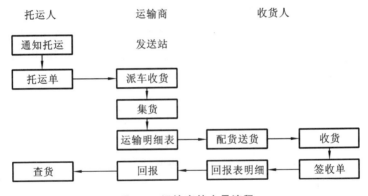

图 5-6 运输商的交易流程

（2）若引入 EDI 是为改善作业流程，可逐步引入各项单证，且企业内部信息系统集成，逐步改善托运、收货、送货、回报、对账、收账等作业流程。

① 托运收货作业。事先得知托运货物的详情，可调配车辆前往收货。托运人传来的 EDI 托运数据可与发送系统集成，自动生成发送明细单。

② 送货回报作业。托运数据可与送货的回报作业集成，将送货结果及早回报给托运人，提高客户服务质量。此外，对已完成送货的交易，也可回报运费，供客户提早核对。

③ 对账作业。可用回报作业通知每笔托运交易的运费，同时运用 EDI 催款对账单向客户催款。

④ 收款作业。对量大且频繁的托运客户，可与其建立 EDI 转账作业，通过银行进行 EDI 进账作业。

二、运输管理信息系统的内容

物流运输管理是物流中一个主要系统，运输管理的主要管理对象是运输工具（车、船、飞机等）、运输环境（运输线路、站点和地图）、人员（驾驶员、装载人员以及管理人员等）、运单（运输计划排程等）、运输成本核算（人员成本、运输资源成本、能源消耗核算控制等）、优化管理(路径优化、运输能力优化及服务优化等)、客户(客户订单服务、查询等)、跟踪管理。运输管理信息系统的主要内容如下。

1. 接单管理

在系统结构中,接单作为整体的业务入口,能够直接承揽运输任务,还能够通过与仓储信息管理系统出库连接来承接运输业务,在运输形式上能够实现多种运输方式的整合,在业务上能够实现门到门、港到港等多种业务模式。其中主要内容包括整车运输委托管理、零担运输委托管理、集装箱运输委托管理、交叉驳运委托管理、客户撤单管理。

2. 调度管理

该模块是运输管理子系统的最核心模块,是作业部门的计划与调度人员进行计划调度的操作模块。其主要内容包括线路/运输方案、配载、返回仓储系统、资源管理。

3. 运力管理

该模块主要对承运商、车辆等信息进行管理和维护。

4. 追踪管理

该模块主要对委托单及承运货物的车辆进行追踪,具有运输状态数据更新的功能。将获取的车辆、运单等状态输入到信息系统中,进行运输状态的更新,并在此基础上开发出货物跟踪系统。

5. 回单管理

运输公司将货物送到客户手中,经客户签收后,需将货运单返回给计划调度人员,调度人员将通过"回单管理"界面,将货运单中的回单信息录入到系统中。该模块还完成在途货运单的查看、查询、打印等操作,提供各类运输任务的查询。

6. 结算管理

主要是对客户、承运商进行费用的应收、应付、实收、实付的查询、调整等,根据要求按日、月、季度进行费用结算的管理。包括承运商的价格信息数据库、依据合同分别给予客户的运输价格表、费用结算报告、客户的统计车辆装载率、针对具体的送货地点的明细表、当日客户的费用明细表等。

7. 统计报表

包括业务统计报表、运输作业统计报表、财务统计报表。

8. 统计决策管理

包括业务量统计分析、业务利润统计分析、投诉理赔统计分析。

9. 客户关系管理

在接单业务中,记录客户信息以及提取曾经委托过业务的客户信息,不仅能够使工作快捷方便,还能更大限度地维护客户群体及挖掘更多的机会。例如,当一位老客户来委托业务时,接单的业务人员能够迅速提供数据,并按照曾经约定或所订合同的价格迅速承接业务,同时还可以有条件地设定某些优惠策略。

主要内容包括:客户资料管理,咨询报价管理,客户合同管理,业务员访客管理,客户投诉管理,客户下单管理,承运商接单管理,网上运费查询,网上业务跟踪。

10. 基础设置

该模块系整个系统的基础模块,为其他模块提供基础数据,其功能主要是完成各种业务基础资料输入设置,提供运输生产任务完成情况。

11. 组织管理

该模块帮助企业对其内部各部门组织和员工进行信息化管理,包括部门档案、员工档案。

12. 系统管理

该模块从系统角度对操作系统的客户、权限及数据维护等进行管理。

三、物流运输管理信息系统模块功能

物流运输管理信息系统模块功能结构图,如图5-7所示。

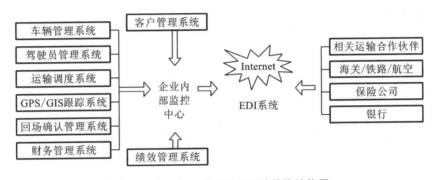

图 5-7　物流运输管理信息系统模块结构图

（一）客户管理系统

1. 订单处理

实现多种订单受理方式,客户可通过电话、传真来进行;同时,系统在 Internet 环境中实现安全的、标准的 EDI 数据交换,接受网上直接下单,根据客户的指令进行托单的录入。主要包括:受理日期,订单号(可人工输入或自动生成),起运地址,货物名称、重量、体积、数量,货主、联系人、电话,收货单位、联系人、到达地址、电话及各种费用等订单信息。

对下达的订单进行分析审核,经双方确认后签订运输合同。

支持多种发运订单,主要包括车辆运单、散户运单、合同运单、货物运单等。

2. 合同管理

（1）对签订的合同进行统一管理。主要包括:受理日期,合同编号,订单号,起运地址,货物名称、重量、体积、数量,货主、联系人、电话,收货单位、联系人、到达地址、电话,车辆种类、数量,签订人,审核人,起始时间,到达时间,预付费用计算,结算方式等信息。

（2）合同破损记录。主要指对装车、发货时发生的破损记录情况进行修改、登记工作。理赔部门按照事先双方签订的合同协议进行理赔处理,系统自动将金额转入财务结算。

3. 客户查询管理

客户通过输入货物代码,就可以得知货物在途状况、在库情况、预计到达时间等。

4. 投诉理赔管理

(1) 处理客户的投诉处理,对客户的投诉进行分析和统计,做出投诉处置并进行相关记录,向上汇报。

(2) 对客户反馈的信息进行分析、记录,提高服务水平。

(二) 车辆管理系统

车辆管理系统利用专业的管理软件对运输车辆(包括企业自用车辆和外用车辆)的信息进行日常的管理维护,随时了解车辆的运行状况,以确保在运输任务下达时,有车辆可供调配。其主要功能如下:

(1) 管理每天的出车记录,输入运单号,显示出出车日期、出车车辆、客户名称、工作内容、吨位、单价、提货地、目的地等;

(2) 输入车辆编号,查看车辆维修与保养计划、车辆维修、车辆违章、车辆事故等多项信息;

(3) 查看出车车辆、待命车辆、维修车辆等信息。

(三) 驾驶员管理系统

(1) 驾驶员档案管理。主要是对驾驶员档案资料信息的管理,包括驾驶员名称、家庭详细住址、详细的常用居住地、家庭电话、手机、身份证号码、所属公司、驾驶证主证号、驾驶证副证号、驾龄、上岗证、通行证、准营证、劳动合同情况等多项信息。

(2) 驾驶员查询。分日常和月度或年度对不同驾驶员的业绩、经费等进行统计查询。显示驾驶员月度或年度的业务量情况。对某一驾驶员发生的经费进行统计,显示驾驶员的所用运输杂费、人工费、工资等费用。

(3) 支持驾驶员刷卡考勤,实行工作绩效管理。

(四) 运输调度系统

该系统包括三个环节:运输计划安排、运输方式选择和运输路线优化。

(1) 根据客户的要求,如运输货物的数量、时间等,制订运输计划,并生成运输计划书。

(2) 根据货物的性质、特点、运输批量及运输距离等实际情况,综合考虑运输的经济性、安全性、迅速性等服务特点,在保证按时到货及运费负担能力的前提下选择合适的运输方式。制订适当的运输方式后,系统提供自动路线规划:输入起点和目的地,系统将调用由 GPS 和 GIS 共同建立的运输线路数据库,按要求自动设计最佳行驶路线,包括最快的路线、最简便的路线。线路规划完毕后,显示器自动在电子地图上显示设计线路,并同时显示汽车运行路径和运行方法。

(3) 调度完成后,系统可自动产生送货单、装车单等单据;同时有运输状况报告和运输任务统计报告等输出。

(五) GPS/GIS 跟踪系统

车载单元即 GPS 接收机在接收到 GPS 卫星定位数据后,自动计算出自身所处的地理位置的坐标,后经 GSM 通信机发送到 GSM 公用数字移动通信网,并通过与物流信息系统连接的 DDN 专线将数据送到物流信息系统监控平台上,中心处理器将收到的坐标数据及其他数据还原后,与 GIS 系统的电子地图相匹配,并在电子地图上直观地显示车辆实时坐标的准确位置。各网络 GPS 用户可用自己的权限上网进行自有车辆信息的收发、查询等工作,在电子地图上清楚而直观地掌握车辆的动态信息(位置、状态、行驶速度等)。同时还可以在车辆遇险或出现意外事故时进行种种必要的遥控操作。其主要功能为:

(1) 提供运输任务的实时监控和查询,实现数据网络共享和对营运车辆的实时网络追踪管理(包括车号、车种、车型、所在区域、状态、去向等);

(2) 提供预警功能,当在任务执行的考察点发生车辆应到而未到的现象,系统自动给出警示,提醒可能产生的延误;

(3) 集成 SMS 功能,当发生例外事件时促发 SMS,使相关人员及时得到信息,提高反应能力;

(4) 支持外部用户通过 Internet 或 GSM 网络等方式进行货况查询;

(5) 发生车辆遇险或出现意外事故,系统自动报警并自动执行相应的处理。

(六)回场确认管理系统

驾驶员把货物送至目的地、车辆回场后,将客户收货确认带回并输入本次执行任务后的一些信息,如行程、油耗、台班数、货物有无损坏和遗失,以及是否准点到达等,这些数据将作为数据统计分析的基础。

(七)财务管理系统

(1) 可提供全国各地运输价格和所需时日的查询。

(2) 可设置联盟运输商的价格信息数据库。

(3) 可依据合同分客户制订运输价格表。

(4) 制作费用结算报表和费用明细列表。

(5) 核算每趟运输出行的过桥过路费、油费、人工费和资产折旧等费用。

(6) 支持多种结算方式及利率统计。

(八)绩效管理系统

(1) 主要用于高层管理者和决策者,是对业务管理和经营事务进行控制、优化和决策的系统。

(2) 可以进行事前、事中和事后的管理和控制。例如根据历史数据,对将要实行的车辆调度计划给予一个指标,使其达到合理化和优化。

(3) 可以对经营决策给予支持,例如要不要进行外包车辆等,系统都会根据数据给予一个分析和参考的指标。

(九)海关/铁路/航空系统对接

(1) 系统能够涵盖所有的运输方式,包括水路运输、公路运输、铁路运输和航空运输,并提供对多式联运业务的支持。

(2) 实现对不同运输方式的衔接互补。当有某运输任务牵涉到多种运输方式时,能实时提出运输组织的策略,以合理的组织完成运输任务。

(3)通过与海关部门的对接,为外贸交易提供系统的报关服务,从而既方便了客户也扩大了企业的业务。

(十)保险公司、银行

(1)保险公司为物流运输部门的车辆和员工提供保险业务。

(2)保险公司承接网上投保业务,为物流公司承接的运输货物随时办理保险业务。

(3)保险公司分担物流企业的风险。

(4)系统可通过与银行接口,实现网上支付和结算业务,不仅缩短了作业时间,节省了费用,同时也为客户提供方便。

在物流运输作业活动中,由于运输车辆处于分散运动状态,因此,对物流运输车辆的管理存在着其他作业管理所不能比拟的困难。随着无线通信技术、地理信息系统和全球定位系统的发展,车辆运行管理信息系统被应用到物流运输作业中,为客户提供迅速、准确、安全、经济的运输服务,满足货主多样化、个性化、多频度、小数量和及时运达的需求,健全完善的物流信息管理体系已成为当今物流业在激烈竞争环境下取得成功的必备工具,建立社会物流基础设施关联信息系统也是时代发展的要求。

物流综合运输信息系统是物流企业进行运输管理信息化的基本信息系统,一般具有一定实力的物流企业都应建立物流综合运输信息系统。其主要作用如下。

一是查询简便迅速,信息及时准确。当需要了解在运输环节的货物状态时,只要输入货物的代码,马上就可以准确地了解货物现在的运输状态的信息。便于对货物运输的全程管理,也便于客户对货物运输情况的了解。

二是提高运输质量和运输服务水平。通过综合运输信息系统,可以确认货物是否在规定的时间运送到接收地,是否准确、及时地将货物交付给货主,发现问题能马上采取补救措施进行改正,从而提高运输质量和服务水平。

三是提高物流运输的核心竞争力。现代物流运输市场竞争十分激烈,传统的运输管理手段已不能适应日趋激烈竞争的运输市场。物流综合运输信息系统作为一种运输竞争优势的手段,对提高物流企业运输效率,增强企业核心竞争力十分有利。不仅可以提高运输管理水平,提高差别化的物流服务,还可以满足社会对物流企业运输的各种信息需求。

学习任务三 配送管理信息系统

◆ 知识目标

1. 了解配送对物流的意义。
2. 掌握配送中心作业流程的基本环节。
3. 掌握物流配送中心的信息流程模式和解决方案。
4. 掌握物流配送中心信息系统的作用及对物流行业发展的重要性。

能力目标

1. 能够利用配送信息系统,按照用户的要求将货物分拣出来,按时按量发送到指定地点。

2. 能够根据客户配送货物的数量、品种、配送中心的经营实力以及客户要求的不同,选择配送中心的流程操作模式。

物流配送现代化中最重要的部分是物流配送信息化,物流配送信息化是电子商务物流配送的基本要求,是企业信息化的重要组成部分,表现为物流配送信息的商品化,物流配送信息收集的数据化和代码化,物流配送信息处理的电子化和计算机化,物流配送信息传递的标准化和实时化,物流配送信息储存的数字化等。物流配送信息化能更好地促进生产与销售、运输、储存等环节的联系,对优化物流配送程序、缩短物流配送时间、降低配送成本等都具有非常重要的意义。

一、配送对物流的意义

配送是物流系统中由运输环节派生出的功能,是短距离的运输。它是物流中一种特殊的、综合的活动形式,是将商流与物流紧密结合,既包含了商流活动,也包含了物流中若干功能要素的一种形式。

1. 配送是物流的重要组成部分

从物流的功能来讲,配送的距离较短,位于物流系统的最末端,处于支线运输、二次运输和末端运输的位置,即是到最终消费者的物流。但是在配送过程中,也包含着其他的物流功能(如装卸、储存、包装等),是多种功能的组合,可以说配送是物流的一个缩影或在某一个小范围中物流全部活动的体现,也可以说是一个小范围的物流系统。一般的配送集装卸、包装、保管、运输于一身,通过这一系列活动完成将货物送达的目的。特殊的配送则还要以加工活动为支撑,所以涵盖的范围更广。

从物流系统的结构角度来看,物流系统是由节点、连线构成的一个网络,其中节点又称为物流据点。配送中心就是一类非常重要的物流据点,对整个物流系统的优化具有重要意义。

2. 提高了末端物流的经济效益

在供应链接近客户的末端进行实体分配所面临的是分散、复杂的需求,品种多、批量小、运输距离短、效率低。通过实行配送制,增大订购经济批量并实现经济进货;又通过将用户所需的各种商品配好,集中起来向用户送货,以及将多个用户的小批量集中起来进行一次发货等方式,大大提高了物流的经济效益。

3. 使企业实现低库存或零库存

实现了高水平的配送以后,尤其是采取准时配送方式之后,生产企业可以完全依靠配送中心的准时配送而不必操心自己的库存。或者,生产企业只需保持少量保险储备而不必留有经常储备,这样就可以实现生产企业零库存,将企业从库存的包袱中解脱出来,同时解放出大量储备资金,从而改善企业的财务状况。实行集中库存,集中库存的总量远低于不实行集中库存时各企业分散库存之总量。同时增加了调节能力,也提高了社会经济效益。此外,采用集中库存可利用规模经济的优势,使单位存货成本下降。

4. 简化事务,方便用户

采用配送方式,用户只需向一处订购,或与一个进货单位联系,就可以订购到以往需去许多地方才能订到的货物,只需对一个配货单位接货便可以代替传统的高频率接货,因而大大减轻了用户工作量和负担,也节省了事务开支。

5. 提高供应保证程度

生产企业自己保持库存,维持生产,受到库存费用的制约,供应保证程度很难提高,采取配送方式,配送中心可以比任何企业的储备量都大,因而对每个企业而言,中断供应、影响生产的风险相对缩小,使用户免去短缺之忧。

二、配送中心作业流程

物流配送中心主要是为满足客户的需求而产生的,基本上以集合多家客户的作业量来达到大量采购、节省运输成本的目的,因此物流配送中心信息系统所体现出来的作用及结构管理应以销售出库及采购入库管理为系统管理重点,另外由于物流配送中心注重服务质量与服务时效,在配送时间安排、派车计划及路线选择上均较为重视,并且物流配送中心还需针对个别店铺做单位拣货、分类包装、重新包装、组合包装及粘贴标签等流通加工作业,因此集货、理货、拣货系统仍作为重点。

配送中心作业是按照用户的要求,将货物分拣出来,按时按量发送到指定地点的过程。配送作业是配送中心运作的核心内容,因而配送作业流程的合理性,以及配送作业效率的高低都会直接影响整个物流系统的正常运行。

具体来说,配送中心作业流程的基本环节一般包括以下几项作业:进货、搬运装卸、储存、订单处理、分拣、补货、配货及送货。其流程如图 5-8 所示。

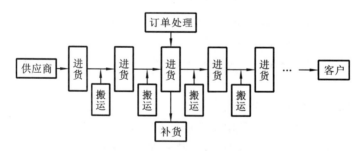

图 5-8 配送中心的基本作业流程

三、物流配送中心的信息流程模式

根据配送货物的数量、品种、配送中心的经营实力以及客户要求的不同,配送中心的流程有以下四种模式。

1. 配送中心的一般信息流程

这是配送中心的典型信息流程,其主要特点是有较大的存储场所,分货、拣货(拣选)、配货场所及设备也较大。这种模式主要是用于中小件杂货配送。货物零散、数量少、货种多的特点决定了这种配送中心必须有一定规模的储存场所,同时对理货、分类、配货的功能要求很高。其流程是:进货、分类、储存、分货、拣货、配货、分放、配装、送货。

2. 储存库的配送中心信息流程

这种信息流程模式的最大特点是:配送中心只是作为所配货物的暂存场所,而大量的库存则移至中心之外。其流程是:进货、分类、暂存、分货、拣货、配货、分放、配装、送货。

3. 加工配送性配送中心信息流程

这种模式的特点是:配送中心进货后不是马上配送,而是根据用户要求将其进行加工,而后分发给不同的用户。这种模式下的配送中心不设分货、拣选等环节,而是把加工环节置于十分重要的位置。其流程是:进货、储存、加工、分放、配货、配装、送货。

4. 批量转换型配送中心的传递流程

即通过配送中心把批量大、品种较单一的产品转换成小批量的发货方式,因此这种信息流程模式十分简单,只包括进货、储存、装货或包装和发货环节。

四、物流配送中心信息解决方案

(一)销售出库管理信息系统

商品销售出库管理的信息系统包括销售分析系统、销售预测系统、商品管理系统,如图 5-9 所示。

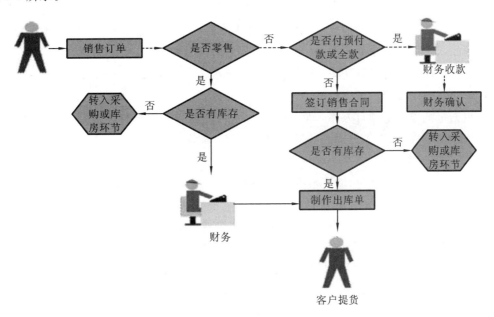

图 5-9　商品销售出库流程图

1. 销售分析系统

此系统主要为了让销售主管及高层主管对现有销售状况,如输入日期、月份、年度、商品类别、商品名称、客户名称、作业员名称、仓库等销售资料或统计资料,有全面的了解。

调动各数据库,生成商品销售量统计表、年度商品数量统计表、年度及月份商品数量统计比较分析报表和商品成本利润百分比分析报表等。

2. 销售预测系统

此系统协助高层主管根据现有销售资料预估配送中心的发展方向,准备未来库存需求量、产能需求及投资成本的需求。

3. 商品管理系统

此系统可以协助销售主管了解消费者对商品的偏好趋势。

POS系统对其商品销售排行报表、畅销品及滞销品报表、商品周转率报表和商品获利报表等进行分析。

(二)采购入库管理信息系统

采购入库管理信息系统如图5-10所示。

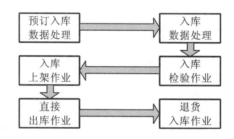

图 5-10 采购入库管理系统图

商品采购入库管理的信息系统包括预订入库数据处理系统和实际入库作业系统。

商品入库后有两个处理方式:立即出库和上架入库再出库。

系统可用随即过账的功能,使商品随入库进入总账,调动财务系统。

1. 预订入库数据处理

根据采购单上的预订入库日期、入库商品、入库数量等数据打印定期入库数据报表,为入库月台调度、入库人力资源及机具设备资源分配提供参考。

2. 实际入库作业

发生在厂商交货之时,输入数据包括采购单号、厂商名称、商品名称、商品数量等。通过输入数据来查询商品名称、内容及数量是否符合采购内容,并用以确定入库月台。然后,修正采购单,并转入库存数据库,调整库存数据库。

退货入库商品也需检验,必须是可用品方可入库。

(1)立即出库。此系统需具备待出库数据查询并连接派车计划及出货配送系统,当入库数据输入后即访问订单数据库取出该商品待出货数据,将此数据转入出货配送数据库,并修正库存可调用量。

(2)上架入库再出库。此系统需具备货位指定功能或货位管理功能。

货位指定系统是指当入库数据输入时即启动货位指定系统,由货位数据库、产品明细数据库来计算入库商品所需货位大小,根据商品特性及货位储存现状来指定最佳货位。

货位管理系统则主要完成商品货位登记、商品跟踪并提供现行使用货位报表、空货位报表作为货位分配的参考。

货位跟踪时可将商品编码或入库编码输入货位数据库来查询商品所在货位,输出报表包括货位指示单、商品货位报表、可用货位报表、各时间出入库一览表、入库统计数据等。

(三)财务会计信息系统

财务核算管理的信息系统流程图如图 5-11 所示

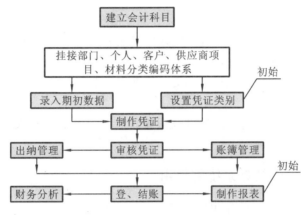

图 5-11 财务核算管理的信息系统流程图

(四)经营绩效信息系统

经营绩效管理的信息系统主要供配送中心高层管理人员使用,用来制定各类管理政策,如车辆设备租用采购计划、销售策略计划、配送成本分析系统、运费制定系统、外车管理系统等,偏向于投资分析与预算预测。

配送中心的赢利除需要各项经营策略的正确制定与计划的实际执行外,还需有良好的信息反馈作为政策、管理及实施方法修正的依据,这就需要绩效管理系统。它包括作业人员管理系统、客户关系管理系统、库存周转率评估、缺货金额损失管理等。

(五)办公信息管理系统

该系统具备如下的功能:审批流程管理,Web 电子邮件,工作日历,人员动态展现,公告/新闻/通知,个人信息维护等。除了配送中心为实现物流职能而构造的信息管理系统外,在日常工作的管理及行政管理方面都要构造必要的信息管理系统。

本系统适用性强,可适用于现代化的先进配送中心。集成了高端的技术,例如 EDI/GIS/GPS、自动化作业系统、集成技术(如条形码)、自动化识别系统、人工智能等。

可连接外系统和网络的接口多,可以运用 POS/CRM/SMIS 等先进管理思想,同时可以实现电子商务业务。

(六)配送管理信息系统

(1)分拣配货。对出库货物进行分拣、配货处理,记录分拣配货信息。分拣及配货是完善送货、支持送货的准备性工作,其中包括再包装。

(2)配装。当单个用户配送数量不能达到车辆的有效载运负荷时,进行配装操作,记录配装信息,产生配装单据。

(3) 配送运输。包括车辆调度、驾驶员调度、配送线路等管理。

(4) 送达服务。更好地为客户服务,圆满地实现运到货物的移交,并完成结算,系统将对卸货地点、卸货方式等信息进行个性配置。

(5) 客户管理。客户管理包括客户基础信息维护、客户配送线路分析、客户个性分析、客户信誉等级管理等。此模块给销售管理系统中的客户资料管理共享信息,与销售管理无缝结合。

(6) 运输管理。包括车辆管理、驾驶员管理等信息。

(7) 配送报表。配送报表包括客户配送信息报表、车辆基本情况报表、驾驶员基本情况报表、客户配送明细表、车辆配送明细表、驾驶员业绩表等。

(8) 配送基础资料管理。配送基础资料管理将包含以下信息:客户配送方式、配送取消原因、配送退货原因等。

(9) 配送系统管理。配送系统管理仅限系统管理员或其授权人使用,由此对操作员进行授权管理。

五、物流配送中心信息系统的作用

物流配送中心信息系统的作用主要有如下几个方面。

(1) 进行业务管理。主要用于物流配送中心的入库、出库、残损管理、输入进/发货商品数量、打印商品单据,便于仓库保管人员正确进行商品的确认。

(2) 查询统计。主要用于物流配送中心的入库、出库、残损及库存信息的查询统计,可按相应的商品编号、分类、供应商、用户进行查询和统计。

(3) 进行盘点管理。主要用于物流配送中心的盘点清单制成、盘点清单打印、盘点数据输入或手持电脑输入、盘点商品确认、盘点结束确认、盘点利润统计、盘点商品查询、浏览统计。

(4) 进行库存结构分析。主要用于物流配送中心的库存商品的入库、出库退货、残损的统计及各种商品库存量、品种结构等。

(5) 库存商品管理。主要用于物流配送中心的库存商品上下限报警,对库存商品数量高于库存上限或低于下限的商品给予信息提示;主要用于库存停滞商品报警,对某一段时间内有入库但没有出库的商品进行信息提示,商品缺货报警,对在出库时库存商品为零但又未及时订货的商品进行信息提示。

(6) 进行保质期报警与查询。主要用于对物流配送中心的库存商品的保质截止期已超过本日的商品进行信息提示;将逾保质期的商品报警,对库存商品的保质期在本日之后的某一时间段内到期的商品进行信息提示;商品保质期查询,对库存商品的保质截止期在某一时间段内到期的商品进行查询。

(7) 进行货位调整与查询。主要用于对物流配送中心的库存商品的货位号进行调整。货位调整查询,以库存商品按货位号进行统计。

(8) 进行账目管理。主要用于物流配送中心统计某一时间段的单一商品明细账。

(9) 进行条码打印。主要用于物流配送中心的商品自编条码打印、商品原有条码打

项目五　常用的物流信息系统

印、收银台密码条码打印等。

物流配送产生于20世纪60年代,物流配送的发展引起了西方国家的物流革命,带动了第三产业的飞跃,促进了第一、二产业的发展,日益成为企业经营中的关键点。随着市场经济的发展和竞争的加剧,市场上出现多品种、小批量、产品多样化、消费多样化的趋势,配送就是为适应这种情况而产生的服务观念。配送在物流活动中具有重要的地位和作用,是物流的基本功能之一。它体现了物流的最终效应——直接为客户服务,满足客户的各种需要。可以说,物流成果主要是通过物流配送来实现的,如果没有配送,就会大大削弱物流的经济效益和社会效益。

学习任务四　第三方物流管理信息系统

知识目标

1. 了解第三方物流的业务过程。
2. 掌握第三方物流与物流单项服务企业的关系。
3. 掌握第三方物流管理信息系统的业务流程。
4. 掌握第三方物流管理信息系统。

能力目标

1. 能够帮助物流企业对市场进行营销的细分,有针对性地对物流企业的分工(如销售、操作、商务、管理等功能)进行设计,建立第三方物流信息系统。
2. 能够借助第三方物流信息系统实时掌握物流供应链的动态,从货物网上订单运输,到第三方物流公司所控制的一系列环节的协调,再到将货物交到收货人手中,使得物流供应链尽量做到透明化。

我国最早的理论研究之一是第三方物流的模式与运作。最常见的3PL服务包括设计物流系统、EDI能力、报表管理、货物集运、选择承运人、货运代理人、海关代理、信息管理、仓储、咨询、运费支付、运费谈判等。由于服务业的方式一般是与企业签订一定期限的物流服务合同,所以有人称第三方物流为"合同契约物流(Contract Logistics)"。

一、第三方物流业务分析

1. 第三方物流的业务过程

第三方物流是通过协调企业之间的物流运输和提供物流服务,把企业的物流业务外包给专门的物流管理部门。第三方物流系统的关键在于为客户提供全方位、一体化的服务,从接受并处理订单,一直到集货和送货,使货物完成一次有目的的流动过程。第三方物流的业务过程如图5-12所示。

严格意义上的第三方物流是整个供应链的组织者,通过第三方物流企业的物流管理信息系统将供应链上的各个节点(如制造商、零售商)及相应的交通运输工具连接起来,其

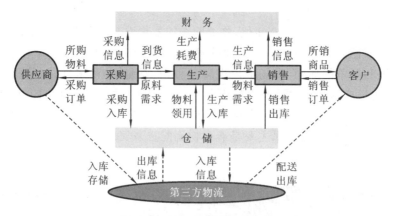

图 5-12　第三方物流业务过程

运作流程如图 5-13 所示。它提供了一种集成物流作业模式,使供应链的小批量库存补给变得更经济,而且还能创造出比供方和需方采用自我物流服务系统运作更快捷安全、成本更低廉、水准更高的物流服务。

图 5-13　供应链上的第三方物流

从第三方物流协作的对象看,第三方物流既可以依托下游的零售商业企业,成为众多零售店铺的配送、加工中心,也可以依托上游的生产企业,成为中小型生产企业的物流代理。

2. 第三方物流与物流单项服务企业的关系

物流管理信息系统是计算机管理信息系统在物流领域的应用,在物流活动中起着神经系统的作用。从广义上来说,物流管理信息系统应包括物流过程各个领域的信息系统,如运输、仓储、配送、装卸、流通加工等各个领域,它是一个由计算机、应用软件及其他高科技的设备通过全球通信网络连接起来的、纵横交错的、立体的、动态互动的系统。对第三方物流企业的管理信息系统,我们可以通过不同的方面来进行分类描述。按各系统面向用户的功能来分,可分为企业外部的用户和内部的用户。企业外部用户主要指客户,如大客户,网上进行托运、预订车船货位、查询等的客户。客户所需要的功能与企业内部的用户所需的功能是不一样的,所以有必要针对客户所关心的事情开发专门的系统。当然这一系统与企业内部用户所需的功能将会有一定的重叠。

不少物流公司是拥有实质性资产公司(如水运公司、仓储公司、汽车运输公司、铁路运输公司)的附属公司,与第三方物流企业不同的是他们只提供供应链上的某一项服务,从广义第三方物流定义来看,这样的企业也被称为第三方物流企业。这些公司除提供自己所专长的专门服务外,也提供一些相关的服务,在原有的业务上向供应链的其他方向延伸。面向这些不同的物流公司的系统各有不同,于是可分为基于仓储的物流管理信息系统、基于水运的物流管理信息系统、基于汽车运输的物流管理信息系统和基于铁路运输的物流管理信息系统等,如图 5-14 所示。

图 5-14 第三方物流与物流单项服务企业的关系

随着物流市场的成熟,物流企业对市场进行营销的细分,物流企业会发现少数的核心客户会对企业的业务有着举足轻重的影响。为吸引这些客户,需要为这些客户提供特殊的服务,物流企业因此有必要针对这些客户的需求进行设计,如在核心客户办公室设置终端机以专线与物流企业的管理信息系统相连,或实现物流企业的管理信息系统与这些大客户的库存管理系统或 ERP(Enterprise Resource Planning)系统相连。企业内部用户主要指企业员工包括业务人员、管理人员。系统针对物流企业的分工如销售、操作、商务、管理等功能进行设计。每一模块除应包括该模块的基本数据的输入、输出、处理外,还应包括主要针对部门的主管而设计的管理功能。

3. 第三方物流管理信息系统的业务流程

第三方物流管理信息系统是用来支持第三方物流企业开展物流服务、辅助业务处理、管理控制、决策分析以及制定企业战略计划的信息系统。第三方物流企业的服务内容不同,第三方物流信息系统的内容也不同。

第三方物流管理信息系统是为现代物流企业提供的以物流信息管理为核心的现代物流管理平台,实现客户、供应商和物流公司信息充分共享、业务流程自动化。业务流程如图 5-15 所示。

主要功能为:资源管理、客户管理、合同管理、指令管理、总部计划管理、分部计划管理、运输管理、仓储管理、结算管理、统计分析等。

各功能模块简介:

1) 资源管理

包括运输公司管理、仓库管理、保险管理、协议管理、协议费率管理、服务价格管理、其他资源管理及相关的统计查询功能。

2) 客户管理

包括客户基本信息管理、客户关怀信息管理、客户信用度管理等。

3) 合同管理

包括合同基本信息、货物信息、费用、参与方、费率、服务、保险等管理。是合同物流业务的基础,为指令管理、计划管理及其他相关子系统提供统一的共享信息。

4) 指令管理

包括客户指令的录入、签发、物流总部确认、跟踪、查询等。

5) 总部计划管理

包括总部计划的录入、签发、客户确认、跟踪、查询等。项目总部根据客户签发的指令

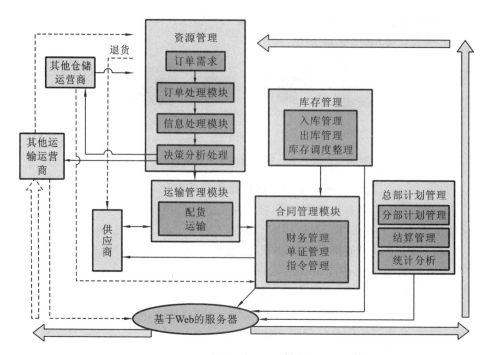

图 5-15　第三方物流管理信息系统的业务流程

制订总部计划,使各分部协调合作并及时得到有效的信息,节约时间和成本。

6) 分部计划管理

包括分部计划的录入、签发、项目总部确认、跟踪、查询以及动态跟踪图等。

7) 运输管理

包括各种交接单的录入、查询以及车辆动态跟踪。及时地收集每次交接的实时数字,使信息更加流畅。更好地管理整个运输过程。

8) 仓储管理

包括入库信息管理、出库信息管理、盘点管理、库存查询等。可以记录所有的出、入库信息以及实时地了解货物的库存。

9) 结算管理

包括应收管理、应付管理、保险费用管理、其他费用管理、杂费管理等。

10) 统计分析

可根据用户的需求定制各种不同的统计分析效果图,主要有饼图、柱图、折线图、直方图等。

基础数据与系统设置包括基础代码的录入、修改、查询等,还包括机构设置、权限管理、操作日志管理、数据库备份等。

二、第三方物流管理信息系统运行的条件及特征

第三方物流涉及整个供应链系统的各个环节和各种活动,必然形成大量信息;第三方物流为生产经营过程服务,必然反映市场周期性变化的影响;必须适应物流高效运行的及

项目五　常用的物流信息系统

时要求;必须适应物流开放性、社会性发展的要求;物流信息必须准确反映当前物流状况。这就要求第三方物流企业的信息管理必须反映出物流活动的规模性、周期性、及时性、广泛性、精确性等特征。此外,在物流中对各项活动进行计划预测、动态分析时,还要及时提供物流费用、生产情况、市场动态等企业内外有关信息。这一切要求第三方物流管理信息系统应具备一定的运行条件和特征。

(一) 第三方物流管理信息系统运行的条件

1. 准确性、稳定性

系统的正常运行应以数据的准确、稳定作为前提,否则系统对数据的处理结果就不准确,就没有价值。如系统对物流的路线、时间、费用进行最优化决策分析时,输入系统的数据如时间、运费、装卸费等应在一定时段内是稳定的。若运费、装卸费、时间都是不确定的或处于动态的变化中,则决策分析的结果就不可靠,也就不可信。

系统应能够保持持续稳定运行的状态,接受多用户对数据进行输入、输出、查询、运算等操作,能够在受到用户不恰当的操作或突发事件的攻击而崩溃后有一定的自动修复和恢复能力。系统在运行过程中,很可能遭受由于用户的错误操作、黑客的攻击、突然断电等造成系统的运行失败、失灵或失控,系统应提供在这些情况下系统管理员的解决方案。及时备份也可帮助实现这一点。特别是系统接入 Internet 后,遭受黑客攻击的可能性增加,系统的防护能力尤为重要。

2. 物流企业业务流程的透明度及标准化程度

建设物流管理信息系统就是要把物流的过程电子化,物流的过程越概念化、越清晰、越透明、越标准,就越容易将物流的过程用计算机语言描述出来。不少企业在开发管理信息系统中会碰到管理上的问题,特别是目前我国物流企业都有职责不清、多头管理、流程不明、暗箱操作等缺陷,使物流信息系统的建设困难重重,往往会造成系统功能的重复设置、结构混乱。例如,同一公司内,不同地区的分公司采用不同的机构设置、不同的业务流程、不同式样但功能类似的报表,若系统的开发都满足这些分公司的要求,那么系统在同一公司内将出现诸多的版本,这将对系统的维护极为不便,而且系统各子公司间也难以互联,难以做到信息共享。虽然系统应尽量涵盖企业的各种可能发生的业务和突发事件,但企业也应先整合、理顺自身。

3. 供应链上其他合作伙伴的业务电子化程度

物流管理信息系统是开放的系统,信息流以各种形式(如 EDI)通过这个系统流进流出,第三方物流通过这一系统将供应链上的各环节组织起来。若供应链上的各合作伙伴都有较高的电子化程度,并与第三方物流企业有对应的接口,那么信息的流动将十分顺畅。不然,第三方物流企业还需对收到的信息进行加工后再输入系统,增加了企业的劳动量,效率也随之降低。

4. 软件和硬件条件

1) 软件条件

物流企业的业务处理系统在地理上是分布的,并且处理数据的时间、实现手段、系统平台等运行条件也处在不同的使用环境中,涉及的技术包括大型关系型数据库技术(如

SYBASE、SQLSERVER、ORACLE 等)、中间技术、分布式处理技术、对象构件技术、网络通信技术等。如需铺设企业的广域网或建立企业在 Internet 上的网站,还须找专门的 Internet 服务提供者(ISP)。

(1) 关系型数据库。客户/服务器(C/S)或浏览器/服务器(B/S)结构是目前网络应用的一种流行模式。这种模式是将数据库放在服务器上,在客户机上只装少量的应用程序,如用户的窗体、少量的逻辑运算等。客户机与服务器通过网络连接,客户终端机与服务器驻留在网络不同的节点上,构成分布式计算环境,只有对数据库的操作(如输入、输出、删除、修改、查询等经处理后的结果的指令)才被传送到服务器,待服务器处理并返回结果后,客户机再对这些结果进行处理。这种模式优化了系统的性能,不但减少了网络的传输负担(小型数据库在发生对数据库的操作时,会将整个数据库进行传输,容易造成网络的阻塞),而且避免了传统的宿主式计算机系统的主机除了数据处理以外,还须承担应用方面的负担。这样的结构可使客户机的软、硬件设备减少,形成"瘦"的客户机,减少企业在软、硬件上的维护。

随着在这种模式下对系统开发的细分与整合,出现了系统开发的多层功能模式:

(2) 两层结构。第一层为客户应用程序,主要包括用开发工具软件如 Power builder、VCVB、Dephi 等开发的窗体、功能、逻辑运算,是用户输入输出数据的界面。第二层为服务器应用层,主要提供数据库的存储和连接处理,如图 5-16 所示。

这种两层的客户/服务器结构因为软、硬件的组合及集成能力有限,并且难以扩展至广域网或 Internet,难以管理大量客户。一般用于单一服务器且以局域网为中心的结构。

(3) 三层/多层结构。三层/多层配置模式在两层配置的基础上增加了基于组件方式的中间软件层,如图 5-17 所示。

图 5-16　两层结构图　　　图 5-17　三层/多层结构图

客户应用层包括与用户交流的表达逻辑;中间软件层主要是业务逻辑控制层,提供对客户应用层的控制;后台服务层提供数据库的管理与服务。三层结构与两层结构相比,系统的逻辑结构更清晰,也就更易于管理。

三层/多层结构与传统的客户/服务器结构的区别如下。

在两层计算模式中,用户将实际的业务逻辑控制放置到客户端(作为对表达逻辑的补充)或放置到后端数据库(作为数据逻辑的一部分包含在存储过程中)。

在多层计算模式中,用户将业务逻辑放到中间层上。这种模块化方法明确地划分了表达逻辑、业务逻辑和数据存储。

这种基于组件的三层/多层的结构可以满足企业分布式的计算需求。

2) 硬件条件

系统所需的硬件条件包括:数据库服务器、WEB 服务器、网线、交换机、客户终端机、集线器、路由器、MODEM、扫描仪等。

小型物流企业若仅在本地操作,将只涉及本地局域网的铺设,结构较为简单;大型物流企业网络跨地区,因而对通信的要求也较高。

(二) 第三方物流管理信息系统应具备的特征

1. 开放性

为实现物流企业管理的一体化和资源的共享,物流管理信息系统应具备可与公司内部其他系统(如财务、人事等管理系统)相连接的性能,且系统不仅要在企业内部实现数据的整合和顺畅流通,还应具备与企业外部供应链各个环节进行数据交换的能力,实现各方面连接的无缝性。此外,系统还需考虑与国际通行的标准接轨。目前国际上在运输领域中已推行一系列 EDI 标准,物流系统应具备与这些标准接入的开放性特征。

2. 可扩展性和灵活性

物流信息系统应具备随着企业发展而发展的能力。在建设物流信息系统时,应充分考虑企业未来的管理及业务发展的需求,以便在原有的系统基础上建立更高层次的管理模块。现在整个社会经济发展非常快,企业的管理及业务的变化也很快,这就要求系统能跟着企业的变革而变革。如物流企业进行了流程再造,采用了新的流程,原先的系统不能适应新的流程了;企业还需要再进行投资,重新对新的流程进行管理信息系统的建设,从而造成资源的极大浪费。这就要求建设物流管理信息系统时应考虑系统的灵活性,必须有能力提供能迎合特定顾客需要的数据。

3. 安全性

内联网(Intranet)的建立、Internet 的接入使物流企业触角延伸更远、数据更集中,但安全性的问题也随之而来。在系统开发的初期,这个问题往往被人们所忽视。随着系统开发的深入,特别是网上支付的实现、电子单证的使用,安全性成为物流管理信息系统的首要问题。

(1) 内部安全性问题。资料的输入、修改、查询等功能应根据实际需要赋予不同部门的人适当的权限,如资料被超越权限的人看到或修改容易造成企业商业机密的泄露或数据的不稳定、公司的客户资料被内部非业务人员看到并泄露给企业的竞争对手、运费等费用被别有用心的员工篡改,都会给企业带来极大的损失。内部安全性问题可通过对不同的用户授以不同的权限、设置操作人员进入系统的密码、对操作人员的操作进行记录等方法加以控制。

(2) 外部安全性问题。系统在接入 Internet 网后,将面临遭受病毒、黑客或未经授权的非法用户等攻击而导致系统瘫痪的威胁,也可能遭受外来非法用户的入侵并窃取公司的机密,甚至数据在打包通信时在通信链路上遭受截获等,因此系统应具备足够的安全性以防这些外来的侵入。外部安全性问题可通过对数据通信链路进行加密、监听,设置 Internet 与 Intranet 之间的防火墙等措施实现。

4. 协同性

(1) 与客户的协同。系统应能与客户的 ERP 系统、库存管理系统实现连接。系统可定期给客户发送各种物流信息,如库存信息、货物到达信息、催款提示等。

（2）与企业内部各部门之间的协同。如业务人员可将客户、货物的数据输入系统，并实时供商务制作发票、报表，财务人员可根据业务人员输入的数据进行记账、控制等处理。

（3）与供应链上的其他环节的协同。如第三方物流应与船公司、仓储、铁路运输、公路运输等企业通过网络实现信息传输。

（4）与社会各部门的协同，即通过网络与银行、海关、税务机关等实现信息即时传输。与银行联网，可以实现网上支付和网上结算，还可查询企业的资金信息；与海关联网，可实现网上报关，报税。

5．动态性

系统反映的数据应是动态的，可随着物流的变化而变化，能实时地反映货物流的各种状况，支持客户、公司员工等用户的在线动态查询。这就需要公司内部与外部数据通信的及时、顺畅。

6．快速反应

系统应能对用户、客户的在线查询、修改、输入等操作做出快速和及时的反应。在市场瞬息万变的今天，企业需要跟上市场的变化才可在激烈的市场竞争中生存。物流管理信息系统是物流企业的数字神经系统，系统的每一神经元渗入到供应链的每一末梢，每一末梢受到的刺激都能引起系统的快速、适当的反应。

7．信息的集成性

物流过程涉及的环节多、分布广，信息随着物流在供应链上的流动而流动，信息在地理分布上往往具有分散性、范围广、量大等特点，信息的管理应高度集成，同样的信息只需一次输入，以实现资源共享，减少重复操作，减少差错。目前大型的关系数据库通过建立数据之间的关联可帮助实现这一点。

8．支持远程处理

物流过程往往包括的范围广、涉及不同的部门并跨越不同的地区。在网络时代，企业间、企业同客户间的物理距离都将变成鼠标距离。物流管理信息系统应支持远程的业务查询、输入、人机对话等事务处理。

9．检测、预警、纠错能力

为保证数据的准确性和稳定性，系统应在各模块中设置一些检测小模块，对输入的数据进行检测，以便把一些无效的数据排除在外。如集装箱箱号在编制时有一定的编码规则（如前四位是字母，最后一位是检测码等），在输入集装箱箱号时，系统可根据这些规则设置检测模块，提醒并避免操作人员输入错误信息。又如许多公司提单号不允许重复，系统可在操作人员输入重复提单号时发出警示并锁定进一步的操作。

三、第三方物流管理信息系统

信息系统是第三方物流的中枢神经，起着支持保障作用。它的任务是实时掌握物流供应链的动态，从货物网上订单运输，到第三方物流公司所控制的一系列环节的协调，再到将货物交到收货人手中，使得物流供应链尽量做到透明化。

(一)第三方物流信息系统的特征

1. 接口开放性

物流服务企业开发的物流信息系统既要考虑到整个物流系统的连接,也要考虑到与其他物流信息系统和生产企业、销售企业的信息系统的接口问题,能够根据客户的使用要求自动转换,直接为客户所用,形成开放性、多功能的物流信息系统。

2. 集成性

物流一体化和全球化的发展,使得物流系统已不仅仅局限于某个企业内部,而是成为一个跨企业、跨地区的综合系统。物流作业的分散化性质,要求企业能从国内甚至世界各地得到更新的数据,这样的信息集成性可以减少作业和制订计划的不确定性。

3. 精确性

物流信息系统必须精确反映当前物流服务状况和经济活动,以衡量订货和存货水平。精确性可以解释为物流系统报告与实际状况相吻合的程度。平稳的物流作业要求实际的数据与物流信息系统报告相吻合的精确性最好在99%以上。当实际数据与物流信息系统报告存在误差时,企业就要通过缓冲存货或安全存货的方式来适应这种不确定性。

4. 及时性

第三方物流信息系统必须能够提供及时的管理信息反馈。及时性是指一系列物流活动发生与该活动在物流信息系统中显现之间的时间耽搁。例如,如果在某些情况下,系统要花费几个小时甚至几天才能将一个新的订货看做一个新的需求(这是因为该订货不会始终直接由客户数据库进入第三方物流信息系统),那么这种订货会使计划的有效性降低,使存货增加。

此外,尽管一些生产企业存在着连续的产品流,但如果第三方物流信息系统是按每小时、每工班甚至每天进行更新的,那么这就不能保证信息系统的及时性。显然,实时更新或立即更新更具有及时性。实时更新往往会增加记账工作量,而编制条形码、采用扫描技术和物流电子数据交换技术有助于及时而有效的数据记录。此外,全球卫星定位技术也有助于物流信息系统更新的及时性。

5. 识别异常情况

物流企业要与大量的客户、供应商和服务公司等进行协作或竞争,这要求物流信息系统应能有效识别异常情况。在物流系统中,管理人员需要定期检查存货情况、订货计划。这一工作在许多企业是由人工完成的,尽管这类工作愈来愈趋向于自动化,但仍需要花费大量时间。因此,这要求第三方物流信息系统要结合决策规则,去识别那些需要管理者注意并作出决策的异常情况。因此,计划人员和管理人员应把他们的精力集中在最需要注意的情况上,集中在判断分析上。

第三方物流系统应该具备智能识别异常情况的功能,为管理部门的决策服务。

6. 灵活性

物流信息系统必须具有灵活反应能力,以满足系统用户和顾客的需求。第三方物流信息系统应能提供客户需要的数据和功能,如票据汇总、实时查询、成本综合分析、市场销售汇总及分析等。一个灵活的第三方物流系统必须适应这一要求,以满足未来企业客户的各项信息需求。

（二）第三方物流订单信息处理流程系统结构图

第三方物流订单信息处理流程系统结构图如图5-18所示。

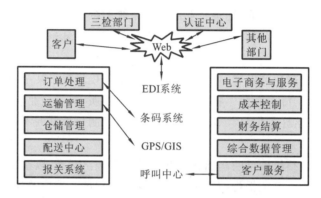

图 5-18　第三方物流订单信息处理流程系统结构图

第三方物流公司接到客户订单后，进行以下工作。

（1）检查订单要求，输入数据包括客户资料、商品规格资料、商品数量等，确认订单是否完整。

（2）报价系统对客户名称、客户编号、商品名称、商品编号、最近报价日期、最近订货数据、该客户的报价历史、订购出货状况和付款状况等资料进行查询，并对该客户进行购买力分析及信用评估；销售主管或高层主管根据该客户信用额度进行营销分析。

（3）会计人员记录有关往来账目，按客户名称、客户编号、商品名称、商品编号、订单号码、订货日期、出货日期等查询订单内容进行记录；若客户有多个出货地址记录，可根据不同交货地点开立发票；根据货物描述及客户要求，对该项业务的服务进行合理策划和设计。

（4）货运托运信息发布及与各个分包商进行联系，下达委派任务书。

（5）查询未结订单资料，以便出货作业的跟催。

（三）第三方物流信息系统的功能

由于第三方物流信息系统支持的业务种类不同，因此其功能设置的重点有较大差异，但其基本的辅助业务处理方面的功能具有普遍性。

1. 数据管理层

信息系统提供的基本功能就是数据处理。第三方物流系统由于面广、点多，每天要产生大量的数据，每天也要处理大量的数据。在物流信息的使用过程中，有的信息使用后仍有价值，特别是经过处理的信息，如需再次使用则需要储存。数据库的功能是将收集加工的物流信息以数据库的形式加以储存。数据库有统一的质量保证规程，有统一的管理机构（数据库管理系统），有统一的操作规程，能够对组织中的数据库进行统一的管理。

数据库管理系统是用来建立数据库、使用数据库、提供数据库操作语言、对数据的合法性和安全性等进行管理的软件系统。数据库管理的信息主要指客户信息。客户信息一般分为静态信息(又称基本信息,如名称、地址、联系人、合同号等)和动态信息(出货信息、合同号及执行情况等)。根据客户信息,系统可进行客户分析(分类、评价)和定期给出销售策略(如走访计划、优惠政策等)。同时,数据库管理的信息还包括企业的相关资源信息,如车辆信息,库存、库位信息,航空公司、船公司舱位信息等。

2. 业务处理层

业务处理层是指物流信息系统的辅助业务处理的功能,包括客户登录、订单处理、作业程序选择、运价制定、与各外协分包商的业务往来记录以及处理客户查询等。例如,当客户进入信息系统时,业务处理层会记录客户货物的详细描述、要求,进行物流策划,将指示下达到各个外协分包商,根据客户要求进行搬运、包装、贴标签、配送等一系列增值服务。整个过程中,业务处理层可为客户随时提供货物动态及交货等情况的信息。业务处理层的特征是:格式规则化、通信交互化、交易批量化、作业正常化。在业务处理层上,面向客户以及外协分包商的属于接口类业务,即企业外部业务;而企业内部进行的仓储、运输、报关等业务属于企业内部业务。

(1) 客户管理模块。客户管理模块由三部分组成:收货人管理,包括经销商管理、零售商管理;托运人管理,包括货主管理、货运代理管理、生产商管理等;分包商管理,包括经营主体对各经营人(如船公司、船代理、航空代理等)的管理。该功能为客户提供互联网电子商务服务、信息查询(包括船期查询、运价查询、货物跟踪、服务指南)、信息传递(包括特殊要求、投诉、各种询问等)等网上服务。

(2) 订单管理模块。接单是客户的登录模块。货主可以通过互联网方便地将托运或托管的货物清单送给物流管理部门。除一般货运信息外,订单管理模块还应提供货物明细信息的维护功能,以保证在配送货物时不混乱、不丢失。

(3) 运输管理模块。除货物本身的发运信息(如始发站、到达站)之外,业务处理层还须记载运输工具、承运人信息,包括司机的家庭地址、年龄、特长、身体状况、家庭情况以及汽车的型号等资料。

(4) 货物跟踪模块。货物跟踪模块可通过全球卫星定位系统跟踪汽车的营运情况,及时反映汽车的地理位置、汽车的油料情况、汽车备件的破损情况等,以便调度人员及时采取措施,确保货物按时到达。

货物跟踪模块可实时反馈货物在途运输情况,为客户提供详细的货物跟踪服务;跟踪被丢货物情况,依据其数量、体积及相关运输途径的业务情况,及时进行货物的交接和转运。

(5) 仓储管理模块。第三方物流信息系统的仓储管理模块与其他信息系统的仓储管理相类似,但在第三方物流信息系统的仓储管理模块中,除了记录一般的货物的入库、在库、出库等信息之外,特别要记录货物的所有权的归属,因为在第三方物流管理中,一般货物都不属于仓储作业的管理者,而且货物的所有权比较复杂,如距离很近的两堆货物很可能属于不同的所有者。因此,货物的所有权信息必须严格、准确地记录。

3. 管理控制层

管理控制层的功能主要集中在功能衡量上,目标是最大限度地提高资源的利用率。

一般的功能衡量包括财务成本分析、顾客服务评价、资源配置与利用评价、作业质量考核等。

（1）营销管理模块。营销信息来源于客户对物流企业的订单。该模块将订单处理过程与销售报价、协议运价及客户的特殊项目信息相连，同时对销售报价进行跟踪、评估。该模块跟踪公司所有的销售合同，全面了解交货及价格协议等；通过报表收集订单及预算等信息，帮助企业对销售业绩进行评估，实现对客户及供应商的信息跟踪。营销管理模块还可以检查仓库存量、计划订货以及交货时间、交货地点等信息。

（2）物流成本控制及效益分析模块。成本控制是指对系统内各单位的成本情况进行计算、分析、比较，形成对比分析报告。该模块对物流的各项成本进行控制，并分析其产生的效益与消耗的成本之间的关系，为企业分析和评价现有的经营管理策略以及下一步的调整提供依据。

（3）财务管理模块。该模块的作用是管理物流业务中与费用相关的各种数据，建立物流信息系统与财务系统的数据接口，使两者之间可以共享信息。

4. 决策分析层

这一层次的功能主要集中在决策应用上，以协助管理人员鉴别、评估和比较物流战略或策略上的可选方案，典型的如车辆日常工作计划、存货管理、设施选址以及作业比较和成本效益评价等。

决策分析与管理控制不同的是，决策分析的主要精力集中在评估未来策略的可选方案方面，因此需要相对零散的模块（具有灵活性），以便在较大的范围内进行选择。该模块应提供固定格式的动态统计报表，如销售渠道业绩分析、销售增长因素分析、销售预测、库存分布报表、货物完整率报表、时间达标率报表、延期报表等。该模块还应提供其他统计报表，如业务量分析图、财务结算统计图表、应收账款分析表等。该模块通过对这些信息的分析，结合可选方案所设置的评价指标，得出每一个可选方案的优劣排序，从而为最后的决策提供支持。

学习任务五　供应链管理信息系统

知识目标

1. 了解供应链管理中的信息系统内容。
2. 掌握信息系统在供应链管理中的作用。
3. 掌握供应链管理信息系统功能。
4. 掌握云计算下的供应链信息的协同。

能力目标

1. 能够有效利用供应链管理中的信息系统帮助企业优化工作流程，与各个供应商和销售商建立良好的沟通，减少物流环节，提高工作效率，优化企业资源配置，并且能够使企业对市场反馈的信息做出快速的反应。

项目五 常用的物流信息系统

2. 能够通过信息技术实现供应链伙伴成员间信息系统的协同,实现运营数据、市场数据等信息的实时共享和交流,从而使供应链伙伴间更快、更好地来协同响应终端客户的需求。

当前,市场竞争日趋激烈、用户需求的不确定性和个性化增加、高新技术迅猛发展、产品生命周期缩短、产品结构日趋复杂、在这种情况下,企业管理如何适应新的竞争环境,成为理论和实践的热点。供应链管理和供应链信息系统是有效地解决企业常规模式下存在的各种问题的有效途径。供应链管理的研究是从物流管理开始的,是今后物流的发展方向。21世纪的竞争,不再是单个的企业与企业之间的竞争,而是供应链与供应链之间的竞争。

供应链管理的高效运转必须以上、下游企业之间的信息交流为基础,大量工作要跨企业、跨组织、跨职能进行协调。可以说,信息系统是支撑供应链物流全过程管理最重要的基础。

一、供应链管理中的信息系统

(一)管理信息系统

管理信息系统(Management Information System,MIS)是一个由人、计算机等组成的能进行管理信息收集、传递、储存、加工、维护和使用的系统。它与其他计算机系统的区别在于:其他计算机系统与企业的管理模式密切相关,并为企业的经营管理目标服务;MIS则为供应链的整体目标服务,建设 MIS 的基础是供应链管理工作的规范化和标准化。MIS 由 5 部分组成:人员、规程、数据库、计算机硬件和计算机软件。

数据库是 MIS 的核心,计算机硬件系统和软件系统是 MIS 的运行环境,人员和规程是 MIS 的开发与使用环境。运行环境强调了 MIS 是一种技术系统的特征,而开发与使用的环境则强调了 MIS 是一种社会系统的特征。MIS 的建设是指 5 个组成部分的开发建设,是一个完整的 MIS 建设概念。

MIS 是一个系统工程,具有系统特征。即 MIS 要覆盖整个供应链或至少链上的企业,并在统一的数据环境下能集成化开发各个子系统。子系统的划分应独立于当前的组织机构,充分地发挥计算机、网络和通信平台的作用,利用当代先进的信息处理技术,满足管理提出的信息加工要求。各个子系统之间的数据交换是结构化的、公用的,也是高效和完整的,从而最大限度地消除了有害的冗余和不一致。MIS 设计应该突出系统的品质,以整体最优为目标,局部利益服从整体利益。图 5-19 是一个 MIS 的基本结构模型。

(二)决策支持系统

1. 决策支持系统的含义

决策支持系统(Decision-making Support System,DSS)是辅助决策者通过数据、模型和知识,以人-机交互方式进行半结构化或非结构化决策的计算机应用系统。DSS 的目标就是要在人的分析与判断能力基础上借助计算机与科学方法,支持决策者对半结构化和非结构化问题进行有序的决策,以获得尽可能满意的、客观的解决方案。

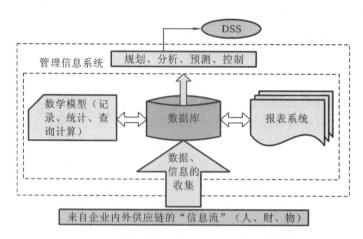

图 5-19　供应链管理中 MIS 的基本结构模型

DSS 是 MIS 向更高一级发展而产生的先进信息管理系统。它为决策者提供分析问题、建立模型、模拟决策过程和方案的环境,调用各种信息资源和分析工具,帮助决策者提高决策水平和质量。

自 20 世纪 70 年代提出决策支持系统以来,DSS 已经得到了很大发展,它是在管理信息系统(MIS)基础上发展起来的。MIS 是利用数据库技术实现各级管理者的管理业务,在计算机上进行各种事务处理工作;DSS 则是要为各级管理者提供辅助决策的能力。

2. DSS 基本结构

DSS 在结构上有一个基本特征——集成性,对不同形态的 DSS 进行分解时,又会发现 DSS 主要由 5 个部件组成:人-机接口、数据库、模型库、知识库和方法库。每个部分又带有各自的管理系统,即对话管理、数据库管理、模型库管理、知识库管理和方法库管理等系统。因此,大部分 DSS 通常都可以被认为是这 10 个基本部件的不同集成和组合,即这些部件可以组成实现支持任何层次和级别的 DSS。DSS 的系统结构如图 5-20 所示。

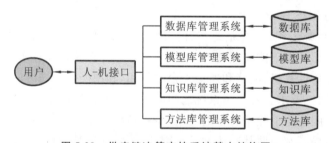

图 5-20　供应链决策支持系统基本结构图

3. 智能决策支持系统

20 世纪 80 年代末、90 年代初,决策支持系统与专家系统结合起来,形成了智能决策支持系统(Intelligent DSS,IDSS)。其中专家系统是定性分析辅助决策,它与以定量分析辅助决策的决策支持系统结合,进一步提高了辅助决策能力。IDSS 是决策支持系统发展的一个新阶段。

开发一个实际的智能决策支持系统,需要解决如下关键技术。

(1) 模型库系统的设计和实现。它包括模型库的组织结构、模型库管理系统的功能、模型库语言等方面的设计和实现。

(2) 部件接口。各部件之间的联系是通过接口完成的,部件接口包括对数据部件的数据存取、对模型部件的模型调用和运行,以及对知识部件的知识推理。

(3) 系统综合集成。根据实际决策问题的要求,通过集成语言完成对各部件的有机综合,形成一个完整的系统。

模型库系统是一个新概念、新技术,它不同于数据库系统。数据库系统有成熟的理论和产品,模型库系统则没有,它需要研制者自己设计和开发。这样就不可避免地阻碍了决策支持系统的发展。

决策支持系统需要对数据、模型、知识和交互 4 个部件进行集成。目前,计算机语言的支持能力有限,数值计算语言不支持对数据库的操作,而数据库语言的数值计算能力又很薄弱,决策支持系统既要进行数值计算,又要进行数据库操作。真正的决策支持系统都是在自行解决了上述困难后研制出来的,这需要付出较大的代价。因此,上述困难成为决策支持系统发展缓慢的主要原因。

(三) 基于知识的系统

1. KBS 的含义

基于知识的系统(Knowledge Based System,KBS)是人工智能(Artificial Intelligence,AI)的一个发展最快的分支。KBS 实际上是 AI 计算机程序系统,它能利用目前人类专家知识和方法,解决现实生活中某些复杂的重要问题。

KBS 就是利用与人类专家相同的方法,解决某一特定的问题的计算机程序。KBS 试图复制专家们的思维过程,包括启发示范教学和经验法则。专家通常能够比一般人更快地排除那些不会有结果的方法,而且在确定所需要的额外信息时会更机敏。KBS 开发人员试图理解专家是怎样着手解决问题的,然后利用计算机将此过程实现自动化。

2. KBS 的构成及其功能

图 5-21 给出了基于知识的系统结构图示,各组成部分及其功能如下:

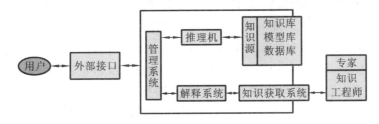

图 5-21 KBS 的系统结构图

(1) 知识源(Knowledge Source,KS)。它包括知识库(Knowledge Base,KB)、模型库(Model Base,MB)和数据库(Data Base,DB)。KB 是专家知识、专家经验、书本知识、公理、定理和规则的存储单元。KB 的结构取决于知识表示的方式,一般有逻辑、语义网络、规则、特征、框架和子程序表示等。存储在 KB 中的知识可以分为两大类:一类是事件型知识(Fact),另一类是功能性知识(Heuristic Knowledge)。MB 存储着系统相应的数学模型,它用于状态和机理分析以及科学计算。DB存放着系统特征的当前数据、永久数据以及通过自学形成的新数据。

(2) 推理机(Inference Engine,IE)。IE是运用知识与规则进行推理,解决待定问题的功能块。推理策略有3种:一是正向推理;二是反向推理,又称目标驱动型推理;三是正反向混合推理,即采用"先反后正"和"先正后反"两种方式完成推理。

(3) 解释系统(Explanation System)。解释系统可以解释推理过程,回答客户问题,解释推理结论的正确性,使系统具备一定的透明度和友好性。

(4) 知识获取系统(Knowledge Acquisition System)。这是外部知识和内部程序的接口,能起到补充、修改和更新知识的作用。知识的获取在专家系统中的工作量最大、最复杂,知识获取系统是解释系统开发、设计的最关键环节。

(5) 外部接口。目前常用的外部接口设备有计算机键盘、显示器、打印机和绘图仪等。

二、信息系统在供应链管理中的作用

1. 消除"牛鞭效应"

牛鞭效应是指供应链的最末段消费者需求量发生微小的变化,便会引起一系列上游经营者的供给发生剧烈的波动。类似于当甩动鞭子时,执鞭的手微微用力摆动,鞭梢就会发生大幅度摆动。由于供应链的协调运行建立在各个节点企业高质量的信息传递与共享的基础之上,因而信息在供应链中各节点企业不流畅,将造成供应链中的信息扭曲。牛鞭效应是信息扭曲中最常见的一个现象,指的是沿着供应链向上游移动,需求变动程度不断增大的现象。

牛鞭效应产生的主要原因有:需求预测的经常更新,经济批量问题,价格波动,信息不能共享。

信息共享是解决"牛鞭效应"的最有效方法。供应链中各节点企业共享所有客户的信息,共享程度越高,"牛鞭效应"越不明显。同样,各节点企业还可以共享关于库存水平、生产能力和交货计划等方面的信息,以使各节点企业知道彼此的情况,共担风险、共享利益,形成有效的供应链管理,从而降低整个供应链的成本。

2. 可以使企业保持现有的客户关系

随着信息技术和电子商务的发展,集成供应链信息系统给企业带来新的竞争者,为吸引、保留企业的现有客户,该系统将给企业提供更快捷、更廉价的商务运作模式,保持与发展同客户达成的密切关系,给企业带来新的业务增值,提升客户的满意度与忠诚度,维持现有的客户关系。

3. 可以促进企业管理技术的推广和管理思想的更新

信息系统在供应链管理中的运作,可以推动信息管理技术(如EDI、CAD、WEB和Intranet等)的运用和推广,同时可以推动人们对第三方物流、集成供应链等思想的理解。

4. 可以使企业提高业务量

可以实现相关企业对产品和业务的电子化、网络化管理,企业的科技化、有组织、有计划的统一管理,减少流通环节,降低成本,提高效率,使企业供应链管理通过信息系统达到更高的水平,与国外先进企业接轨,促进企业提高业务量。

5. 可以使企业吸引新客户,拓展新业务

可以实现企业的业务流程重组,提高企业供应链运作效率。随着集成供应链信息管理系统的实施,企业所提供的更多的功能和业务必然吸引新客户,促进业务量的增长。同时,企业和用户都会从供应链信息系统中受益,降低成本。企业与企业、企业与客户、企业与竞争对手间将形成灵活、高效、智能化的虚拟企业集团。

三、供应链管理信息系统功能

供应链管理信息系统可以帮助企业优化工作流程,与各个供应商和销售商建立良好的沟通,减少物流环节,提高工作效率,优化企业资源配置,并且能够使企业对市场反馈的信息做出快速的反应,帮助企业根据以前的数据对市场进行预测分析。

供应链是围绕着从未加工材料阶段到最终用户的所有活动。包括原料供应与采购、产品设计、生产计划、材料处理、订购过程、财产管理、运输、仓储以及客户服务。重要的是,它也必须借助信息系统与供应链的伙伴交往。成功的供应链经营应该能通过联系和协调所有这些活动使之成为一体化过程。除了组织内部各个部门外,这些参与合作者还应包括供应链、发行商、运输业主、第三方后勤服务公司和信息系统供应商。

1. 供应链管理信息系统模块功能

供应链管理软件应用程序提供了实事分析性系统,通过贸易伙伴和客户的供应链网络来管理产品和信息的流动。这个供应链具有很多功能,诸如采购、销售、仓储、运输、需求预测和客户服务等等。

这些功能的实现一般通过以下几个模块:

(1) 基本资料管理模块。它包括运行本系统所需的各种基本资料,例如货品大小分类、货品资料、客户资料等。

(2) 库存管理模块。它对原材料和成品进行有序管理、储位管理、进出库管理、库存调拨功能、盘点管理、库存查询。

(3) 原材料采购模块。它对原材料采购进行新增、修改、过账查询等。

(4) 统计分析模块。该模块根据企业以前的销售生产数据作出统计分析,企业决策者可以根据前几年同期销售、生产等数据,对当年同期数据作出预测。

(5) 销售模块。它运行销售单的新增、修改、过账等。

(6) 财务管理模块。包括应收账款、应付账款及明细。

(7) 发货管理模块。发货管理也是销售的一种,不同之处在于增加了车辆运输管理。

2. 供应链管理信息系统的特点

虽然制造业、零售业等行业供应链管理系统的特点不尽一致,但其信息系统的共同特征可归纳如下。

(1) Internet 上实时可视化跟踪查询。综合运用 GIS、GPS 等技术来实现物流过程的在线跟踪查询,增强供应链中合作伙伴之间的相互服务。

（2）虚拟库存的管理。供应商可以将全国各地的仓库（自己管辖的或委托中转的）和运输途中的舱位视为虚拟的统一仓库进行集中管理和调拨。

（3）对产品供应链全过程的监控系统将分散在零售商、经销商、第三方物流等处的信息有机集成在一起，完整地跟踪产成品从生产车间到零售货架之间的各个环节，使供应链上的商家得以迅速了解销售动态，以便确定进一步的生产计划、销售计划和市场策略。

（4）电子商务。实现供应商与第三方物流、仓储与运输之间的电子订单处理的结算处理，提高客户响应速度，降低错误发生率。

（5）有效地支持配送、包装、加工等物流增值业务。管理对货物的包装、拆箱、拼箱等计费服务，并同时记录每次服务的账目情况。

（6）针对问题的管理。集中反映所有非正常业务中的问题，使总部的业务管理人员可以了解每一笔延期签收、残损、退货等非正常业务的具体信息，以便动态地定位物流服务中的问题成因。

（7）有效支持门到门的物流业务。无论经过多少种运输方式、多少个中转环节、是否进行分货集货操作，都能确保对同一批次、同一使用目的产品的识别。因而可以保证运输、仓储等职能部门之间的协调一致，准确及时地完成每一笔包括多个操作环节的门到门物流指令。

3. 企业内供应链管理信息系统结构

企业内供应链信息系统的结构还与企业间信息系统（Inter-Organizational System, IOIS）链接，形成一种企业内外数据的交流。一个企业的供应链不只是与供应链上其他企业的链接，还与关系到企业生产和发展的各种环境因素相链接。

1）各层的功能

（1）供应链管理作业层。在该层中，供应链管理进行物流管理、仓储管理等实质性操作。这些具体操作是根据"商业应用层"中的"商业决策、管理、控制"的信息进行的。不同的行业有不同的软件来支持具体的作业过程。

（2）电子数据处理层。这是将"供应链管理操作层"中实质性操作过程的数据和信息，通过各种收集数据的子系统，如 EOS、POS、EDI 等，收集到数据库中来。通过数据库管理系统管理、收集和存储这些数据。通过分类、排序、综合分析的数据挖掘过程，形成有用的商业信息、商业知识、商业模型等。这些结构化的信息、知识和模型可供"商业应用层"调用，并在企业的决策、管理、控制过程中发挥作用。

（3）商业应用层。该层是信息系统的目的，所有数据收集、存储、提取后，如果没有商业应用都将毫无意义。它包括决策支持系统、报表系统、随机查询系统、在线分析处理系统等多种可视化应用系统。"商业应用层"对企业的整体运营、操作起着决策、管理、控制作用。

2）内部供应链管理信息系统的特点

（1）整个供应链管理信息系统建立在企业内部网的平台上，并通过外联网（Extranet）向企业外扩展，形成企业间信息系统（Inter-Organizational Information System, IOIS）。同时，企业还通过外联网与环境的各种要素进行链接。

（2）供应链管理信息系统是一个反馈调节的闭环生态系统。

(3) 三个层次的每个细节部分都有赖于各种应用软件的支持。

四、云计算下的供应链信息协同

"供应链信息协同"是指通过信息技术实现供应链伙伴成员间信息系统的协同,实现运营数据、市场数据等信息的实时共享和交流,从而实现供应链的伙伴间更快、更好地协同响应终端客户需求。

信息协同包括界面协同、数据协同、控制协同、程序协同四个方面:界面协同指由供应链企业系统间界面方式与操作方式方面的协同,用以改善用户与整体系统环境信息交互的效率及效果。数据协同的目标在于确保整体系统环境中所有信息个体定义的一致性,而无须考虑该信息是由哪个子系统所产生或无须考虑任何传输上的问题。控制协同的目标是使供应链系统环境中个别功能有弹性地、灵活地组合在一起,以协力完成各种程序。程序协同的目标在于确保与子系统之间能有效地交互作用以支持某些特定的程序,也就是说所有相关系统结合起来以实现某一特定程序的操作能够连贯易行。

1. 供应链信息协同中云计算的核心技术

云计算是分布式处理、并行处理和网格计算的发展,是一种基于因特网的超级计算模式。在远程的数据中心里,成千上万台计算机和服务器连接成一片计算机云。云计算系统中运用了许多技术,其中以标准化技术、虚拟化技术、数据管理技术、平台管理技术在供应链信息协同中最为关键。

1) 标准化技术

主要包括以下内容。①服务接口。供应链企业可以利用标准化接口接入云服务提供商后,与供应链盟主形成真正的信息互通。统一规定了在云计算时代使用计算机的各种规范云计算服务的标准等,用户端与云端交互操作的入口,可以完成用户或服务注册、对服务的定制和使用等。②服务管理中间件。供应链盟主利用云计算服务提供商的服务管理来解决不同系统之间协同的问题,以达到控制协同。中间件位于服务和服务器集群之间,提供管理和服务,也即云计算体系结构中的管理系统。对识别、认证、授权、目录安全性等服务进行标准化及操作,为应用提供统一的标准化程序接口和协议,隐藏底层硬件、操作系统和网络的异构性,统一管理网络资源(包括负载均衡、资源监控和故障检测等)。安全管理包括身份验证、访问授权、安全审计和综合防护等;映像管理包括映像创建、部署和管理等。

2) 虚拟化技术

云服务提供商的虚拟化技术可以将供应链企业不同系统、不同界面的软件虚拟成相同系统的相同界面,以达到供应链企业内系统之间、供应链企业与企业系统之间的数据协同、程序协同和界面协同。通过虚拟化技术可实现软件应用与底层硬件相隔离,它包括将单个资源划分成多个虚拟资源的裂分模式,或者将多个资源整合成一个虚拟资源的聚合模式。虚拟化技术按对象的不同可分成存储虚拟化、计算虚拟化、网络虚拟化等,计算虚拟化又分为系统级虚拟化、应用级虚拟化和桌面虚拟化。

3) 数据管理技术

数据管理技术包括两个方面。①海量数据分布与存储技术。云计算服务提供商为供应链企业提供了海量数据分布与存储技术。云计算服务提供商通过现有网络技术和并行技术、分布式技术将分散的供应链企业中的计算机组成一个能提供超强功能的集群用于计算和存储数据中的数据，同时利用自己的硬件设备，如价格昂贵的服务器及磁盘阵列等设备，用冗余存储的方式来保证供应链管理数据的可靠性。②海量数据管理技术。云计算可以对供应链企业中分布的、海量的数据进行处理、分析、存储，以达到在供应链管理中所必需的高效管理大量数据的要求。

4）平台管理技术

由于云计算服务商的资源规模庞大、服务器数量众多，故可将一些服务器分布在地理位置不同的供应链企业附近，并同时运行着供应链企业不同的应用。云计算系统的平台管理技术能够使大量的服务器协同工作，方便地进行供应链企业业务的部署和开通，快速发现和恢复系统故障，通过自动化、智能化的手段实现大规模供应链管理信息系统的可靠运营。

2. 基于云计算的供应链信息协同体系构建

供应链信息协同的管理模式供应链应该采用什么样的模式来进行合作是一个尤为重要的问题，供应链采用云计算服务提供商与供应链盟主来进行信息管理，是一种新的管理模式。供应链信息协同管理结构提出了供应链信息协同结构模型，如图 5-22 所示。

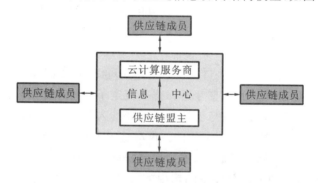

图 5-22 供应链信息协同管理结构图

供应链盟主由供应链中的核心企业来担任，以供应链盟主为核心与云计算服务提供商组成一个对供应链企业各成员信息管理负责的信息中心。信息中心是整个体系中的信息采集中心、信息加工中心、信息调配中心。供应链中除盟主外的成员企业分别与信息中心互联。

在供应链的信息协同管理模式中，云计算服务提供商和供应链企业成员之间的信息以何种方式传递，是一个较为关键的问题。供应链管理中最常用的信息传递方式有利用EDI 来专线传递、利用局域网进行数据传输、利用 Internet 网络进行数据传输等，如图5-23所示。

随着信息技术的发展，Internet 网络传输技术日臻成熟，其安全性、稳定性、兼容性都得到不断提高，而且应用的范围也在不断扩大，成为一种普及化的传输方式。较之 EDI、局域网等传输方式，Internet 的传输成本要低得多，企业只需要开通网络服务即可融入Internet 世界，而无须添置额外的设备和增加专职的管理人员。在供应链信息协同的管

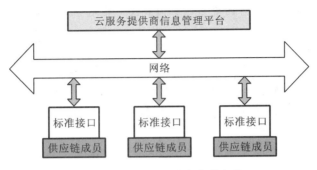

图 5-23　供应链中信息传递方式

理模式中,供应链是个动态的组织体系,信息服务的对象也是不断动态变化的,随时都有成员退出供应链或退出信息服务,同时也不断有新的成员加入到供应链或加入到服务客户行列,对于这样一个动态的组织形态,只有 Internet 的简单、便捷、低成本等特点才能满足供应链信息协同管理的要求。同时,云服务提供商还为所有的供应链企业提供接入 Internet 的标准接口。

3. 信息协同系统结构模型

云计算服务提供商利用虚拟化技术将不同的系统(如 ERP、CRM 等)虚拟成统一的系统、统一的界面,如果把供应链视为一个企业,那么云计算服务提供商所虚拟的系统就相当于企业的 ERP 系统,联盟中的各个成员相当于企业的各个职能部门,企业用 ERP 系统来调配各个部门的资源并安排各个部门的工作计划,使得企业的资源利用率达到最大,企业效率达到最高。同时,利用海量存储技术为供应链企业数据库提供海量存储空间,利用平台管理技术来协同分布在不同地点运行着不同系统的企业之间的数据。在供应链中,云计算服务提供商所虚拟的系统也起到调配信息资源,以减少供应链中信息失真、加快信息传递速度和准确性,提高供应链整体竞争力的作用。供应链信息协同系统结构模型建立如接入 Internet 则与供应链信息中心的云计算服务商发生联系,并根据不同的用户权限登录到云计算服务提供商虚拟管理系统中来进行数据处理。

供应链借助于云计算服务提供商的资源与技术来进行信息协同的同时,面临着如下需要进一步研究的问题:供应链盟主(供应链的核心企业)如何与云计算服务提供商合作以及合作的深度,供应链企业数据在云计算服务提供商中的存储安全性、机密性、完整性、有效性等。这些方面的研究极其重要且充满挑战。

学习任务六　公共物流信息平台

知识目标

1. 掌握物流公共信息平台的定义。
2. 掌握公共信息平台的运营模式。
3. 掌握公共物流信息平台的总体架构与设计体系。

4. 了解公共物流信息平台的规划运营模式及发展趋势。

能力目标

1. 能够利用信息网络、信息系统、信息资源库和运行管理规范组成的跨部门、跨行业、跨地区、跨企业的物流信息化综合服务体系。通过对公共数据的采集，为物流企业的信息系统提供信息支撑，满足企业信息系统对公共信息的需求，支持企业信息系统各种功能的实现。

2. 能够利用公共物流信息平台最大限度地整合物流资源且信息共享，采集物流基础数据，加强部门与部门、部门与企业之间的信息沟通，服务于物流业科学发展，提高现代物流系统运行的效率，优化供应链，推动电子商务的发展。

科学技术的不断创新发展，推动着物流行业产生全方位、多层次的巨大变革，特别是电子技术、通信技术、信息技术向物流领域的渗透，凸显了信息的巨大价值，对物流信息的识别、捕捉、传递、处理、存储的能力及其在信息技术与物流信息系统的应用直接影响到物流生产、经营、决策领域。

一、公共物流信息平台概述

1. 物流公共信息平台的定义

公共物流信息平台（Public Logistic Information Platform PLIP）是通过对公共信息的收集、分析、处理，对物流企业信息系统完成各类功能提供支持功能，为政府相关部门的信息沟通起到信息枢纽作用，为政府宏观决策提供支持的系统。它是为物流企业、物流需求企业和政府及其他相关部门提供物流信息服务的公共商业性平台，包括公共信息服务、数据交换服务、物流应用服务等，其实质是为物流活动提供信息化手段的支持和保障，为企业提供企业个体所无法完成的基础资料收集及加工处理，为政府相关部门公共信息的流动提供支撑环境。

2. 公共物流信息平台形态

公共物流信息平台表现形式多样，各种形式的物流网站从一定程度上起着公共物流信息平台的作用。公共物流信息平台的主要形态有两种：封闭式平台系统与公共物流信息门户。

1）封闭式平台系统

封闭式平台系统依附于线下实体，为组织内或合作组织间提供封闭的信息服务。这种模式的主要代表有电子口岸系统、物流园区监管系统、贸易集散地的交易系统。

封闭式平台系统拥有特定的公共用户群体，为专一目标服务，不同的平台系统之间不存在市场化竞争的情况。封闭式平台系统模式稳定，并有特定的目标服务群体。

2）门户类公共物流信息平台

公共物流信息门户以平台模式出现，属于门户类公共物流信息平台，具有较高的开放性。这类物流信息平台通过对公共物流数据（如交通流背景数据、物流枢纽货物跟踪信息、政府部门公用信息等）的采集、分析及处理，为物流服务供需双方的企业信息系统提供基础支撑信息，满足企业信息系统中部分功能（如车辆调度、货物跟踪、运输计划制订、交通状况信息查询）对公共物流信息的需求，确保企业信息系统功能的实现。

公共物流信息门户有两种不同的价值取向：一种是政府主导投资的公益性信息门户，不以赢利为目标；另一种是企业主导投资的赢利性信息门户，存在明显的市场化竞争。其商业模式将持续变化，并向多样化方向发展。由于两种形态之间并不冲突，因此大多数企业用户可以同时使用两种形态提供的服务。封闭式平台系统产生于不同组织内部，其投资取决于所依附的线下实体，因而具有很强的个性化特征，并拥有稳定的收入来源。而公共物流信息门户则具有更高的开放性，为多组织服务，收入来源具有多样化特征。

3. 物流公共服务平台发展现状

物流公共服务平台的载体主要是物流信息平台。物流信息平台是指能整合各种物流信息资源，完成各系统间数据交换，实现信息共享的平台。推动物流相关政府职能部门间协同工作机制的建立，提高相关管理部门工作的协同性、决策的科学性。物流信息平台为政府相关职能部门的信息沟通提供信息枢纽作用，强化政府对物流市场的宏观管理与调控能力，为政府的宏观规划与决策提供信息支持。

一个典型案例是"八卦来网"物流信息平台。河南省交通物流信息平台"八卦来网"是以安阳"八卦来网"为基础建立的，由最初的一个物流网站，发展成为以网站数据库为基础，包含网站、物流客户端、物流手机WAP、物流手机短信、集成型GPS卫星定位系统和网络通话六个平台的"物流一库六平台系统"。"八卦来网"信息物流平台现每日有效物流信息量在50万条左右，最高达160万条，网站点击率达到5万余次，对帮助广大物流企业降低成本，提高效率，提升经营业绩，实现巨大的经济效益和社会价值，并推动区域经济更好更快的发展起到了重要作用。

与此同时，为港口、物流园区等提供公共服务的物流信息平台也在迅速发展，这种物流信息平台所面向的用户相对集中一些。港口物流信息服务平台是围绕码头物流信息建设的综合信息服务平台，主要是满足集装箱车队、货运代理、仓库和专线物流公司等集装箱物流链上的中小企业对拼箱、配货、货物跟踪、数据传输等的需求，协调中小企业的优势资源；港口物流信息服务平台作为中小企业之间的物流信息传递，是对综合的港口信息系统的一个有效的补充和丰富。物流园区信息平台是指对物流园区内物流作业、物流过程和物流管理的相关信息进行采集、分类、筛选、储存、分析、评价、反馈、发布、管理和控制的通用信息交换平台。物流园区信息平台为企业提供了低成本实现企业信息化的条件，通过共享信息，使企业能以更低的成本为客户提供更好的服务，真正实现物流的现代化。

虽然我国以物流信息平台为代表的物流公共服务信息化发展已取得了一定进展，但在发展过程中仍存在着诸多问题，主要表现在以下两个方面。

(1) 物流信息平台建设运营主体的确定问题。物流信息平台建设运营主体主要有两种。第一种是以政府为主的模式。在这种模式下，物流信息平台的规划、建设和运营维护都由政府直接负责。这种模式的特点是物流信息平台的公益性较强。但也存在很多弊端，如后期资金的投入不能得到有效的保证，且容易造成对市场需求把握不准。第二种是以企业为主的模式。在这种模式下，企业可以自主经营，积极把握市场需求。但该模式也有一定的局限性，例如整合资源的能力不强，缺乏系统规划，投资资金压力大。

(2)物流信息平台赢利能力缺乏。物流信息平台的成功既需要完善的市场调研、雄厚的资金支持,更需要合适的商业模式。目前为止,多数物流信息平台缺乏良好的商业模式的支持,导致赢利能力有限,使平台的持续发展受到一定的影响。

二、公共信息平台的运营模式

1. 公共物流信息平台的层次

目前存在的物流公共信息平台,按照服务范围的大小划分,可以分为国家级、区域级、省级、市级和园区企业级等五类。

国家级物流公共信息平台是一个由信息网络、信息系统、信息资源库和运行管理规范组成的跨部门、跨行业、跨地区、跨企业的物流信息化综合服务体系。区域性物流公共信息平台是由各地政府牵头规划建设的基于Internet 的公共物流信息平台,通过对共用数据的采集,为物流企业的信息系统提供信息支撑,满足企业信息系统对公用信息的需求,支持企业信息系统各种功能的实现。区域性物流公共信息平台是全国性平台的有机组成部分。区域级物流公共信息平台是国家对区域内地方平台的协调和地方性信息的处理平台,从应用角度来讲,与国家级物流信息平台的角色类似,只是范围要小些。市级公共物流信息平台相对而言范围更小。园区企业级物流公共信息平台中,企业级物流公共信息平台是物流主体,即最终客户(货主),代理、分拨和仓储物流企业,是现代物流公共信息管理系统的终端。各个物流园区信息平台、加工区物流平台汇集园区内企业集团的物流信息,同省级物流信息公共平台相连并交换信息,提供本园区内企业的仓储、装卸、价格、包装、客户等物流信息。

2. 公共物流信息平台的需求

公共物流信息平台不仅要满足货主、物流企业对物流过程的跟踪、查询、过程优化等直接需求,还要满足政府管理部门、政府职能部门、工商企业等与自身物流过程直接相关的信息需求。因此公用物流信息平台的建设,应以政府相关部门与企业对信息系统的功能需求为前提。公共物流信息平台的主要功能需求如下:

(1)政府部门的功能需求分析。与物流相关的政府部门一般分为两类:宏观控制层和行业管理层。前者主要负责物流发展的宏观管理与导向,而后者主要注重对物流及相关行业的协调。因此,政府部门可利用公用物流信息系统平台实现如下管理功能:掌握市场动向,及时发现问题;预测市场发展动向,指导行业发展;发布政策条例、标准等政务信息;实现政府部门间的协调工作机制;物流规划的管理及物流需求分析。

(2)企业的功能需求分析。由于企业对物流信息的依赖性,迫切需要建立公共物流信息系统,将零散的各个行业和物流企业内部的物流信息系统有效联结。通常,企业对公共物流信息系统有如下的功能需求。

①电子数据交换。公共物流信息系统汇集了来自港航 EDI、空港 EDI、各大物流运作设施信息系统,以及各相关行业、各类物流企业和政府相关部门等各类信息系统的信息。为了实现信息资源的共享和整合,各物流信息系统之间需要经常进行信息的交换与传输。

②共享应用系统。共享应用系统是指由于资金、技术和人力等因素,企业不能通过开发或者购买的方式来实现,而只能通过物流信息平台利用完善的信息资源、技术优势和协调能力,集中统一开发而实现的共享功能。包括货物跟踪、GPS车辆跟踪、GIS分析功能、物流企业信用管理和远程监控等共享功能。

③共用信息查询。信息查询主要包括两方面的内容:一方面是企业和交易信息查询,另一方面是政府的政策法规、统计数据以及相关资料等的查询。

④电子商务交易服务。物流企业有必要利用原有的物流资源,承担电子商务的物流业务,而且物流作业要配合电子商务的需求,提供细致的配送服务。

三、公共物流信息平台的总体架构与设计

1. 公共物流信息平台的基本需求

公共物流信息平台将有效整合物流信息资源、提供物流资源共享、加强部门之间的信息沟通、服务社会经济发展、优化供应链等,有助于提高物流参与方的工作效率,为物流服务需求方提供更快速、更便宜的物流服务,提高其工作效率或者生活品质。该平台具有以下功能。

(1) 信息发布。包括车源信息、货源信息、司机信息、发布车讯、招聘信息、人才信息、专线信息、联系我们等。

(2) 数据交换。包括网上报关、报检、许可证申请、结算、缴(退)税、存证管理等。

(3) 会员服务。包括注册会员、会员管理、会员服务、交易跟踪、交易统计、信用评估、取回密码、信息发布等功能。

(4) 在线交易。包括信息查询、网上银行、网上保险、信用认证、诚信积分、在线交谈、身份绑定等。

(5) 智能配送。包括路线选择、车辆调度、配送顺序、客户限制的发送时间等。

(6) 货物跟踪。包括货物状态、货物位置、车辆位置、车辆路线等。

(7) 库存管理。包括供应商信息、库存操作、盘点、单据查询、成本分析、库存报警、直拨等。

(8) 决策分析。包括物流模型、运输规划、成本估算、车辆选择、货物配装、顾客分析等。

(9) 资料中心。包括政策法规、物流实践、物流理论、行业文献、物流数据、供应链管理等。

(10) 搜索引擎。包括产品、厂商、新闻、资料、商务等。

(11) 物流论坛。包括行业沙龙、专业沙龙、沙龙综合区、专题沙龙、沙龙特色区等。

(12) 系统管理。包括用户管理、权限管理、安全管理、数据库管理等。

(13) 培训认证。包括培训中心、培训信息、认证考试等。

2. 公共物流信息平台的总体架构

1) 公共物流信息平台的总体结构

公共物流信息平台是一个集合性的概念,它是基于现有的跨组织的信息技术应用的

一种拓展。公共物流信息系统平台的总体结构图如图 5-24 所示。

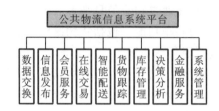

图 5-24　公共物流信息系统平台的总体结构图

2）公共物流信息平台的总体技术架构

公共物流信息平台的总体技术架构可以分为三个层次：平台基础层、服务支持层、应用扩展层，如图 5-25 所示。

①平台基础层提供最基本的系统运行环境。包括核心数据库系统、物流公用平台内网、物流共用平台内网、运行操作系统、分布式数据库、应用服务器及其他服务器等、保障数据库中数据的安全性及完整性。

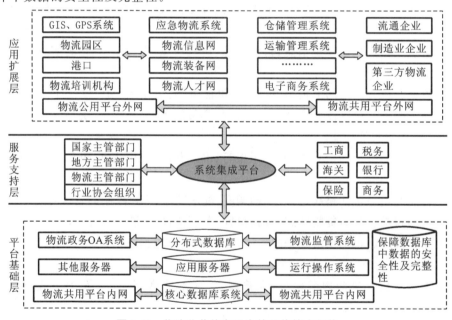

图 5-25　物流公共信息平台的总体技术架构

②服务支持层以平台基础层为大数据，充分利用国家与地方主管部门、物流主管部门、行业协会组织、工商、税务、银行、海关、保险、商务平台所获得的原始数据，经数据挖掘、数据分析和标准化整合集成，为物流业提供公共服务和支撑服务，实现物流智能化管理和供需分析。

③应用扩展层为第三方物流企业、制造业企业、流通企业、政府和用户提供沟通界面，处理平台用户的应用需求和业务需要，是物流公共信息平台的核心。

3. 公共物流信息平台详细设计

公共物流信息平台业务流程中，普通用户可以登录公共物流信息平台查看和发布车源信息、货源信息、司机信息、招聘信息、人才信息、专线信息、物流论坛、信息搜索、资料下载和上传等;会员可以登录平台信息查询、在线交易、智能配送、货物跟踪、会员搜索、培训认证等;游客则只能够浏览车源信息、货源信息、专线信息、论坛信息、资料中心等;系统管理员可以在网站后台对货源、车源、专线、车讯、司机、资料等信息进行添加、删除和修改,还可以对会员注册信息进行确认等。具体的平台业务流程如图 5-26 所示。

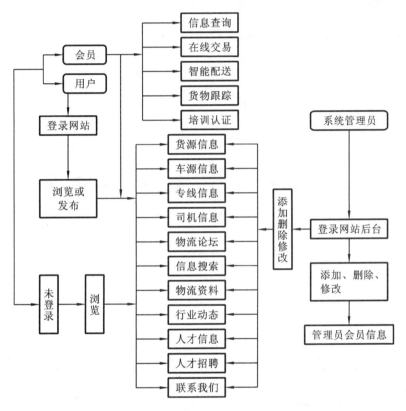

图 5-26 物流公共信息平台业务流程图

4. 公共物流信息平台的功能结构

公共物流信息平台功能结构分析。公共物流信息平台最大限度整合物流资源与信息共享,采集物流基础数据,加强部门与部门、部门与企业之间的信息沟通,服务物流业科学发展,提高现代物流系统运行的效率,优化供应链,推动电子商务的发展。平台功能结构如图 5-27 所示。

平台由多个模块和子系统构成,为用户与其他系统信息交换、协作提供平台支撑,为用户服务管理、订单处理、需求预测、物资采购、物流信息交换、仓库管理、库存控制、配送等物流活动提供支持。各功能模块有以下十个主要的功能。

(1) 数据交换功能。提供与第三方电子数据交换的途径,可灵活地配置数据导入导出的方式,支持 TXT 文本、XML 文本和 EXCEL 文本三种文件格式。这是信息平台的核心功能,主要是指电子单证的翻译、转换和通信,包括网上报关、报检、许可证申请、结算、缴(退)税、客户与商家的业务往来等与信息平台连接的用户间的信息交换。在数据交换

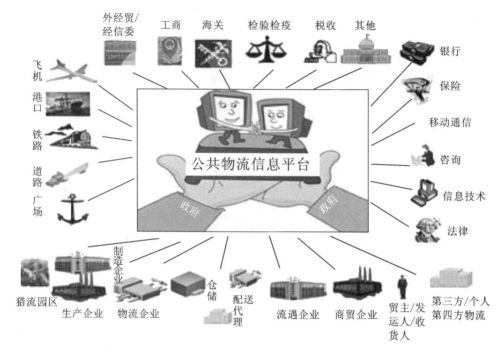

图 5-27 公共物流信息平台功能结构图

功能中,还有一项很重要的功能——存证管理功能。存证管理是将用户在信息平台上产生的单证信息加上附加信息,按一定的格式以文件形式保存下来,以备将来发生业务纠纷时查询、举证之用。

(2)信息发布功能。该功能以 Web 站点的形式实现,企业只要通过 Internet 连接到信息平台 Web 站点上,就可以获取站点上提供的物流信息。这类信息主要包括水陆运输价格、新闻和公告、政务指南、货源和运力、航班船期、空车配载、铁路车次、适箱货源、联盟会员、职业培训、政策法规等。

(3)全员服务功能。为注册会员提供的个性化服务。主要包括会员单证管理、会员的货物状态和位置跟踪,以及交易跟踪、交易统计、会员资信评估等。

(4)在线交易功能。交易系统为供方和需方提供一个虚拟交易市场,双方可发布和查询供需信息,对自己感兴趣的信息可与发布者进一步洽谈,交易系统可以为双方进行交易撮合。交易处理过程简单描述如下:

终端或自助设备的交易请求上送→加解密→预处理→加解密→送往主机→处理结果返回加解密→处理结果返回终端或自助设备。

(5)智能配送功能。利用物流中心的运输资源对商家的供货信息和消费者的购物信息进行最优化配送,使配送成本最低,在用户要求的时间内将货物送达。通常的解决方法是建立数学模型,由计算机运用数学规划方法给出决策方案,管理人员再根据实际情况进行选择。智能配送要解决的典型问题包括路线的选择、配送的发送顺序、配送的车辆类型、客户限制的发送时间。

(6)货物跟踪功能。采用 GPS/GIS 系统跟踪货物的状态和位置。状态和位置数据存放在数据库中,用户可通过 Call Center 或 Web 站点获得跟踪信息。

(7) 库存管理功能。利用物流信息平台对整个供应链进行整合,使库存量能在满足客户服务的条件下达到最低库存。最低库存量的获得需要大量历史数据的积累和分析,要考虑客户服务水平、库存成本、运输成本等方面综合因素,最终使总成本达到最小。可解决的典型问题包括下一轮生产周期应生产的产品数量、补充货物的最佳数量、补充货物的最低库存点(安全库存)。

(8) 决策分析功能。建立物流业务的数学模型,通过对已有数据的分析,帮助管理人员鉴别、评估和比较物流战略和策略上的可选方案。典型分析包括车辆日程安排、设施选址、顾客服务分析。

(9) 金融服务功能。在相关法律法规的建立和网络安全技术的进一步完善后,可通过物流信息平台网络实现金融服务,如保险、银行、税务、外汇等。在此类业务中,信息平台起一个信息传递的作用,具体业务在相关部门内部处理,处理结果通过信息平台返回客户。

(10) 系统管理。对整个信息平台的数据进行管理,包括用户管理、权限管理、安全管理和数据库管理等。物流系统涉及方方面面的使用人员,系统管理模块将对这些人员进行集中管理,为这些人员分配不同模块及使用权限。这样可以保证用户安全地使用自己的模块系统,完成自己的工作与职责,而不会越权使用其他的模块系统。

大型网络化关系型数据库中,安全机制非常完善,可以将数据库使用人员分为多种角色,每种角色又可以有多个用户,不同角色、不同用户拥有不同的权限。最高权限者为超级用户,他可以为其他用户分配权限。用户管理模块将基于数据库的安全机制,开发更灵活的权限管理功能。

四、公共物流信息平台的规划运营模式及发展趋势

公共物流信息平台的规划建设是一项复杂的系统工程,涉及投资主体、运营机制以及作业模式等多方面的问题。区域性物流公共信息平台的规划运营方式可以分成三种模式。

(1) 政府模式,即公共物流信息平台的规划、建设和运营维护都由国家直接负责。政府主导的力量很强,但也存在很多弊端,如容易造成与市场结合的紧密度不够、需要国家长期投入等。

(2) 企业模式,即信息平台的投资建设及运营完全由企业自己负责。企业可以自主经营,但企业行为有一定的局限性,整体规划性不强,难以实现预期规模,加之投资压力大,风险亦大,很少有企业愿意或能够承担这样的重任。

(3) 混合模式,即政府和企业共同出资模式。由于区域性公共物流信息平台资金压力大,投资回收缓慢,因此,在这种模式下,需要政府以股份制的形式注入部分初始启动资金,牵头负责协调、引导企业同样以股份制的形式注入资金,并在政策和技术标准等方面予以支持。

混合模式集前两种模式的优势于一身,又避免了它们的不利之处,在实际运营中,具有较强的可操作性。持有股份的企业是公共物流信息平台的运作主体,通过政府相关政

策和行业协会制度的制约，引入行业准入机制和会员制等管理方式，对于加入平台的会员企业，平台可通过收取会费、用户服务费、租赁费、广告费等方式提供有偿服务。政府主要行使宏观调控职能，负责指导公共物流信息平台共享信息服务价格的制定和市场引导政策的出台等。

当前，物流领域正在发生一场革命，这就是物流要借助新思想、新技术对传统的运输业务、仓储业务、搬运装卸、包装分拣活动进行改造，实现不断地提高货物流通速度、降低货物流通成本、提高物流品质、加快资金周转、保证货物安全的目标。

物流信息管理系统是由人和计算机组成的人-机系统。它不仅要考虑技术问题，而且要考虑组织问题和人的行为问题。应当指出，拥有信息不等同于理解信息，理解信息需要进行数据挖掘和商业智能，然后采取行动，因为只有这样才能够做到QR(快速响应)、JIT(即时)和ECR(有效客户响应)。

现代物流信息系统的建立，需要全员参与，共同建设。必须依靠各个行业、地区、企业的协同配合，借助于技术、管理、通信和覆盖全国的服务网络，分步骤、分层次逐步建设。

由于物流生产地与需求地存在空间差异，物流生产力的布局也不够均衡，为了做好物流生产业务，必须在物流信息捕捉上下工夫。目前，在各个地区建立公共的物流信息发布交流平台，对于降低找货成本、优化物流站点与线路就显得至关重要。

信息技术是物流系统应用的基础。在物流领域常用的信息技术主要有信息采集技术、识别技术、信息传递与转换技术、存储技术、查询技术等，采用这些技术可以改善物流业务流程，提高物流质量。

在物流企业内部，在生产与运作、经营与管理等方面借助于信息或信息系统，能够有效地实现物流业务目标。比如，通过使用GPS与GIS技术，能够对车辆和货物进行跟踪，保证了货物安全，也便于客户随时随地查询。

复习思考题

一、单项选择

1. 物流信息平台有两种，一种是公共物流信息平台，另一种是（　　）。

　　A. 企业物流信息平台　　　　　　　　B. 个人物流信息平台

　　C. 行业物流信息平台　　　　　　　　D. 地区物流信息平台

2. 在"工厂—全国配送中心—区域配送中心—零售商"的物流渠道情况下，相当于物流中心的是（　　）。

　　A. 工厂　　　　　　　　　　　　　　B. 全国配送中心

　　C. 区域配送中心　　　　　　　　　　D. 零售商

3. 关于第三方物流企业的信息化，以下说法错误的是（　　）。

　　A. 信息具备标准化和通用性

B. 物流信息的静态性强,信息的价值衰减速度慢

C. 信息系统具备智能化决策功能

D. 信息具备自动识别功能

4. 下列不属于原型法的优点的是(　　)。

A. 开发风险高　　　　　　　　　　B. 开发成本降低

C. 贴近实际　　　　　　　　　　　D. 适应环境能力强

5. 以下(　　)不属于配送中心管理信息系统的特征。

A. 系统性　　B. 通用性　　C. 超前性　　D. 无须考虑接口问题

6. 物流系统对物流信息的要求是信息充足、信息准确、(　　)。

A. 信息适当　B. 信息灵活　C. 信息顺畅　D. 以异常情况为基础

二、不定项选择

1. 以下哪些属于第三方物流的特征?(　　)。

A. 关系契约化　　　　B. 组织正规化　　　　C. 功能专业化

D. 信息网络化　　　　E. 服务个性化

2. 判断配送合理化的库存标志是(　　)。

A. 库存总量　B. 成本　　C. 仓库面积　D. 价格　　E. 库存周转量

3. 下列属于运输管理系统的功能模块有(　　)。

A. 运输计划　　　　　B. 配载管理　　　　　C. 运单结算

D. 司机培训　　　　　E. 车辆管理等模块

4. 以下哪些属于不合理配送运输的表现形式(　　)。

A. 资源筹措的不合理　　　　　　　B. 库存决策不合理

C. 价格不合理　　　　　　　　　　D. 配送与直达的决策不合理

E. 送货中司机选派不合理

5. 在物流系统设计的分析数据阶段,主要任务包括(　　)。

A. 定义所分析的问题　　　　　　　B. 基本方案分析

C. 物流装备使用分析　　　　　　　D. 灵敏度分析

E. 方案比较

6. 平台提供物流信息服务为主要收入来源,它应具备的条件包括(　　)。

A. 健全的运营机构　　　　　　　　B. 政府对物流行业支持的政策

C. 干练的市场营销人员　　　　　　D. 长期配合的技术厂商

E. 主动积极的业务推广部门

7. 对于区域物流平台是否达到系统化的标准,应从(　　)几个方面进行综合评价。

A. 网络的通达性　　　　　　　　　B. 物流活动一体化

C. 物流信息的电子化、互联网络化　D. 网络运行的高效化

E. 管理智能化

三、简答题

1. 仓储系统包括哪些功能环节?

2. 简述第三方物流信息系统的特征。
3. 简述信息系统在供应链管理中的作用。
4. 简述公共物流信息系统平台的功能。

项目六 典型物流信息系统分析与实训

如今在国际上,物流产业被认为是国民经济发展的动脉和基础产业,其发展程度成为衡量一国现代化程度和综合国力的重要标志,被喻为经济发展的"加速器"以及当前企业"最重要的竞争领域"。根据现代物流理论,物流费用每降低2个百分点,利润提高1倍。业内资深专家预言,在新世纪,谁掌握了物流与配送,谁就赢得了市场。

值得注意的是,专业化的第三方物流的发展,已成为目前世界各国和大型跨国公司所关注、探讨和实践的热点。而第三方物流的基础是信息化建设,信息技术实现了数据的快速、准确传递,提高了仓库管理、装卸管理、采购、订货、配送发运、订单处理的自动化水平,使订货、包装、保管、运输、流通实现一体化,从而使物流过程更加合理化、高效化、现代化。

信息技术能否消除牛鞭效应

雀巢专门引进了一套 VMI 信息管理系统,家乐福也及时为雀巢提供其产品销售的POS 数据和库存情况,通过集成双方的管理信息系统,经由 Internet/EDI 交换信息,就能及时掌握客户的真实需求。家乐福的订货业务情况为:每天9:30以前,家乐福把货物售出与现有库存的信息用电子形式传送给雀巢公司;9:30—10:30,雀巢公司将收到的数据合并至供应链管理(SCM)系统中,并产生预估的订货需求,系统将此需求量传输到后端的APS/ERP 系统中,依实际库存量计算出可行的订货量,产生建议订单;10:30,雀巢公司再将该建议订单用电子形式传送给家乐福；然后在10:30—11:00，家乐福公司确认订单并对数量与产品项目进行必要的修改之后回传至雀巢公司；最后在11:00—11:30，雀巢公司依照确认后的订单进行拣货与出货，并按照订单规定的时间交货。这样，由于及时地共享了信息，上游供应商对下游客户的需求了如指掌，无须再放大订货量，有效地消除了牛鞭效应。

问题与思考：
1. 什么是牛鞭效应？原因何在？
2. 信息技术能解决这个问题吗？为什么？

学习任务一　物流管理信息系统分析

● **知识目标**

1. 了解物流信息管理系统分析应注意的问题。
2. 掌握物流管理信息系统管理的基本内容。
3. 掌握物流信息管理系统功能需求分析。

● **能力目标**

1. 能够通晓物流企业的业务流程，充分理解用户的需求，进行认真的调查分析研究，形成新的系统逻辑方案，从而解决物流信息系统"做什么"的问题。
2. 能够根据企业的实际业务流程设计物流管理信息系统，为企业提供信息支持和服务，降低企业的管理成本，为企业创造利润。

物流信息系统分析是信息系统开发的重要阶段，其基本任务是开发商与用户一起，在系统规划阶段得到的数据基础上，充分理解用户的需求，进行认真的调查分析研究，形成新的系统逻辑方案，从而解决物流信息系统"做什么"的问题。系统分析阶段的工作成果是物流信息系统分析说明书，这是系统开发工作中最重要的文件。

一、物流管理信息系统分析应注意的问题

在进行系统分析时，要注意以下几个问题：

1. 要在充分理解用户需求的基础上进行系统分析

物流管理信息系统开发是为物流企业用户使用的，系统是为用户设计的。因此，必须

充分体现用户需求。实践证明,凡是充分体现用户需求的信息系统在投入使用后大多数都是成功的,凡是不能充分体现用户需求的信息系统在投入使用后大多数都是失败的。需求分析是系统开发的重要环节,必须引起高度重视。

在物流管理信息系统开发的实践中,要充分理解用户需求是一件十分困难的事情。主要原因是:

第一,许多用户缺乏计算机信息系统的使用知识,开始并不清楚物流信息系统能给企业带来什么,能做什么,不能做什么,无法一下子准确地表达自己的需求,大多数需求是在以后慢慢提出来的,并且是不断变化的,这就给开发人员进行系统分析带来困难。

第二,系统开发人员不熟悉业务流程,对用户管理运作不了解,很难准确理解用户的需求,对用户提出的需求常常理解不到位,这也给系统分析带来困难。

第三,新的计算机硬件不断出现,其功能不断创新,这也给用户和开发人员对物流信息系统的需求理解带来一定的困难,从而影响系统分析。

2. 系统分析要由开发人员和用户共同进行

物流管理信息系统是为物流企业用户开发的,使用对象是用户,为了充分体现用户对系统的需求,必须由开发人员和用户来共同进行系统分析。这种共同进行的系统分析主要体现在开发人员与用户的协作交流沟通上。但有时开发人员与用户的交流沟通十分困难,因为用户不懂信息系统开发知识,而开发人员又不懂得用户的业务流程。解决的办法是在两者之间架设一座桥梁,这座桥梁职能的承担者就是系统分析员。一个称职的系统分析员,不但具备坚实的信息系统开发知识,了解信息系统的发展方向,而且还要具备扎实的管理科学知识,通晓物流企业的业务流程。同用户打交道,交流沟通业务需求,又能同系统开发人员打交道,交流沟通信息系统开发期望。因此,系统分析员在这里扮演着类似海军陆战队队员的复合型人才的角色。

3. 系统分析是在原有信息系统基础上进行的

这里有两种情况,一种是有的物流企业原有信息系统是传统的手工操作信息系统;另一种是有的物流企业原有的计算机信息系统已经过时,需要二次开发。不管是哪一种情况,系统分析都必须在原有信息系统的基础上进行,不能一切都推倒重来。拟建的新系统要源于原系统,又要高于原系统。使新系统功能更强大、效率更高、使用更方便。

二、物流管理信息系统的任务

国内外物流专家的研究和实践证明,物流价值主要体现在降低企业仓储成本和搬卸成本,降低企业运营成本,提高顾客服务价值,减少呆料、滞料的出现,使电子商务得以实现,使供应链得以畅通,提高企业的竞争能力等方面,这不仅是物流价值的源泉,更使得物流价值与企业经营业绩真正联系起来。随着全球互联网的发展,物流信息系统的建立和使用可以说是企业实现物流价值、提高竞争力的关键,因此,它也就是物流信息系统的主要任务和目标。由于其投入相对较少,又能显著提高企业物流运营效率和管理水平,所以建立物流信息系统在新经济时代尤为必需。具体任务:

(1)对各种物流文档资料的收发、储存和管理,并高效率低成本地完成各种信息处理业务。物流活动中的各种原始记录,包括各种合同、文件、客户、供应商、生产厂商以及内部业务管理的多种票据等信息,它们是经营管理的凭证和依据。信息系统可以对其很好地收集、储存、加工、传输和管理。并大大提高信息处理效率,减轻劳动强度,从而提高工作效率和效益,同时又可促进管理人员整体素质的提高,改进管理质量和服务水平。

(2) 在物流信息技术协助下,实现订发货系统化管理以及货物在运输中的实时管理;库存管理与分析以及与财务系统集成等,实现企业物流一体化的运作。

(3) 利用现代通信网络技术,实现供应链中各系统互联,即通过储存大批定期订货信息,自动交付物流费用,联机通信信息及银行进款信息的收集,与其他企业共同建立信息系统并相互交流以达到供应链一体化的目标。

(4) 利用系统的信息系统和各种管理模型,辅助高层管理人员进行各种决策。面对激烈的竞争,企业管理者必须学习和运用现代管理理论和方法,运用现代化的管理手段来实施管理,这其中涉及许多决策,比如资金的运用、货物的进出、合理运输方式与最佳运输路线的选择,以及新型服务项目的策划,企业效益的预测、评估等,它们都可以借助数学模型的定量分析,目的是提高决策的效率和可靠性。

三、物流管理信息系统管理的基本内容

物流管理信息系统的管理,根据功能可分为可用性管理、性能管理、问题管理、变更管理、配置管理、安全管理、运行管理、资产管理、服务水平协议管理。它们的管理对象和管理方法分别阐述如下。

1. 可用性管理

可用性是指对于企业的各种信息资源(包括网络、软件、硬件、数据),在任何需要的时间和地点,任何被许可的客户都能取得足额的信息应用服务。可用性管理是指通过对性能、配置、问题、变更等的综合管理,从而获得对信息资源存取的整体效果,它是对信息系统管理的宏观要求。

2. 性能管理

性能是指信息系统提供服务和功能的范围和获取这些功能的高效性,可以用"多、快、好、省"来衡量。"多"指提供的功能多;"快"指提供服务的速度快,对用户请求的响应快;"好"指提供的功能易于使用和维护;"省"指提供这些服务需要的系统资源尽可能少,包括软硬件投资小、能耗低、环境污染小等等。性能管理通过一些监控系统运行效率的软件来实现,当系统运行效率下降时,监控软件会报警或自动处理。

3. 安全管理

信息系统的安全管理涉及人员、设备和资产的管理,尤其是对企业数据资产的管理。企业数据资产是指信息系统中存储的文件、程序、合同条款、通信、工程设计、人事数据等等。数据的安全,是要保护这些数据免受未授权的各种破坏、修改、暴露、使用,而无论这些动作是故意的还是无意识的。对于信息的安全管理可以有以下途径:物理防范和操作流程的安全防范,系统完整性管理,资源存取的控制和密码设置。

4. 运行管理

运行管理是指企业信息系统中日常业务的操作管理,这些操作包括对网络的监控,对

企业管理和经营信息的日常采集、分类、处理、存储、备份等。这些操作是企业日常运营的基础信息工作,是企业业务和管理赖以开展的基础,信息系统运行的好坏直接影响到企业的日常经营和管理。同时,由于企业信息系统越来越庞大和复杂,相应的运行管理工作也日趋增多。系统的操作节点增加、操作环节增多、全天候运行等,使系统操作的难度和工作量大大增加,如果能实现企业信息系统的整体单点管理,对于减少多点的重复性操作和误操作率将起到较大的作用;如果能实现企业信息系统操作流程的自动化执行,将可以有效减轻操作强度和工作量,减少不必要的操作失误,提高操作速度和信息系统的响应速度。

5. 问题管理

系统运行过程中故障和问题的解决,是企业信息系统管理必不可少的管理内容之一。在信息系统的日常维护中,故障的出现基本符合"二八"规律,即难度较小的常见问题出现的概率是80%,难度较大的问题为20%。常见问题的解决可以依靠知识库,知识库记载了企业信息系统已出现过的问题、问题的特征、影响范围、问题的解决策略和方法,当相同的问题又出现时,问题管理人员可以查询知识库,找到相应的解决办法。如果是知识库中没有的问题,当借助更高层次的问题管理人员解决后,将新问题记录存储在知识库中。

6. 变更管理

物流管理信息系统的管理,一般需要不同门类专业人员的共同管理,在系统崩溃或者运行到规定的一段时间后,需要重新启动和初始化。那么,系统自安装完成后的变更记录,无论对不同人员的系统管理,还是系统的重启,都是至关重要的。对于系统管理人员,它的一切工作都是以系统最新的状态为基础。对于系统的重新启动,系统也必须恢复到关机前的最后状态。因此,如何对系统维护的变更进行及时准确的记录,是系统管理的一项必要的日常工作。

7. 配置管理

物流管理信息系统由种类繁多的软硬件组成,同种产品又有不同的厂家牌号和版本。同时,信息系统架构中的各种软硬件,它们的型号和版本必须互相兼容,系统才能正常工作。因此,对于企业信息系统软硬件配置的记录和及时更新,也应当是信息系统管理的一项内容,是系统升级和维护中所必不可少的。

8. 服务水平协议管理

物流管理信息系统的运行和管理必须以达到服务水平为要求。企业服务水平协议,是物流管理信息系统部门与企业业务和管理部门,以及客户事先达成的信息系统服务水平的规定,包括系统的可用性水平、系统故障率、系统的响应时间等。为了达到这些要求,信息系统的运行水平需要不断地管理和监控,并且形成月度、季度、年度报告,为企业其他部门和客户信息系统提供状况报告。

9. 资产管理

企业信息系统涉及的各种软件、硬件、文档、合同协议、机房设施、办公设备等,作为企业的固定资产,应当在它们被购置或产生的时候,及时准确地登记入册,或者录入资产管理软件中。在以后发生变更使用人、使用地点、发生维修、更换等情况时,也应当将相应的信息及时录入或更新。这些信息是以后企业资产定期盘点、检查和管理的依据。

四、物流管理信息系统业务流程分析

1. 订单处理业务流程分析

订单处理业务流程分析包括：检查订单是否有效、确认订单、提请相关部门审查客户的资信情况；提请会计记录有关往来账目；根据客户需要，进行服务的合理策划与设计；根据货物托运信息与各个分包商联系并委派任务。

2. 仓储管理业务流程分析

入库业务流程包括以下内容：根据货主的正式入库凭证，开入库单交仓库收货员，准备收货；收货人接货、搬运、分标记、验收入库、堆码、做好验收记录；仓库收货员与送货员办理交接手续；根据验收记录，仓库保管员在仓库入库单上签收，一联作为备查，另一联交给货主；仓库管理员根据入库单登入库账，并制卡交仓库保管员挂在货物上。

3. 运输管理业务流程分析

运输管理业务流程分析包括以下内容：货主提出托运申请，调度根据车辆动态决定是否接受委托，汇总托运信息，借助地理信息系统编制车辆运输计划，生成调度命令并下达司机，司机根据调度命令提货、运输、交货，填制有关单据并上报，运输业务统计。

五、物流管理信息系统管理分析

1. 订单管理分析

订单管理分析有采购订单管理与销售订单管理两类。

（1）采购订单管理。包括制作订单、向供货方下达订单、安排运输、选择存放仓库、通知仓库接货、单证处理。

（2）销售订单管理。包括接受订单、订单处理、通知仓库备货、运输安排、单证处理。

2. 运输管理分析

运输管理分析包括以下几个方面：

（1）运输方式选择。包括运输方案设计、方案比较、分析、选择等。

（2）运输服务商选择。包括服务商评价标准、运输服务商初选、比较、选择等。

（3）运输路线选择。包括建立运输路线选择模型、运输路线数据的收集、建立地理信息系统、根据运输任务最佳运输路线等。

（4）运输计划编制。包括运输设备资料库、建立驾驶人员资料库、运输任务汇总、运输任务与运输能力的匹配、生成运输计划等。

（5）运输能力配置。包括运输市场规划、运输价格分析、运输投资效益计算等。

（6）运输调度。包括调度指令、车辆船舶跟踪等。

（7）运输统计分析。包括运输统计报表、运输成本分析等。

3. 仓储管理分析

仓储管理分析包括以下几个方面：

（1）入库管理。包括接受入库申请、入库准备、入库验收、安排储位、装卸、搬运等。

(2) 库存盘点。包括定期清点库存物资、盘盈、盘亏统计、过期物资清理。

(3) 库存物资保管、养护。包括定期检查库存物资、按规定实施保管、养护等。

(4) 出库管理。包括接受出库申请、出库准备、安排装卸、搬运等。

(5) 储位管理。包括储位编码、储位指派、储位监控、储位使用等。

(6) 库存控制。包括库存控制策略的制定、实施、分类、库存编制等。

(7) 库存统计分析。包括库存统计报表、库存成本分析等。

4．配送管理分析

配送管理分析包括以下几个方面：

(1) 配送情况选址。包括配送中心选址模型、方法研究、客户分布、需求量、配送中心规划等。

(2) 作业流程设计。包括进货作业流程设计、储存作业流程设计、出货作业流程设计等。

(3) 客户订单处理。包括客户订单确认、存货查询、单据处理。

(4) 分拣作业处理。包括拣货设备配置、拣货信息处理、拣货效率分析、改进。

(5) 进货作业管理。包括进货计划、货物编号、进货识别、货物验收等。

(6) 发货作业管理。包括分货、发货检查、包装等。

(7) 送货与运货处理。包括了解送货要求、确定送货路线、安排送货车辆、控制送货成本等。

(8) 其他辅助作业管理。包括流通加工管理，即接受加工指令、准备加工设备、安排加工作业、加工业务统计等；装卸搬运管理，即设计装卸搬运系统、配置装卸搬运机械、制定装卸搬运作业流程、安排装卸搬运作业、装卸搬运统计等；包装管理，即包装方案、配置包装机械、配置包装计划、安排包装作业、包装成本核算等。

5．货物跟踪分析

货物跟踪分析包括以下三个方面：

(1) 货物动态信息收集。包括信息源、信息结构等。

(2) 货物动态信息整理。包括货物动态信息的检查、分类、汇总，编制供发布、查询的货物动态信息等。

(3) 货物动态信息的查询。包括为客户提供货物动态信息查询、为自身业务提供货物动态信息查询等。

6．统计分析

统计分析包括以下四个方面：

(1) 业务量统计分析。包括运输业务统计分析、仓储业务统计分析、配送业务统计分析、其他业务统计分析等。

(2) 服务质量统计分析。包括服务质量指标设计、服务质量信息收集、服务质量指标计算等。

(3) 效益统计分析。包括成本测算、成本分析、收入统计、利润计算等。

(4) 其他指标统计分析。包括设备完好率统计分析、设备利用率统计分析、劳动生产率统计分析等。

7. 客户关系管理分析

客户关系管理分析包括以下几个方面：

（1）客户档案管理。包括客户资料收集、整理、分析、编号、汇总等。

（2）客户合同管理。包括合同档案管理、合同执行跟踪、特殊情况记录等。

（3）客户分析。包括客户需求分析、客户变动分析等。

（4）客户投诉处理。包括客户投诉处理、客户投诉问题的解决、客户投诉记录等。

（5）服务标准制定。包括服务标准指标、计算等。

（6）服务质量管理。包括服务质量指标设计、服务质量统计分析、服务质量考核等。

8. 物流服务方案设计、改进

物流服务方案设计、改进包括以下几个方面。

（1）市场调研。包括物流市场调查、物流市场预测等。

（2）客户需求分析。包括客户需求调查、分析等。

（3）物流服务方案设计。包括服务项目、目标等。

（4）物流服务方案评估。包括从物流成本降低率、服务质量指标、客户满意度等方面进行的评估。

（5）物流服务方案改进。包括物流服务评估结果、服务改进等。

9. 物流系统设计、优化

物流系统设计、优化包括以下几个方面：

（1）物流系统分析。包括运输系统分析、仓储系统分析、配送系统分析、装卸搬运系统分析、包装系统分析、流通加工系统分析。

（2）物流系统设计。包括运输系统设计、仓储系统设计、配送系统设计、装卸搬运系统设计、包装系统设计、流通加工系统设计。

（3）物流系统评估。包括运输系统评估、仓储系统评估、配送系统评估、装卸搬运系统评估、包装系统评估、流通加工系统评估。

（4）物流系统优化。包括运输系统优化、仓储系统优化、配送系统优化、装卸搬运系统优化、包装系统优化、流通加工系统优化。

六、物流信息管理系统功能需求分析

（1）订单处理。订单处理包括订单输入、修改、编辑、状态查明、打印；客户信用检验；配送中心、仓库、工厂发货检查；订单确认、取消；订单定价、买价、折扣计算；订单汇总、分类、生成运输/出库/配送任务单；订单处理跟踪、偏差报告生成。

（2）仓库管理。仓库管理包括入库处理、出库处理、内驳处理、中转处理、交接清单打印、库存盘点、库存查询。

（3）运输管理。运输管理包括托运、定舱管理、运输单证处理、发运管理、运费管理、配送管理、车辆调度、行车单生成、修改、发运管理、签收管理。

（4）货物跟踪管理。货物跟踪管理包括地理信息系统、全球定位系统、电子数据交换、货物动态编辑、查询。

(5) 业务统计分析。业务统计分析包括业务量统计、分货种统计、分地区统计、分客户统计、分供应商统计、成本统计、运输成本统计、单位运输成本统计、仓储成本统计、成本变动分析。

(6) 客户关系管理。客户关系管理包括：客户档案管理，客户合同管理，客户动态信息管理，客户结构分析，客户信誉评估，客户贡献值评估，客户服务质量管理，客户意见收集、汇总，缺货频率统计、分析，供应比率统计、分析，订货完成率统计、分析，准时送达率统计、分析，送达速度统计、分析，作业灵活性分析，货损、货差率统计、分析，物流成本降低率统计、分析。

学习任务二　物流管理信息系统开发设计

知识目标

1. 了解物流信息体系结构设计内容和原则。
2. 掌握信息系统开发的特点、开发方法。
3. 掌握物流管理信息系统的开发过程。
4. 掌握典型的几个属于物流管理信息系统范畴的设计方法。

能力目标

1. 能够从系统工程角度体现系统的各子系统中各要素的相互作用和层次结构,描述系统各要素之间的信息传递、实现的相互依赖关系,为物流管理信息系统开发设计提供设计理念。

2. 能够帮助企业建立一套高效、有序、合理、先进的信息系统,全面提高企业管理的效率和质量,从而提高企业的核心竞争力。

物流管理信息系统的开发是一个较为复杂的系统工程,它涉及计算机处理技术、系统理论、组织结构、管理功能、管理认识、认识规律以及工程化方法等方面的问题。尽管系统开发有很多种,但至今尚未形成一套完整的、能为所有系统开发人员所接受的理论以及由这种理论所支持的工具和方法。

一、物流信息体系结构开发设计内容和原则

体系结构是从系统工程角度体现系统的各子系统中各要素的相互作用和层次结构,描述了系统中各要素之间的信息传递、实现的相互依赖关系等。物流信息系统体系结构是指在参与者功能与需求分析基础上,定义了物流信息系统的一个总体建设框架,主要包括如下内容。

(1) 与用户服务相关的各种功能。
(2) 具备相应功能的子系统。

(3) 子系统间的信息流与数据接口(包括通信协议与数据标准化定义)。
(4) 子系统间为实现数据交换的通信需求。
同时,在体系结构设计中,应遵循如下原则。
(1) 具有开放性、模块化及适应性等特点。
(2) 满足各系统间的数据交换,数据交换的方法必须确保数据的完整性及安全性。
(3) 数据交换只需通过通用的数据定义、信息格式及通信协议。这样可以确保不同部门开发的各自独立的系统具有互操作性。
(4) 具有与现有系统及近期通信技术兼容的特点。
(5) 尽可能兼容已有的技术及已开发的系统。
(6) 在物流信息技术上,让政府与企业在竞争的市场中具有广泛的选择。

二、信息系统开发的特点

信息系统开发的结果是一套软件产品,软件产品的生产具有以下特点:
(1) 技术含量高。信息系统的开发涉及多门学科。对设计人员来说除了具有广博的知识、丰富的经验,更重要的是要有创新意识。不同的组织有不同的业务范围、组织机构和管理特点。信息系统的开发不能照搬老系统的管理模式,也不是简单地用计算机代替手工操作,建立信息系统的目的是建立一套高效、有序、合理、先进的信息系统,全面提高管理的效率和质量,从而提高组织的竞争力。系统的开发既包括先进技术的运用,又包括先进管理思想和方法的运用。所以信息系统是高科技产品,创新是它的生命力。
(2) 过程复杂。信息系统的服务对象是一个管理和控制系统,管理和控制系统本身就是一个复杂系统,信息系统的开发不仅要了解这个复杂系统,还要了解系统的环境,这就决定了系统的复杂性。另外,系统开发阶段有大量的不同身份的人员参加,他们之间的分工合作也增加了系统开发的复杂性。
(3) 质量要求高。信息系统一旦建立以来,所有的部门和各级管理人员就会对它有强烈的依赖,设计过程的一个小小错误,也许会在运行中给组织造成巨大的损失。硬件产品的质量可以用产品标准来衡量,信息产品的质量可以从下面几个方面去考虑:① 用户的满意程度。② 系统功能的先进性、有效性、完备性。③ 系统的经济性。④ 系统所提供信息的准确性、有效性和实用性。⑤ 开发过程的规范性。

三、信息系统的开发方法

由于物流(主要指社会物流)系统是一个复杂的大系统,涉及政府不同层次的多个管理部门、多个环节的物流企业及货物的供需双方。物流信息系统的开发是一项非常复杂的系统工程,为了保证系统开发顺利有效地进行,不但要有切实可行的开发方案,而且还要有科学的开发方法。

目前,对系统开发方法的研究已成为信息系统的一个重要研究方向。下面我们介绍几种最常用的方法。

（一）结构化系统开发方法

1. 结构化系统开发方法的基本思想

采用结构化方法，严格划分工作阶段，面向用户，采用标准化、规范化的图表工具。

（1）采用结构化方法。首先把整个系统作为研究对象，明确系统的目标、系统的功能；然后，自上而下地把整个系统划分为若干子系统，每个子系统再根据功能要求划分为若干模块。为了便于设计、实施和维护，要求模块之间联系尽可能少。采用这种方法可以把握全局，优化整体结构设计。

（2）严格划分工作阶段。该方法把系统开发划分为若干个先后衔接的阶段，每个阶段有明确的任务，前一个阶段结束前要审核该阶段的文档，并把它作为下一个阶段工作的依据。严格按阶段工作的好处是工作基础扎实，可以避免因返工造成的浪费。

（3）面向用户。信息系统的成败很大程度上取决于系统是否符合用户需求，用户的满意程度是衡量系统质量的首要标准。因此，在系统开发中要求专业人员一切从用户利益出发，尽量满足用户需求。具体来说，要求系统分析设计人员深入调查研究，虚心听取各方面的意见，与用户加强联系，在技术上保证质量。然而，在实际工作中用户与专业人员之间客观存在着一些矛盾。比如，由于双方缺乏共同语言，或用户工作繁忙，沟通就比较困难；由于双方对系统的要求和标准不同，产生意见分歧的情况也常有发生，专业人员往往注重技术性能，而用户希望操作方便。这些矛盾能否协调好，直接关系到系统的成败。

（4）采用标准化、规范化的图表工具。在系统开发的全过程，运用大量的图表工具来记录阶段性成果。如用组织结构图记录调查结果；用数据流程图、数据字典描述逻辑模型；用结构图描述物理模型等。标准化的图表工具可以成为专业人员和用户之间的共同语言，这不仅直观形象地表达设计思想，还避免了用语言表达可能产生的二义性。但是，目前图表工具并没有一个国际或国内的标准，我们在实际工作中应尽量采用较为流行的图例。比如，决定用圆圈表示外部实体，则所有的外部实体都必须用圆圈来表示。

2. 结构化系统开发方法的生命周期

结构化系统开发方法把系统开发过程分为五个阶段，即系统规划、系统分析、系统设计、系统实施、系统运行和维护。这五个阶段紧密衔接，首尾相连，所以也被称为系统开发的生命周期。生命周期各阶段的主要工作如下。

（1）系统规划。首先由用户提出系统开发请求，然后组织调查小组对现行系统进行初步调查，了解系统的概况，在此基础上进行可行性分析，提出初步方案，交系统开发领导小组讨论。如果项目可行，则进入下一阶段工作。

（2）系统分析。系统分析员对组织进行详细调查，分析业务流程和数据流程，提出新系统的逻辑模型，完成系统分析报告，交系统开发领导小组讨论。如果通过，则进入系统设计阶段工作。

（3）系统设计。根据系统的逻辑模型，考虑实现的可能性，进行物理模型的设计，这其中包括模块的分解、数据库的设计、代码的设计、输入输出设计等，完成系统设计报告，交系统开发领导小组讨论。如果通过，则进入系统实施阶段工作。

(4) 系统实施。程序设计,软硬件的安装调试,人员培训,试运行,系统转换。

(5) 运行与维护。系统投入运行之后,主要是日常维护的工作,如遇系统功能的改变,还要对系统进行修改,使之满足实际的要求。当系统的环境发生较大的变化,用户提出新的开发请求,则重新开始新一轮的生命周期。

3. 结构化系统开发方法的优点

(1) 该方法强调系统的观点,先自上而下地分析设计,再自下而上地实施完成,从而保证系统的完整性与子系统之间的协调。

(2) 严格区分工作阶段,每个阶段都要严格审核,可以及早发现问题,避免不必要的返工和工作过程的混乱。

(3) 重视调查研究,便于全面了解用户需求。

4. 结构化系统开发方法的局限性

(1) 该方法的运用是假设用户需求在调查研究阶段全部可以确定,而且在开发过程中基本保持不变,这种假设在今天这样的环境中是很难做到的。特别是对于一些决策领域的应用,因为决策问题可能是半结构化的,信息需求和求解过程不能预先确定下来。这时,用后面要介绍的原型法会更有效。

(2) 由于设计者必须花费大量的时间来进行调查,并完成许多图表和说明书,而各阶段的图表文档又不能自然过渡和转换,所以开发周期往往要一年以上。等系统交付使用时,可能环境已经发生变化,新系统已经过时了。

(二) 原型开发方法

结构化系统开发要求系统开发人员和用户在开发初期就对整个系统的功能有全面和深刻的认识,并制订出每一个阶段的工作计划,期初定下的目标和范围在后面不需做很大的改变。这种方法适用于用户需求明确、研制人员对系统熟悉、经验丰富,系统寿命长等情况。

但在实际开发过程中,特别是计算机迅速普及的今天,软硬件价格下跌,开发费用上升,如用结构化系统开发方法,研制周期长,费用大;另外,由于环境变化快,系统的需求也在经常变化,很难在一开始就把需求固定下来;再者,开发人员与用户的沟通也很难做到。上述各种情况说明,结构化系统开发方法缺乏灵活性,特别对预先不能明确定义需求的情况应该采用其他的开发方法。这就产生了原型法。

原型法的基本思想是:在初步了解用户需求的基础上,构造一个初步原型,研制人员通过初步原型,提炼用户需求,提出修改方案,再去修改原型,经反复提炼与修改,直到得到最后的系统。

1. 原型法的开发步骤

(1) 确定用户的基本需求。对现行系统进行初步调查,收集有关数据资料,如主要的输出报表等,从而发现用户的基本需求,包括系统的主要功能、数据库结构和基本输入输出界面,估算系统开发成本。在这个阶段,开发人员不需要花大力气对系统作全面系统的了解。

(2) 开发初步原型。建立一个符合用户基本需求的初步原型,开发人员可以利用一些开发工具和高层次开发语言来快速生成原型(比如:Visual FoxPro,Power Builder 和 MIS 开发工具),以作为下一步工作的依据。

(3) 利用原型提炼用户需求。这个阶段是关键。用户通过亲自使用原型,了解系统已有的功能,发现不完善之处,对功能和输入输出界面提出意见,设计人员要一一记录下来,并以此引导用户发表意见和建议,在反复讨论过程中进一步提炼用户需求,形成修改计划。

(4) 修正和改进原型。开发人员根据用户的意见对初始原型进行修改、完善,然后再试用、评价、修改、完善,直到满意为止。

2. 原型法的优点

(1) 在对用户需求不能完全确定时,原型法最适用。

(2) 可以缩短开发周期。

(3) 有原型做讨论对象,使开发人员与用户易于交流,开发出的系统更能满足用户需求。

3. 原型法的局限性

(1) 原型法更适合较小的系统开发,对于大型系统必须分为几个部分,各部分分别建立原型,如果不事先进行结构化的分析,是很难对大型系统进行划分的。

(2) 必须有一个功能强大的软件作支撑。

(三) 面向对象的开发方法

面向对象的系统开发方法是从 20 世纪 80 年代各种面向对象的程序设计方法逐步发展而来的。面向对象开发方法的基本思想:认为客观世界是由各种各样的对象及其相互关系组成的,在开发系统的过程中首先认识应用领域的各种对象以及他们之间的相互关系,把具有相同或相似特性的对象中的具有共性和相对不变的特性抽象出来,定义为类,由于类反映了事物的本质,因而不容易受环境变化的影响。在类的基础上可以定义具有个性化的各种对象,对象具有属性和与之相关联的事件、方法。各种对象通过事件和方法相互联系、相互作用,构成应用系统。这种以对象为中心的分析问题、解决问题的过程与人们认识世界的过程基本一致,用这种方法可以更准确地描述现实世界。

1. 面向对象开发方法的步骤

(1) 面向对象分析(OOA)。与用户交流,明确用户需求,确定类和对象,确定结构,识别主题(也就是确定系统的概貌),定义属性,定义方法。

(2) 面向对象设计(OOD)。整理、修正 OOA 阶段的分析结果,改正错误,合理分类,设计数据库的结构,确定系统的结构。

(3) 面向对象编程(OOP)。将 OOD 阶段得到的模型利用程序设计得以实现。程序设计一般采用面向对象的程序设计语言,这样可以更好地实现系统。

2. 面向对象开发方法的优点

(1) 这种方法从现实系统的描述到最后的软件结构都是以对象为中心的,各阶段模型可以自然过渡,从而减少了系统开发过程的复杂性,缩短了开发周期。

(2) 由于系统是由基于各种类的对象"组装"而成的,类的封装性、继承性、多态性决定了所开发的系统可重用性和可维护性好,一旦用户需求发生变化,利用继承性可以方便地改进系统功能,所以系统可以维持较长的寿命。

3. 面向对象开发方法的局限性

对于大型系统开发,如果不先采用自上而下的方法进行总体规划,直接自下而上地采用面向对象的方法开发系统,同样会造成系统结构的不合理。因此,如果在实际的系统开发中把结构化方法与面向对象的方法有机结合起来则会收到更好的效果。

(四)购买软件包

目前市场上有许多商品化的软件包可供用户选择,比如库存控制、人力资源管理、工资计算、财会系统、图书馆系统、POS 系统、房地产管理和物业管理软件等。如果这种预先设计、预先编写、预先测试的软件包能满足用户的需求,那么采用购买软件包的方法来建立信息系统会带来更好的效益。

1. 购买软件包的开发步骤

(1)系统分析。调查,确定用户需求;选择软件包开发商;评估软件包;选择软件包。

(2)系统设计。按要求修改软件包设计,重新设计组织的业务流程。

(3)安装调试。安装软件包,交付各类文档资料,培训用户。

(4)运行维护。纠正运行中发现的问题软件包的更新。

2. 利用软件包的优点

由于绝大部分的设计工作在系统开发之前已由开发商完成,比起规范化的生命周期方法来说,可以大大缩短开发周期,另外,由于商品化软件在投放市场之前都经过反复测试,又经过权威部门的技术评审,所以可靠性比较高,技术服务也比较好,采用这种开发还可以节约大笔开发费用。

3. 利用软件包的缺点

由于一般的软件包都是针对某一单独的应用而开发的,所以,软件包更适合于满足组织中的一些通用的信息需求,而满足一个实际系统的全部需求的商品化软件包是没有的。即使有通用性、灵活性都很好的系统出售,那也最多能满足用户70%的功能需求。

4. 选择软件包需要考虑的问题

(1)软件包的功能。可以满足哪些功能需求?需修改的部分占多少?

(2)灵活性。软件是否允许修改和扩充?开发商是否愿意修改?

(3)友好性。软件是否易于操作?提供的信息是否符合使用要求(包括内容和形式)?

(4)运行环境。需要什么软硬件环境支持?

(5)系统转换的难度。现行系统转换成软件包系统难度大不大?

(6)可维护性。系统是否易于修改?开发商是否提供软件升级?

(7)文档资料。随软件包是否提供文档资料?文档资料是否完备、可用?

(8)费用。软件包的价格是多少?年维护与运行费用大约需要多少?

(9)寿命。软件的技术是否先进?估计能使用多长时间?

四、物流管理信息系统的开发过程

物流信息管理系统要解决的主要问题包括：缩短从接受订货到发货的时间，库存适量化，提高搬运作业效率，提高运输效率，使接受订货和发出订货更为省力，提高订单处理的精度，防止发货和配送出现差错，调整需求和供给，回答信息咨询。同时，还要加强对物流各操作环节的监控，通过对各物流环节的有效组合以降低综合物流成本，提高对客户的服务水平。

物流信息管理系统由物流作业系统、物流控制系统组成。启动物流作业系统是从物流控制系统得到相应的信息，只有这两个系统很好地结合成为一个总体系统，才能完成一个真正的物流信息管理系统。

物流作业系统的目标：在运输、保管、搬运、包装、流通加工等作业环节中使用种种先进技能和技术，并使生产据点、物流据点、输配送路线、运输手段等网络化，从而提高各物流活动的效率。

物流控制系统的目标：在保证订货、进货、库存、出货、配送等信息通畅的基础上，使通信据点、通信线路、通信手段网络化，提高物流作业系统的效率。

物流信息管理系统的开发过程包括六个步骤。

1．计划

确定要开发的系统的总目标，给出系统，的功能、性能、可靠性以及所需的接口等方面的设想。研究完成该项软件的可行性分析，探讨解决问题的方案。并且对可供使用的资源（如计算机硬、软件、人力等）、成本、可取得的效益和开发的进度做出估计。制订完成开发任务的实施计划。

2．需求分析

需求分析主要是对开发的软件进行详细的调查和分析，充分理解用户的需求，确定哪些需求是可以满足的，明确这些需求的逻辑结构，并加以确切地描述。写出软件需求说明书或功能说明书及初步的系统用户手册。

3．软件设计

设计是软件工程的技术核心。其基本任务是将用户要求转换成一个具体的软件系统的设计方案。该阶段包括概要设计（或称总体设计）、详细设计等步骤，每一步骤考虑的详细程度有所不同。概要设计是在软件需求说明书的基础上建立软件的系统结构，包括数据结构和模块结构。模块结构中的每个模块意义明确且和某些用户需求相对应，进而进行详细设计，对每个模块进行具体的描述，确定模块的功能、接口和实现方法，以便为程序编写打下基础。

4．程序编写

把软件设计转换成计算机可以接受的程序，即写成以某一程序设计语言表示的"源程序清单"。这步工作也称为编码。自然，写出来的程序应该是结构良好、清晰易读的，且与设计相一致的。

5．系统测试

测试是保证软件质量的重要手段，其任务是发现并排除错误，它通常又可分为单元测试(或称模块测试)、组装测试、确认测试等步骤。测试最好由另一个独立的部门(不参加该软件系统的设计和编写的人员)来完成,这样可以提高测试的质量。经过测试修改就得到了可运行的软件系统,交付用户使用。整个测试过程都要记录在测试分析报告中。

6. 系统运行与维护

已交付的软件投入正式使用便进入运行阶段。在运行阶段,需要对软件系统进行修改,其原因可能有:运行中发现了错误需要修正;为了适应变化了的软件工作环境,需做适当变更;为了增强软件功能需做变更。每一项维护活动都应该准确记录下来,并作为正式的文档资料加以保存。

五、几个典型的属于物流管理信息系统范畴的设计

1. 货物动态跟踪系统

(1) 系统目标。为客户和物流公司的员工提供货物在各操作环节的及时动态信息。

(2) 系统结构图。如图6-1所示。

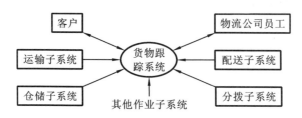

图 6-1 货物动态跟踪系统结构图

(3) 主要功能说明。该系统将把货物在物流各操作环节的动态信息,通过多种方式及时反馈给客户和物流公司的管理层,使得客户和物流公司的员工都能及时了解货物的动态,提前做好相应的准备工作。

① 动态信息产生、汇总。各作业系统将货物在本操作环节所产生的动态信息,通过EDI、E-mail 等传输方式,将信息汇总到货物跟踪系统。

② 动态信息反馈。货物跟踪系统将根据客户、货物品名、批号等条件,对各作业系统产生的动态信息进行分类汇总,根据客户的不同要求,将动态信息及时反馈给客户,或存放于 Web 服务器,客户可通过互联网即时查询。

③ 动态信息比较。从各作业环节提取的信息和接受客户委托时的计划进行对应比较,了解操作环节可能存在的问题,做好预防工作,当出现问题时,可以提前采取相应的补救措施,以保证对客户的服务质量。

2. 配送中心的信息系统

(1) 系统目标。解决配送中心订货、库存、采购、发货等一系列信息及时准确传递的任务,并收集各种表单以及关于物流成本、仓库和车辆等物流设施、设备运转等方面的资料,帮助物流管理部门有效地管理物流活动。

(2) 系统结构图。如图6-2所示。

(3) 系统主要功能。

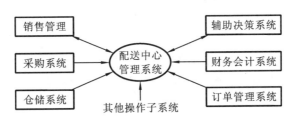

图 6-2 配送中心管理系统结构

①销售管理系统。其主要的职能是订单处理。若采取配销模式,还应包括客户管理系统、销售分析与预测系统、销售价格管理、应收款及退货处理等系统。

②采购管理系统。如果采取物流模式,其主要职能是接受进货及验收指令;如果是授权模式或配销模式,其主要工作是面对供货商的作业,包括供货商管理、采购决策、存货控制、采购价格管理、应付账款管理等系统。

③仓储管理系统。该系统包括储存管理、进出货管理、机械设备管理、分拣处理、流通加工、出货配送管理、货物追踪管理、运输调度计划等内容。

④财务会计系统。财务会计部门对销售管理系统和采购管理系统所传送来的应付、应收账款进行会计操作,同时对配送中心的整个业务与资金进行平衡、测算和分析,编制各业务经营财务报表,并与银行金融系统联网进行转账。

⑤辅助决策系统。除了获取内部各系统业务信息外,关键在于取得外部信息,并结合内部信息编制各种分析报告和建议报告,供配送中心的高层管理人员作为决策的依据。

学习任务三 物流管理信息系统实训项目

知识目标

1. 了解物流管理信息系统实训内容分类。
2. 掌握物流信息技术各实训内容特点。
3. 掌握物流管理信息系统实训设计步骤。
4. 掌握典型的几个属于物流管理信息系统实训方法。

能力目标

1. 能够通过物流信息技术的实训练习,达到掌握物流信息技术应用实践的目的。
2. 能够根据物流信息技术的应用特点设计实训练习的方法。

实训一 物流网络硬件设备的识别与选择

[实训目的]

(1) 了解物流网络设备的作用及区别。

（2）学会选用适用的网络设备。

[实训内容]

一般最基本的网络设备不外乎三种，集线器或交换机，网卡和网线（偶尔也有例外情况，例如两台计算机可以通过一根特殊接法的网线进行对联）。

1. 集线器或交换机

对于最普通最常用的星形拓扑结构来说，集线器、交换机是心脏部分，一旦它出问题，整个网络随之无法工作，所以它的好坏对于整个网络来说都是相当重要的。由于我们在购买前可能没有条件将其打开来获知其内部的做工用料等方面的信息，所以可供判别的条件较少。不过只要满足以下条件，还是能够买到较好的集线器或交换机。

（1）外观。如果是金属的外壳，看看喷漆是否均匀，如果是塑料外壳，应注意做工是否精细。

（2）端口。中档的集线器:的端口塑料强度都相当大，能够经受多次的插拔而不会发生端口被撑大（松动）的情况，另外在端口上镶嵌着条金属框架，作用也是防止端口松动。端口内可以看到有 8 条和网线接触的金属簧片（线），由于可能需要经常插拔网线，所以要保证弹性足，多次插拔不应该发生断裂或者变形无法恢复的现象，市场上有些低档的 HUB 用料非常差，首先是端口的材料如同蜡烛，其次是金属簧片（线）的弹性不足，多次插拔就会失去弹性，造成接触不良，这种产品绝对不能购买。

（3）电源部分。高端的 HUB 和交换机大都采用内置电源，甚至有冗余电源可供选择，但低端的 HUB 的电源供应部分由于考虑成本体积等方面的因素，几乎都是通过外接变压器来实现的，这些变压器的主要问题是制作粗糙，用料普通，工作时热量奇大，散热不佳。

2. 线材

线材相当于网络的"血管"部分，由于普通用户对线材选择比较疏忽以及缺少相关知识，加上线材本身诸多的特殊性，直接造成了混乱线材市场的混乱，劣质品随处可见，甚至有用 3 类线假冒 5 类线的，有假冒名牌的劣质品等。这里介绍一下简单的识别方法，那就是用火来检验。这是因为劣质的线材只顾及成本而选用了很多对人体不利的材料，在某些情况下就会对环境、人体等造成一定的危害，而我们只要在购买之前向商家索要 1 cm 左右的线材包缆，然后用打火机点一会儿时间后移开进行观察就可以判别：如果这时包缆不自燃、无明显烟雾、受高温时慢慢萎缩、无异味者，就可以掏钱购买了；如果过一会包缆开始自行燃烧且有烟雾，异味呛人时，即为劣质线材。

3. 网卡

现在市场上 PCI 的 10 M 网卡由于性价比不佳，已不多见，因此 10/100 M 自适应的网卡成为了主流，但由于进口货价格昂贵，使我们不得不选择一些国产或者中国台湾的品牌。

4. 其他类

（1）RJ45 接头，一般也叫水晶头。现在比较常见的品牌是 AMP 和一些浙江等地产的小品牌，如果连接的是 100 M 以上带宽网络，买 AMP 最保险，浙江等地产水晶头在质量、外观、用料上比 AMP 差很多。

(2) 卡线工具。市场上大多是中国台湾的产品或者国产的,模子很粗糙,手感也很差,但价格非常便宜,进口品牌的原装货则手感好,但价格较高。

(3) 测试仪。制作完网线可以看看其是否制作正确,市场上产品大多是浙江一带的产品,品牌众多但外观、功能各方面比较类似,价格也很便宜。

[实训步骤]

(1) 根据不同的网络拓扑结构,确定所需的网络设备,列出详细的网络设备种类、性能及数量要求。

(2) 网络设备的识别与选择。从网络上搜寻各种网络设备,了解各种网络设备的性能参数、报价等基本信息。

(3) 根据一定的预算限制和技术要求选择相应设备并编制出详细的设备采购方案(设备名称、品牌型号、单价、数量、金额、供应商名称、联系方式、地址等)。

(4) 将以上各步骤的内容与结果编写成完整的实训报告并发送到教师提供的邮箱中。

实训二　常用数据采集与识别设备的识别与选择

[实训目的]

(1) 了解常用数据采集与识别设备及其性能参数。

(2) 常用数据采集与识别设备的选择方法。

[实训条件]

能上网的计算机机房一个。

[实训内容及步骤]

(1) 选择一个常用的搜索引擎,进入搜索主页。

(2) 搜索常用的条形码识读设备,下载并整理各种设备的名称、型号、性能参数、生产厂商、厂商报价、图片。

(3) 搜索常用的 RFID 设备,下载并整理各种设备的名称、型号、性能参数、生产厂商、厂商报价、图片。

(4) 以一个小型物流公司为例,为其选择必要的条形码或其他数据采集与识读设备,并制订采购方案。

(5) 将以上(2)(3)(4)的结果在规定的时间内发送到教师提供的邮箱中。

[注意事项]

本实训可以分组做,也可以单独进行。建议为 2 课时。

实训三　条形码识别设备的使用

[实训目的]

掌握常用条形码识别设备的使用。

[实训条件]

能上网的计算机机房一个;POS 机及前台应用、后台管理系统;多功能电子秤;手持数据采集器及其应用软件(或出入库实训室)、条形码打印机。

[实训内容及步骤]

(1) 启动有关实训设备和应用软件。
(2) 扫描提前准备的商品包装盒上条形码,办理入库手续。
(3) 扫描所要销售的商品包装盒上条形码,办理出库手续或打印收款条。
(4) 电子秤的基础数据输入和使用。
(5) 零散商品的店内码编制及条形码打印。

实训四　EDI 应用

[实训目的]

(1) 了解 EDI 报文的制作、收发和查询过程。
(2) 了解 EDI 的发展动态。
(3) 物流相关代码查询。

[实训条件]

能上网的计算机机房一个。

[实训内容及步骤]

(1) 打开浏览器在地址栏输入 http://www.portinfo.net.cn,登录港航信息网首页。
(2) 进入 EDI 专版。
(3) 单击报文制作,了解本地报文和网络报文的制作过程。
(4) 后退回到 EDI 专版,单击报文收发,了解报文的发送和报文收取过程。

①用户将在网页上制作好的报文传至港航 EDI 中心的用户 IN 目录中。可实现如下两种发送流程:本地报文制作→报文上载→格式校验→发送;网上报文制作→报文生成→发送。

②报文收取。用户利用网页对报文及回执进行收取或浏览,能够解决用户需多点收取报文及回执的问题。可实现如下两种收取流程:接收(保存在 EDI 中心服务器中)+网上浏览;接收(下载至本地目录)→本地浏览。

(5) 后退回到 EDI 专版,单击报文查询,了解正常报文和出错报文的查询方法。
(6) 单击知识点滴,了解更多的 EDI 知识。

[注意事项]

本实训可以分组做,也可以单独进行。建议为 2 课时。

实训五 物流 EDI 相关代码查询

[实训目的]

物流相关代码查询的方法。

[实训条件]

能上网的计算机机房一个。

[实训内容及步骤]

（1）打开浏览器在地址栏输入 http://www.portinfo.net.cn，登录港航信息网首页，或登录 http://www.easipass.com/ytsce/edi/ytsce—dmbz—01.htm。

（2）进入 EDI 专版。

（3）点击报文代码下载，查询北京经贸客货服务公司上海分公司和江苏海运国际货运公司的用户代码。

（4）查询国内港口代码。

（5）查询集装箱进/出门报文（CODECO）平台文件。

（6）查询货物包装类型代码。

（7）查询运输条款"集装箱货运站"和"船方管卸不管装"的英文与代码。

（8）查询"40in 冷高箱"的对应类型和 95 码。

（9）查询集装箱轻度残损的中英文及代码。

（10）查询集装箱后门残损方位的中英文及代码。

（11）查询"集装箱丢失"代码。

（12）查询"无压干散货集装箱"的箱型群组代码、"气密式"的箱型代码及原代码。

（13）查询"鲜荔枝"、"喷气发动机，涡轮喷气发动机"的海关 HS 货物编码。

（14）将以上查询结果写入实训报告。

[注意事项]

本实训可以分组做，也可以单独进行。建议为 2 课时。

实训六 物流商务信息网络检索与利用

[实训目的]

（1）掌握 Google 搜索引擎的使用。

（2）掌握百度搜索引擎的使用。

（3）掌握利用网络进行货物运输信息检索的方法。

（4）掌握利用网络进行市场信息检索的方法。

[实训条件]

能上网的计算机机房一个，并且能保证每名学生一台计算机。

[实训内容及步骤]

(1) 利用网络进行货物运输信息检索

步骤一　进入搜索引擎网站 www.google.com 或 www.baidu.com，键入关键词"货物运输"，得到涉及"货物运输"的检索结果。

步骤二　在检索结果中选择新的关键词，看到有"回程配载"，调整关键词为"回程配载北京"，进入二次检索，得到检索结果。

步骤三　在检索结果中，逐个浏览货运代理公司，得到相关信息。

步骤四　根据货运网站提供的联系方式与货运代理公司联系。

(2) 利用网络进行市场信息的检索

步骤一　打开阿里巴巴·中国网（http://china.alibaba.com），点击"公司库"，并在搜索栏输入"叉车"。

步骤二　点击搜索栏右边绿色的"搜索"按钮，得到检索结果。

步骤三　在左边的筛选框里输入所需条件，这里我们选择公司地址在当地、拥有11～100名员工且公司年营业额10万元至100万元人民币的生产型企业，得到相应符合条件的筛选结果。

步骤四　根据公司的诚信通指数、公司的规模以及采购方的喜好选择了目标厂，并且可以浏览有关这家公司及其产品的介绍。

步骤五　通过网站主页所提供的联系方式与该公司取得联系，并展开采购意向洽谈。

[注意事项]

本实验所解决回程配载问题并不常遇到。在选择关键词时，一开始可能与要解决的问题不吻合，需要调整关键词，方能得到满意的检索结果。

[综合习题]

(1) 一辆十吨货车即日从北京出发，运送一批货物到上海，并计划从上海拉一批货物回北京。为减少这辆货车的空驶，试通过互联网检索货物代理网站，为其安排上海到北京的货物运输。将检索结果的页面填入实验报告。

(2) 在阿里巴巴·中国网查找在北京包装机械的供应信息。

实训七　B2C 模拟

[实训目的]

(1) 了解 CA 认证的注册过程。

(2) 了解网上支付卡的申请。

(3) 了解 B2C 模式下商场管理员的基本操作和消费者的网上购物过程。

[实训条件]

能上网的计算机机房一个，并且能保证每名学生一台计算机，B2C 电子商务模拟软件一套。

[实训内容及步骤]

步骤一　打开浏览器，在地址栏中输入模拟网站提供的 IP 地址和端口号，进入模拟主页。

步骤二 注册学生基本信息获取学生模拟用账号,注册信息一定要真实,并且要用笔记下来以备后面使用。

步骤三 教师分配实验和完成学生分组。

步骤四 学生用获取的账号登录相应的实验模式,并进入课堂模拟页面。

步骤五 消费者到 CA 中心注册,申请数字证书。

步骤六 消费者到银行申请支付卡。

步骤七 消费者选择商场,并进入该商场浏览并选择商品后填写订单、发送订单。

步骤八 商场管理员确认订单。

步骤九 消费者到银行付款。

步骤十 商场管理员确认收款,并发货。

步骤十一 消费者确认收货,商场管理员确认收到货后生成有关账务。

步骤十二 交换角色重新实验。

实训八 B2B 模拟

[实训目的]

(1) 了解 EDI 中心的注册过程。

(2) 了解网上支付卡的申请。

(3) 了解 B2B 模式下商场管理员、生产企业和物流公司的网络业务的基本操作。

[实训条件]

能上网的计算机机房一个,并且能保证每名学生一台计算机,B2B 电子商务模拟软件一套。

[实训内容及步骤]

步骤一 打开浏览器,在地址栏中输入模拟网站提供的 IP 地址和端口号,进入模拟主页。

步骤二 教师分配实验和完成学生分组。

步骤三 学生用获取的账号登录相应的实验模式,并进入课堂模拟页面。

步骤四 商场到 EDI 中心注册,然后到银行申请支付卡。

步骤五 商场管理员选择一家生产企业,进入选择需要采购的商品。

步骤六 生产企业进入 EDI 中心注册,并申请银行支付卡,然后选择一家物流公司。

步骤七 生产企业与商场进行交易条件磋商直到达成一致意见后,生产企业填写发货单并通知物流企业。

步骤八 物流企业办理出库提货手续。

步骤九 商场确认收货,并到银行付款。

步骤十 生产企业确认收款,并支付物流公司运费。

步骤十一 各方生成有关账务。

步骤十二 交换角色重新实验。

实训九　电子签章与签名

[实训目的]

(1) 了解电子签章的安装过程。

(2) 电子签章的使用过程。

(3) 了解电子签章的操作方法。

[实训条件]

(1) 操作系统。支持 Windows2003、WindowsME、WindowsNT、Windows2007、Windows XP。

(2) 应用软件。需要安装的软件包括 Microsoft Office 2007 或以上版本产品，推荐 Microsoft Office2003。

(3) 硬件环境。主机，主频要求 800 MHz 以上，内存 128 MB 以上；显卡的颜色配置需要设置为 24 位增强色或 32 位真彩色；扫描设备，公章或手写签名图案输入设备，如普通扫描仪；输出设备，彩色激光打印机或彩色喷墨打印机。

(4) 系统配置。电子签章教学软件包含 Signature 电子签章安装软件、Make Signature 电子签章制作软件和电子印章图样。

[实训内容]

(1) 安装电子签章软件。

(2) 制作签章。

(3) 对一份 Word 格式的收款确认单进行手写签名和电子签章。

(4) 电子签章的使用。

①文档验证。

②禁止移动。

实训十　CA 认证体验

[实训目的]

(1) 了解 CA 证书的作用。

(2) 掌握 CA 证书的下载方法。

[实训条件]

能上网的计算机机房一个。

[实训内容]

(1) 从网上搜索 CA 认证中心网站并选择一家进入。

(2) 了解该中心的产品和服务。

(3) 下载安装 CA 认证证书并查看 CA 证书情况。

(4) 个人身份证书的申请。

①申请办理密码信封序列号及密码信封序列号密码。

②通过网络申请个人身份证书。

③查询个人身份证书。

(5) 个人 E-mail 证书的申请与使用。

①申请个人 E-mail 证书。

②查询个人 E-mail 证书。

③证书的导出与导入。

④将个人 E-mail 证书添加到邮件账号中。

⑤在邮件中使用个人 E-mail 证书。

a. 发送经过签名的电子邮件。

b. 接收经过签名的电子邮件。

(6) 发送加密、签名的电子邮件。

(7) 在 CA 中心的网站上下载对方的数字证书。

(8) 个人数字证书的废除。

复习思考题

一、单项选择

1. 物流中心的信息化建设一般以(　　)为基础。

A. 信息技术　　　　　　　　　　B. 业务流程重组技术

C. 仓储管理技术　　　　　　　　D. 供应链管理技术

2. 交易系统为供方和需方提供一个虚拟交易市场,双方可发布和查询供需信息,对自己感兴趣的信息可与发布者进一步洽谈,交易系统可以为双方进行交易撮合。交易处理过程简单描述,正确的是(　　)。

A. 终端或自助设备的交易请求上送→预处理→加解密→送往主机→处理结果返回加解密→处理结果返回终端或自助设备

B. 终端或自助设备的交易请求上送→加解密→预处理→加解密→送往主机处理结果返回加解密→处理结果返回终端或自助设备

C. 终端或自助设备的交易请求上送→加解密→预处理→加解密→处理结果返回加解密→处理结果返回终端或自助设备

D. 终端或自助设备的交易请求上送→加解密→送往主机→处理结果返回加解密→处理结果返回终端或自助设备

3. 系统测试工作按(　　)四个步骤进行。

A. 模块测试、子系统测试、系统测试和验收测试

B. 概要测试、详细测试、集成测试和验收测试

C. 数据测试、黑箱测试、白箱测试和验收测试

D. 白箱测试、黑箱测试、集成测试和验收测试

4. 物流园区信息平台中最基本的组成部分是（　　）。

A. 物流园区级信息平台　　　　　　　　B. 物流中心级信息平台

C. 物流企业内部信息系统　　　　　　　D. 公用信息平台

5. 一个完整的物流信息系统的结构是（　　）。

A. 信息采集→简单处理→传输→处理→决策→传输

B. 信息采集→传输→简单处理→处理→传输→决策

C. 信息采集→简单处理→处理→传输→决策→传输

D. 信息采集→简单处理→传输→决策→处理→传输

二、不定项选择

1. 物流信息管理系统的最终目标是提高对客户的服务水平和降低物流的总成本。即以3S1L原则，以最少的费用提供最好的物流服务。其中3S表示（　　）。

A. Speed　　　B. Safety　　　C. Service　　　D. Surely　　　E. Shield

2. 物流中心信息系统的核心部分功能主要有（　　）。

A. 订货管理　　　　　　B. 入库管理和出库管理　　　　　　C. 配货管理

D. 在库管理　　　　　　E. 配送管理

3. 物流信息系统的信息来源于物流的环境，典型的综合物流信息系统有（　　）。

A. 运输信息系统　　　　B. 决策支持系统　　　　C. 库存信息系统

D. 配送信息系统　　　　E. 订单处理系统

4. 系统实施阶段的主要任务包括（　　）。

A. 按总体设计方案购置和安装计算机网络系统

B. 程序设计和软件购置

C. 人员培训

D. 数据和系统转换

E. 系统需求分析

5. 运行管理制度研究主要包括（　　）内容。

A. 系统运行管理的组织机构　　　　　　B. 人员管理

C. 运行管理制度　　　　　　　　　　　D. 系统运行结果分析

E. 基础数据管理

三、简答题

1. 简述物流信息管理系统功能需求。

2. 配送中心的信息系统功能有哪些？

参考文献 References

- [1] 别文群,缪兴锋.物流管理信息系统[M].2版.广东:华南理工大学出版社,2009.
- [2] 方轮.物流信息技术与应用[M].广东:华南理工大学出版社,2006.
- [3] 缪兴锋.物联网技术应用实务[M].武汉:华中科技大学出版社,2014.
- [4] 刘丽华,蔡舒.电子商务物流管理[M].武汉:武汉大学出版社,2008.
- [5] 刘志海.条形码技术与程序设计[M].北京:清华大学出版社,2009.
- [6] 许毅,陈建军.RFID原理与应用[M].北京:清华大学出版社,2013.
- [7] 谢刚.GPS原理与接收机设计[M].北京:电子工业出版社,2009.
- [8] 陈福集.物流信息管理[M].北京:北京大学出版社,2007.
- [9] 贝毅君.RFID技术在物联网中的应用[M].北京:人民邮电出版社,2013.
- [10] 李颖.电子数据交换技术与应用[M].武汉:武汉大学出版社,2007.
- [11] 魏修建.电子商务物流[M].2版.北京:人民邮电出版社,2008.
- [12] 程控,革扬.MRPII/ERP原理与应用[M].北京:清华大学出版社,2009.
- [13] 黄永斌.区域物流信息平台理论与实证[M].杭州:浙江大学出版社,2010.
- [14] 章威.区域物流公共信息平台建设与实现[M].北京:人民交通出版社,2012.
- [15] 郑志军,资道根.物流信息管理实务[M].深圳:海天出版社,2005.
- [16] 汤国安.地理信息系统[M].2版.北京:科学出版社,2010.
- [17] 冯耕中.物流信息系统[M].北京:机械工业出版社,2009.
- [18] 徐世玲.东北粮食现代物流信息平台构建与发展[M].北京:经济科学出版社,2009.
- [19] 金锡万.物流信息管理系统[M].南京:东南大学出版社,2006.
- [20] 胡峥.物联网[M].北京:科学出版社,2010.
- [21] 吴承建.物流系统规划与设计[M].北京:中国物资出版社,2011.
- [22] 邵长恒,孙更新.物联网原理与行业应用[M].北京:清华大学出版社,2013.
- [23] 吴信才.地理信息系统原理与方法[M].2版.北京:电子工业出版社,2009.
- [24] 吴健.电子商务物流管理[M].北京:清华大学出版社,2009.
- [25] 陈启申.ERP——内部集成起步[M].北京:电子工业出版社,2010.
- [26] 黄有方.物流信息系统[M].北京:高等教育出版社,2010.

[27]　高明波.物流管理信息系统[M].北京:对外经济贸易大学出版社,2008.
[28]　张飞周.物联网应用与解决方案[M].北京:电子工业出版社,2012.
[29]　金真,王小丽.物流信息管理[M].北京:电子工业出版社,2008.
[30]　刘军,阎芳,杨玺.物联网技术[M].北京:机械工业出版社,2013.
[31]　胡燕灵.电子商务物流管理[M].北京:清华大学出版社,2009.
[32]　张成海.条码技术与应用[M].北京:清华大学出版社,2010.

教学支持说明

"高职高专物流管理与服务类高技能型人才培养'十三五'规划精品教材"系华中科技大学出版社"十三五"规划重点教材。

为了改善教学效果,提高教材的使用效率,满足高校授课教师的教学需求,本套教材备有与纸质教材配套的教学课件(PPT电子教案)。

为保证本教学课件及相关教学资料仅为教材使用者所得,我们将向使用本套教材的高校授课教师和学生免费赠送教学课件或者相关教学资料,烦请授课教师和学生通过电话、邮件等方式与我们联系,获取"教学课件资源申请表"文档并认真准确填写"教学课件资源申请表"发给我们,我们的联系方式说明如下。

地址:湖北省武汉市珞喻路1037号华中科技大学出版社有限责任公司营销中心

邮编:430074

电话:027-81321902

传真:027-81321917

E-mail:yingxiaoke2007@163.com

教学课件资源申请表

填表时间：_____年___月___日

1. 以下内容请教师按实际情况写，★为必填项。
2. 学生根据个人情况如实填写，相关内容可以酌情调整提交。

★姓名		★性别	□男 □女	出生年月		★职务	
						★职称	□教授 □副教授 □讲师 □助教

★学校		★院/系	
★教研室		★专业	
★办公电话		家庭电话		★移动电话	
★E-mail（请清晰填写）				★QQ号/微信号	
★联系地址				★邮编	

★现在主授课程情况	学生人数	教材所属出版社	教材满意度
课程一			□满意 □一般 □不满意
课程二			□满意 □一般 □不满意
课程三			□满意 □一般 □不满意
其 他			□满意 □一般 □不满意

教 材 出 版 信 息						
方向一		□准备写	□写作中	□已成稿	□已出版待修订	□有讲义
方向二		□准备写	□写作中	□已成稿	□已出版待修订	□有讲义
方向三		□准备写	□写作中	□已成稿	□已出版待修订	□有讲义

请教师认真填写表格下列内容，提供索取课件配套教材的相关信息，我社根据每位教师/学生填表信息的完整性、授课情况与索取课件的相关性，以及教材使用的情况赠送教材的配套课件及相关教学资源。

ISBN（书号）	书名	作者	索取课件简要说明	学生人数（如选作教材）
			□教学 □参考	
			□教学 □参考	

★您对与课件配套的纸质教材的意见和建议，希望提供哪些配套教学资源：